奥武蔵より伊豆山、日金山、富士山へ
〝熊野修験〟の影をさぐる

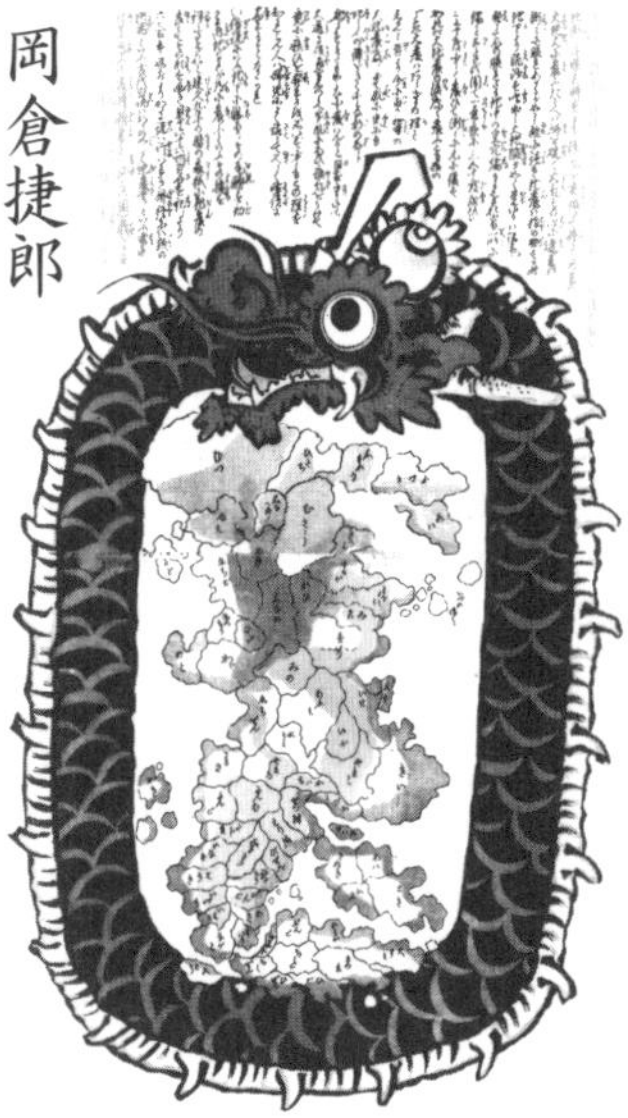

岡倉捷郎

神龍の棲む火の山

梟《ふくろう》社

目次

序章　伊豆山、日金山における火ノ神伝承をめぐって……7
第一章　伊豆山周辺の「龍」と温泉神……20
——社寺に荘厳・祭祀された龍神の諸相
伊豆山と周辺社寺の「龍」／一　「龍」とはなにものか／二　「龍」に彩られた伊豆山／三　般若院と周辺社寺に見る龍／むすびに代えて
第二章　描かれた「神龍」の地底世界……57
——『走湯山縁起』を旅する
『走湯山縁起』に見る「龍」／一　久地良山地底の「赤白二龍」／二　松岳震動は「神龍」喜怒の時／三　「赤白二龍」と二色浦／四　「八穴道」と走湯山の地底世界

第三章　末代上人と伊豆山、日金山……………………93
——古代走湯山の山岳仏教と歴史・民俗伝承
伝説と歴史の間／一　若年期の末代と富士山信仰／二　末代の白山登拝と白山神社の勧請／三　鎌倉将軍の崇敬と「二所権現」の創始／四　走湯山の温泉湧出と炎熱地獄／五　熱地獄からの救済と日金地蔵／六　日金山修行と三仙人塚／七　走湯修験と末代上人

第四章　江戸期・走湯山の再興と末代聖人……………………120
——般若院周道による顕彰とその事蹟
石造物が語る江戸期走湯山／一　「末代上人塔」の発見／二　日金の三仙人塚と塔婆供養／三　日金山の再興／四　本宮社の再建／五　東谷・旧般若院墓地周辺／六　周道法印の事蹟と「不退金剛」／結びに

第五章　〝荒ぶる不尽〟の真景……151
——走湯山と富士山
〝燃える不尽〟と「富岳登龍図」／一　古代富士山の噴火活動／
二　『万葉集』に見る〝燃える不尽〟／三　山部赤人は何を歌ったか／四　富士山と龍

第六章　「火牟須比命」と火ノ神伝承……196
——日金山「雷電権現」の分祀と主祭神の性格
日金山と火ノ神伝承／一　日金山主祭神の謎／二　「火牟須比命」の分祀と雷電社／三　記紀に見る火の神々／終わりに

第七章　伊豆権現と金属伝承……239
——伊豆山より遠野来内へ
伊豆山より遠野来内へ／一　柳田・伊能の見た遠野伊豆権現／
二　早池峯開山伝承と来内伊豆権現／三　遠野の金山師と伊豆

権現／四　〝熊野山伏は鋳物師明神を祀る徒なり〟

終　章　奥武蔵の山里に、伊豆山の〝火の神〟がなぜ祀られたのか……………296
一　奥武蔵伊豆大神の御神体／二　伊豆ヶ岳山頂の虚空蔵尊と金属伝承／三　伊豆ヶ岳山麓の金属地名

浅見孝三郎翁のこと——あとがきに代えて……………………306

神龍の棲む火の山

——奥武蔵より伊豆山、日金山、富士山へ〝熊野修験〟の影をさぐる

序　章　伊豆山、日金山における火ノ神伝承をめぐって

問題意識の原点

相模灘から仰ぎ見られる伊豆半島の付け根部分に、万葉の昔より知られる伊豆山、日金山の山並が聳える。

伊豆山神社を中心とする「伊豆山」は、南側の山麓部にあり、古来「走湯山」と呼ばれた温泉霊場として知られる。社殿中央の石段を八百数十段海岸近くまで下りたところには、かつて「浜宮」と呼ばれた「走り湯」がある。日本三大古泉の一つに数えられ、傍らには洞穴内に熱泉の湯煙りが立ち込める復元史跡があり、往時をしのばせてくれる。

一方、伊豆山の北側、『万葉集』に「伊豆乃高峰《いずのたかね》」と詠われた「日金山」（七七一メートル）は、伊豆山の奥宮にあたる。古代平安期に、開祖者・末代上人が若き日、修行に励んだ霊場である。今は十国峠の名で知られるが、山頂から眺められる富士山の絶景は、人々を魅了してやまない。この日金山が箱根山系から至近距離にあったことは重要な意味をもっている。

隣接する北伊豆の函南《かんなみ》町とも密接な関係にあるが、町名が「箱根の南」に位置するところから名付けられたことを記憶に留めておこう。

私は現在、東伊豆海岸沿いにある伊東市宇佐美に住んでいる。かねて関心を寄せてきた伊豆山へは車で一時間足らずの距離である。十年ほど前から調査に通っているが、その原点は少し時間を遡る。平成十一年に伊豆へ移住するまで暮らしていた埼玉県の飯能時代、秩父にほど近い奥武蔵の山里で出会った「伊豆大神」と「伊豆ヶ岳」の存在に、私の問題意識は発している。

なぜ、奥武蔵の山里に「伊豆」の名前を冠した神社や山があるのか？　私の探索と本書のモチーフは、その疑問の解明に出発点をおいている。そして、その後の生活にも導かれるように、私は奥武蔵の「伊豆大神」が伊豆国の「伊豆山」よりもたらされたことを明証する道行きをたどることとなる。

伊豆山には、祭神として「天之忍穂耳命《あめのおしほみみ》・栲幡千千媛命《たくはたちぢひめ》」の夫婦二神が祀られ、縁結びの信仰が中心となっている。しかし、それは近年のことで、かつては「伊豆山」の奥宮である「日金山」には火ノ神が祭られてきた。そのことを知ったとき、私は言い知れぬ興奮を覚えずにはいられなかった。「伊豆山」、「日金山」への思いが私の内に熱く燃えはじめたのは、その時からだった。なぜ火ノ神が祭られたのか――私はその深みへと引き込まれていった。

そして、改めて思うのは、この地域が富士・箱根・伊豆に跨る広大な火山帯の真只中にあったということである。

本書は、山岳霊場・温泉霊場として古来より知られてきた「伊豆山」、「日金山」の歴史・民俗について、そこにかつて展開された数々の物語や伝承を取り上げ、それがはらむ謎の解明に挑んだものである。とりわけ留意したのは、よく知られた頼朝・政子夫婦に因んだ縁結びの信仰をはじめとする表の顔よりも、これまで歴史の裏側に潜まされ、底深くに沈められていた物語や伝承に目を向けようとしたことである。そうした裏面のドラマを〝謎解き〟する中にこそ、隠された歴史の真実は明らかとなる。

具体的には、従来、荒唐無稽なものと見られがちだった縁起伝承類を歴史資料として正面から扱い、より詳しく解読することに努めたことである。また、これまでどちらかというと副次的扱いが目立った絵画・彫刻や石造物などの非文字資料をより重視し、積極的活用をはかったほか、昔話・伝説や歌などを民俗資料として多く取り入れている。

こうした点をふまえながら、私がとりわけ注目したのは、火ノ神伝承をはじめとした「伊豆山」、「日金山」のより古い時代における問題・テーマについてである。私は本書で何を明らかにしようとしたのか、そのためにどのような方法を取り、重要視した点は何か、それらについて、以下に書き留めておこうと思う。(本文各章の順序とは異なる)

1　「火ケ峰《ひがね》」と火神、金属伝承――「日金山」西麓の「火牟須比命」と記紀の検証

『万葉集』に「伊豆之高峰《いずのたかね》」と詠まれた「日金山」はもともと〝火ケ峰《ひがね》〟を指しており、山

頂に鎮座する「伊豆権現」（走湯権現）は、かつて火ノ神「火牟須比命《ほむすびのみこと》」を祭神としてきた。「日金山」が古来、火ノ神を祀る火の山（火山）であったことは明らかであった。

ところが、「火牟須比命」という神名は記紀の中には登場しない。『古事記』に「火神」を探っていくと、伊邪那美命が最後の御子神として生んだ「迦具土《かぐつち》」に行きあたる。これは『日本書紀』では「軻遇突智《かぐつち》」と書かれるが、その別名は「火産霊」と表記され、「ほむすび」と読まれる。「火牟須比《ほむすび》」がこの「火産霊」に由来することは明らかだろう。そこには、万物を生み出す源である「火」の霊力を超えた、根元的エネルギーのすべてが込められていたと判断される。

かつて、「走湯山」に火ノ神の祭祀を創始した走湯修験は、それにふさわしい神名についてさまざまに模索したに違いない。その結果、「火牟須比《ほむすび》」という名称を選んだのは、右に見てきた「火産霊神」の強力な〝神格〟に魅せられ、圧倒されたからではなかろうか。（「ホムスビ」が何故「火牟須比」と書かれたかについては、後述する「熊野修験」に関わる）

日金山に「火牟須比命」が創祀された時のことを想像すると、奥武蔵の「伊豆大神」の発信元である「伊豆山」が、かつて火ノ神を祭っていたことを筆者が初めて知った時の驚きと興奮が甦ってくる。そこには、走湯山の修験らと同様、〝火の霊力〟をさらに超えた根元的エネルギーに対する感応があったからだろう。その問題については、「第六章　火牟須比命と火ノ神伝承」でくわしく触れる。

火神について考える場合に見落とせないのは、問題が「火」そのものの霊験力にとどまらなかったことだ。温泉や金属資源が火山の恵みであったことはいうまでもない。温泉神については、第二章で取り上げる『走湯山縁起』巻五の解析において、化身の「神龍」との関わりと合わせて詳しく考察する。

そしてまた金属資源については、鉱産物に関わる鉱山神・鍛冶神など金属伝承との繋がりを忘れてはならない。かねてより私は、火神から派生した金属伝承に魅せられてきたが、その具体的な考察として、岩手県北上山地・遠野における「伊豆権現と金属伝承」のテーマを取り上げた。そして、『早池峯山縁起』を主たる手がかりとして、早池峯山信仰と金山との関わりを詳細に検討した。早池峯山信仰には、走湯修験（熊野修験）の北上《ほくじょう》伝播が背景にあったのである。この問題は「第七章　伊豆権現と金属伝承」で考える。

2　温泉神「走湯権現」と「龍」——『走湯山縁起』を読み解く

「伊豆山」は、かつては「走湯山」と呼ばれてきた。それは、古来「伊豆山」が温泉の守護神「走湯権現」（伊豆権現）を祀ってきた温泉霊場であったからだろう。そして興味深いのは、この温泉神が「龍」を化身としてきたことである。「化身」は「化現」ともいい、古く祭神の神使動物として形象化されたもので、この「龍」の存在によって温泉の湧出がもたらされると考えられたのである。

現在、伊豆山神社を訪れると、境内のあちこちから「龍」が姿を現わす。社殿正面左側、手水鉢の水場には赤・白の「神龍」がいるし、土産物売場には、「神龍」が描かれた絵馬やワッペン、ステッカーなどが売られている。

神社の建物にも龍が見られる。拝殿正面上の向拝《こうはい》部分に木彫の「龍神」が飾られているが、このほか、別当寺の般若院はじめ、周辺にある湯前《ゆぜん》神社や温泉寺など温泉に縁《ゆかり》の社寺にも向拝に龍が見かけられる。以上については、「第一章　伊豆山周辺の〝龍〟と温泉神」でふれるが、このように、伊豆山（走湯山）が「神龍」によってシンボライズ（形象化）されてきたのは、走湯山の基本史料とされる『走湯山縁起』（鎌倉初期成立）巻五において、「神龍」が温泉神「走湯権現」の化身（神使）として描かれていたことからもうかがえる。『縁起』の記述は簡潔だが、描写は精細で、想像力に富んだ内容が秘められている。

第二章では、『縁起』原文の解析をていねいに行ない、描写された内容が何を意味していたかを読み解いた。――日金山の地底に横たわった巨大な「赤白二龍」（火と水を表すという）が交和し合い、温泉がもたらされるという壮大なスケールの物語は、刺激的で魅力溢れるものだ。また、二龍のもたらした熱泉が、地下の〝穴道《けつどう》〟（龍のトンネル）を通って海岸線にある「二色浦」（錦ヶ浦）の海蝕洞まで達するという描写にも、心躍らされる。

そこには誇張も見られようが、温泉霊場としての「走湯山」の霊験力をいかにスケール大きく、かつ豊かなものとして描くかという、制作者側（走湯修験など）の意図が込められていたといえよう。

そのほか、『走湯山縁起』巻五には温泉以外にも興味深い描写が二、三見られる。たとえば、「巨龍、日金峰と芦ノ湖に跨る」という描写などである。そこには、箱根修験と走湯修験との競合関係がうかがえ、注目される。

また、「二色浦」の精細な描写からは紀州熊野の影響がかなり読み取れるが、この「熊野修験」の問題については、「第二章　描かれた『神龍』の地底世界」においてあらためてふれることにする。

3　末代上人の日金山修行と熱地獄からの衆生救済――『浅間大菩薩縁起』と『地蔵菩薩霊験記』

古代平安後期に活躍した走湯山の開祖・末代上人は、富士山登頂を成し遂げた山岳仏教徒として、その名声は都にまで聞こえていた。しかし、史料が少なかったことから不明な部分が多く、長いことその存在は謎に包まれていた。ところが近年、新たな史料の発見があり、走湯山における末代上人の実像がかなりわかってきたのである。

すなわち、『浅間大菩薩縁起』（建長三年〈一二五一〉書写）によると、末代は幼少時より走湯山に住し、若き日から日金山で修行を積んだ。富士山への登頂も、天承二年（一一三二）の初登頂（二十九歳）以来、計四回行なっているが、それらはみな富士山の噴火鎮静を祈るものであった。

一方、走湯山（伊豆山、日金山）でも、活発な火山活動により、温泉の恵みの対極に、いわゆる炎熱地獄がもたらされていた。「熱海」の地名からも知られるように、走湯山周辺にはかなり高温の熱泉が湧出し、それに苦しめられる人々（衆生）が数多くいたことがうかがえる。

走湯山の熱地獄が実際どれほど凄まじいものであったか、南北朝期の成立と伝える『地蔵菩薩霊験記』に、かなりリアルに描写されている。以前から知られた史料だが、説話伝承の域を出ないと見なされたためか、十分な解読がなされてきたとはいえない。

私は本書で、歴史伝承としてこれを正面から取り扱い、精緻な解析を試みることに努めた。その結果、末代上人の日金山修行が炎熱地獄からの衆生救済をはかることを最大の目的とするものであり、そのために地蔵菩薩の霊験を感得し、日金地蔵の信心へと導かれたことをうかがい知ることができた。

さらに、『地蔵菩薩霊験記』から読みとれたことがもう一つある。それは、末代上人が日金山と箱根山に跨る険しい峰々で「二所ノ神参り」を創始したと記述されていることである。これは、後に頼朝はじめ鎌倉幕府の歴代将軍が盛んに行なった伊豆・箱根の「二所詣《にしょもうで》」の基礎をなすものと見なされ、注目される。

このように、末代上人は平安後期を中心に活動し、さまざまな事蹟を残したが、その後、走湯山の山岳仏教徒や修験らから、祖師としてどのように見られてきたのだろうか。それは、たとえば江戸後期、走湯山の再興をはかった般若院別当・周道法印による末代上人顕彰の事蹟の中にうかがうことができる。日金地蔵近くにある「末代上人塔」の存在や、「末代聖仙上人一千年遠忌」の卒塔婆供養など、末代上人が開山の祖師としていかに崇敬されてきたかが見てとれるのである。（「第三章　末代上人と伊豆山、日金山」、「第四章　江戸期・走湯山の再興と末代聖人」を参照）

4　燃える「不尽」と「富岳登龍図」——走湯山の「神龍」と富士山

本書は、「走湯山」（伊豆山、日金山）をめぐる歴史と民俗について考究するものだが、古来よりこれと密接な関係にあった富士山についても取り上げている。そのことは、本稿の深化において重要な意味をもっている。なぜなら、「走湯山」を歴史の表舞台に立たせたのは開祖者・末代上人その人であったからである。上人はかねてから富士山への崇敬が篤く、平安後期・長承元年（一一三二）より四度にわたって登頂を試み、〝富士上人〟と呼ばれるようになった人物である。

末代上人のこの登頂は富士山の噴火鎮静を祈るものであったが、一方、末代上人が若き日より修行に励んだ日金山は「火ケ峰」であり、古く火ノ神「火牟須比命」を祭る火山であった。走湯山と富士山が密接な関係にあった背景には、双方が火山であったという共通性があったのである。

走湯山は温泉神「走湯権現」を祭り、「神龍」を化身とする温泉霊場であったが、それは同時に炎熱地獄（高温の熱泉による苦悩）からの救済の祈願をこめたものであったことを忘れてはならない。日金山の地蔵信仰は、末代上人によるこの熱地獄からの衆生《しゅじょう》救済が根本にあった。そこには、富士山登頂における噴火鎮静の祈りと重なるものがあったのである。（第三章参照）

本書で具体的に富士山について考究した「第五章　〝荒ぶる不尽〟の真景」では、まず古代奈良・平安期（八～十一世紀）における富士山の火山活動について取り上げる。そして、その年代的推移を概観し、〝荒ぶる不尽〟が記録上どのように描かれてきたかを見てゆく。

また、当時の人々が富士山をどのように受けとめ、表現してきたのか、『万葉集』に収められた〝不尽〟の歌を中心に考察する。なかでも、富士山を詠んだ万葉歌人として最もよく知られる山部赤人の長歌「望不尽山歌」に注目し、そこに詠われた不尽山の〝異状〟とは何だったのか、詳しく検討した。赤人の歌が、〝世界遺産〟の認定にわき、自然への畏敬を蔑ろにしがちな現代の人々へ警鐘を鳴らすものであったと思われるからにほかならない。

さらにまた、富士山には、走湯山同様、古来「神龍」が棲むとされたが、本書では近世期における「富岳登龍図」の絵画資料にも注目する。なかでも、この時期の多くの作品が「龍」を水神として描いているなかで、北斎が最晩年に描いた「富士越龍図」（嘉永二年）の肉筆画は、明らかに富士山から立ち昇る噴煙の中を龍が登っている。これは、火神としての「龍」が描かれた唯一の作例である。北斎の見た富士山の真実とは何だったのか、「第五章　〝荒ぶる不尽〟の真景」でこの問題に肉薄する。

5　熊野山伏は鋳物師明神を祀る徒《やから》なり――「走湯山」の牽引者と熊野修験

「走湯山」が古来より温泉霊場として広く知られるようになったその主たる推進役は、走湯修験の力によるものだった。「伊豆山」の奥宮たる「日金山」に走湯権現（伊豆権現）を祭祀するにあたり、火ノ神「火牟須比命」を主たる祭神とし、これを温泉の守護神として祀ってきたのは走湯修験だといってよい。

それとともに忘れてならないのは、先にもふれた走湯権現の化身である「神龍」を中心に、温泉湧出をめぐる地下世界の物語を描いた『走湯山縁起』（巻五）の存在である。走湯山の基本史料としてきわめて重要だが、この歴史資料は走湯修験の影響を受けた富士村山修験の制作によるものとされ、末代上人の系流の関与をうかがわせる。

そして、こうした走湯修験の目ざましい活動の背景には、熊野修験の影響があったことを注視しなければならない。もともと走湯修験は〝熊野系〟として知られてきたが、その痕跡はさまざまに残されている。

たとえば、伊豆山神社のあるあたりは「新宮」と呼ばれ、少し裏山を登った牟須夫《むすぶ》峰の旧社地には「本宮」が祭られている。さらに、海岸近くまで下った走り湯はかつて「浜ノ宮」と呼ばれたが、この「浜宮」の称はもともと熊野「那智山」に由来した。まさに伊豆山（走湯山）には、本宮・新宮・那智の熊野三山（三社）が形成されていたことが見てとれるのである。

一方、日金山に祭られた主神「ホムスビ」の名称が、なぜ「火牟須比」と書かれるにいたったかにも、熊野修験の関与がうかがえる。すなわち、熊野那智山には祭神として「熊野牟須美神」が祀られており、「火牟須比神」はこれに由来したものと見ることができる。また、日金山には、火神である主神「火牟須比命」とともに、相殿として「伊邪那岐命・伊邪那美命」の夫婦二神が祀られていること、つまり親子三神が山上に祭祀されていることも、明ら

かに熊野修験によるものと考えられよう。(「第六章〝火牟須比命〟と火ノ神伝承」参照)
このほか、第二章で『走湯山縁起』(巻五)を取り上げ、「赤白二龍と二色浦」の関係を詳しく解析するが、そこには、走湯山と紀州熊野の地名の類似がかなり顕著に見られることが注目される。また、「神龍」や金属伝承における双方の共通性も見逃せない。(「第一章　描かれた『神龍』の地底世界」参照)
このように見てくると、走湯修験はまさしく熊野修験そのものであったといっても過言ではない。走湯山が温泉霊場として古来より知られ、火山(火山神)からもたらされた温泉の神を祀ってきたのは、火神はもとより金属神や鉱山神をもしばしば祀る熊野修験の多面的性格によるものだろう。
そのことを、具体的に追究したのが「第七章　伊豆権現と金属伝承」である。主として『早池峯山縁起』と金山文書に説かれた物語・伝承には、かつて走湯修験であった始閣藤蔵が、新天地を求めて北上山地・早池峯山麓の遠野に移り住み、そこで猟師として、また金山師として暮らす様子が描かれる。そこにはさまざまな問題が提示されているが、なかでも藤蔵が修験と猟師、金山師という〝三つの顔〟を持っていたことが読みとれて興味深い。
そして、この項の小見出しに掲げた〈熊野山伏は鋳物師《いもじ》明神を祀る徒《やから》なり〉の命題の意味についてであるが、この「鋳物師明神」を象徴的な意味に理解すれば、それは鋳物師だけでなく、鍛冶師や金山師、その他の鉱山師・温泉掘削師などを含む、すべての金属民・鉱山民の祭神を指し、そこには温泉や金属資源をもたらす本元である火山の神々も入ろう。

こうした熊野山伏の土木技術者的、あるいは金属職能民的な多面性を持った存在に、私は長いこととらわれ、魅せられ続けてきた。その実像を解き明かすことが、本書の一番のねらいであったと言えるかも知れない。

第一章　伊豆山周辺の「龍」と温泉神
——社寺に荘厳・祭祀された龍神の諸相

伊豆山と周辺社寺の「龍」——プロローグ

古代平安期（八〜十一世紀）において、富士山がたびたび噴火をくりかえしていた頃、走湯山（日金山、伊豆山）でも活発な火山活動の影響を受け、いわゆる炎熱地獄が形成されていた。そして、この地獄から衆生《しゅじょう》（苦しむ人々）を救済するために、地蔵菩薩感得の説話や地蔵信仰が生み出されていった。

それらの多くは、遊行聖や山岳宗教者（修験者）らの唱導によってもたらされたが、その象徴的存在が末代上人であった。平安後期、若き末代（僧有鑒《ゆうかん》）は日金山に修行し、走湯山の炎熱地獄に苦しむ衆生の救済につとめた。その具体的事蹟については、第三章で見るところである。注①

しかし、火山がもたらしたものは、そうした〝負の遺産〟ばかりではなかった。熱地獄の対極には、いわば〝正の遺産〟である温泉の恵みが存在した。走湯山の山麓には、現在の伊豆山温泉、走り湯温泉、熱海温泉のもととなった豊かな湯の湧き出す源泉が方々に見られたのである。

重要なのは、走湯山にこの豊かな温泉の恵みをもたらしたのが、祭神たる走湯権現（伊豆山権現）の霊験力（御神徳）とみなされてきたことである。そして、そこでは祭神の形象化がはかられ、神使動物が化身（化現）として生み出された。すなわち、走湯山に火山活動の産物である温泉をもたらしたのは、祭神の化現（化身）たる「龍」という存在だ、と。

それは、走湯山の基本史料である『走湯山縁起』（および『走湯山秘訣』）の中で具体的に描き出されており、古代末から中世において人々は豊かな温泉の湧出する走湯山を「神龍」の棲む聖地と考えていたのである。

では、走湯山の「神龍」は縁起伝承の中で、具体的にどのように描かれていたのか。また、走湯山とゆかりの深かった富士山と龍との関係はいかなるものであったか。（「第二章　描かれた神龍の地底世界」参照）

本章では、『走湯山縁起』に描かれた走湯山の「神龍」が、現在の伊豆山神社周辺にどのような姿で現われ、また彩られているか、具体的に浮き彫りにしてゆきたい。

まずは、想像上の動物とされる「龍」が、わが国の歴史の中でどのような存在と見なされてきたのか、その概略を見ておくことにする。

一「龍」とはなにものか——イメージ・住処・性格

1　名称・イメージ

「龍」を辞書で調べると、「へびに似たからだに四本の足、二本の角《つの》とひげを持つ想像上の動物」とある。この得体の知れない異様な姿は、まさに怪物、化け物としか言いようがない。しかし、想像上の動物と言いながら、「龍」は日本人の暮らしや民俗の中にさまざまに入り込んでいることも事実だろう。「龍」の字が付く地名・山名などは全国各地に無数に見られる。また「辰」年の干支《えと》にちなんだ人名はもとより、相撲取りの醜名《しこな》にもやたら多いのは誰もが知っていよう。さらには、竜巻をはじめ気象などの自然現象、社寺名や山号・院号・神仏名、龍灯・龍船などの民俗行事や仏教儀礼等々、その数の多さ、広さには驚くほかない。

これほどの広がりを持つ「龍」に対し、人々はどのようなイメージを抱いてきたのだろうか。大型爬虫類の化石を「恐竜」というから、「怖《こわ》さ」（または「恐ろしさ」）を誰もが感じたことはまちがいない。しかし、この場合の「恐〜」には、どちらかといえば「畏」（または「怖」）の意がまさっていたのではなかろうか。

得体の知れない怪物の龍に対して抱く「恐《こわ》さ」のイメージは、畏怖すべき「強《こわ》さ」（勇猛さ）により近かったといってよかろう。それは「竜虎」「鶴竜」などの関取の醜名《しこな》や戦国武将の

「独眼竜」正宗、将棋の「成り飛車」の龍などの事例からもうかがわれるところだ。

また、天子のことを「龍」というのも、右の「強《こわ》さ」に「尊さ」、「高貴」といったイメージが加わったものといえようか。「龍王」もしかりと言えるが、龍には「天に」（または「より高くに」）上る、〝登龍〟あるいは〝昇龍〟の意味が込められていたようだ。「登龍門」といった中国の故事にゆかりのことばも、おのずと理解される。「天龍」「飛龍」などの名称も、そこから派生したものかもしれない。

子供時分のことを思い出す。男の子は正月の凧上げにみな夢中になったが、手作りの四角凧には決まって「龍」の字を書き入れたものだ。大人の手ほどきあってのことだが、おそらく本来は、凧がより高く天までとどく（昇る）ように、との願いを込めて画かれたものだろう。

王宮の龍頭屋根飾り
（11世紀ベトナム・タンロン遺跡）

2　日本史の中の「龍」——生誕と形成

このように、強い龍、畏怖される龍、高貴なる龍、そして天高く上る昇龍（登龍）といったイメージが、日本人の心の中には連綿と息づいてきたといえるが、こうした「龍」は、日本の文化史の中でいつごろ生まれ、どのように形成・発展してきたのだろうか。

「道成寺縁起」に見る大蛇（龍のような顔）

恰好のテキストに、中世史家・黒田日出男氏の『龍が棲む日本』という好著がある。これをもとに要点を列記しておこう。同書は教養的概説書だが、絵画史料に力点をおいて叙述され、初心者にもたいへんわかりやすい。注②

日本の歴史の中で「龍」が本格的に登場するのは、平安期に入ってからとされている。その後、中世期にまたがって発展をとげてゆくが、日本の龍は三通りの歴史的要因をもって相互に結びつき、絡まり合って形成されてきた。

一つは、大陸中国の陰陽道における龍で、風雨を呼びおこす存在と考えられた。中国の皇帝は、この龍の力を象徴として生かし、権威づけをはかってきた。

もう一つは、仏教における龍。龍王、龍神、龍女など、漢訳された仏典の中に見られるものである。

そして三つ目が、日本の蛇である。吉野裕子注③の研究でつとに知られるが、古来からのわが国固有の神々は蛇・大蛇（オロチ）としてしばしば表わされた。

この、わが国古来からの「蛇」がベースとなり、これに陰陽道的な龍、仏教的な龍が複雑に絡み合ったものが日本の「龍」であった。そして、三つの龍が共有する最大の特徴は、風雨を呼び起こす力を持った水神的な存在であったということである。

３　何処に現われ、棲んでいたか――龍穴と地下世界

日本国中に「龍」のつく地名は無数に存在する。なかでも、聖地とされた山々（霊山）には数多く見られるが、その大半に龍が棲み、臥していたと考えられている。そこには、修験山伏が深く関わっていたと推測されるが、龍が天に登る（昇龍）、より近い場所が山岳だったと見なされていたからではないだろうか。

また、古来より水神的性格が色濃かった龍は、水辺に多く現われた。「龍宮」のイメージが思い浮かぶ海・湖はもちろん、池沼・河川などにも龍は棲んでいた。なかでも、滝（＝瀧）は、文字通り、龍が好んで棲家としていたところである。

龍の現われそうな有馬渓谷・大淵の滝（埼玉県飯能市）

このように、中世の日本は山も海も湖沼も、そして渓谷の滝にも、大地の至るところに龍が棲んでいたのである。さらにまた、その棲家を探ってゆくと、そのあちこちに、無数にあけられた穴と出会う。それは「龍穴」（または人穴、風穴）と呼ばれ、龍の棲む洞穴であった。しかも、「龍穴」はみな地下

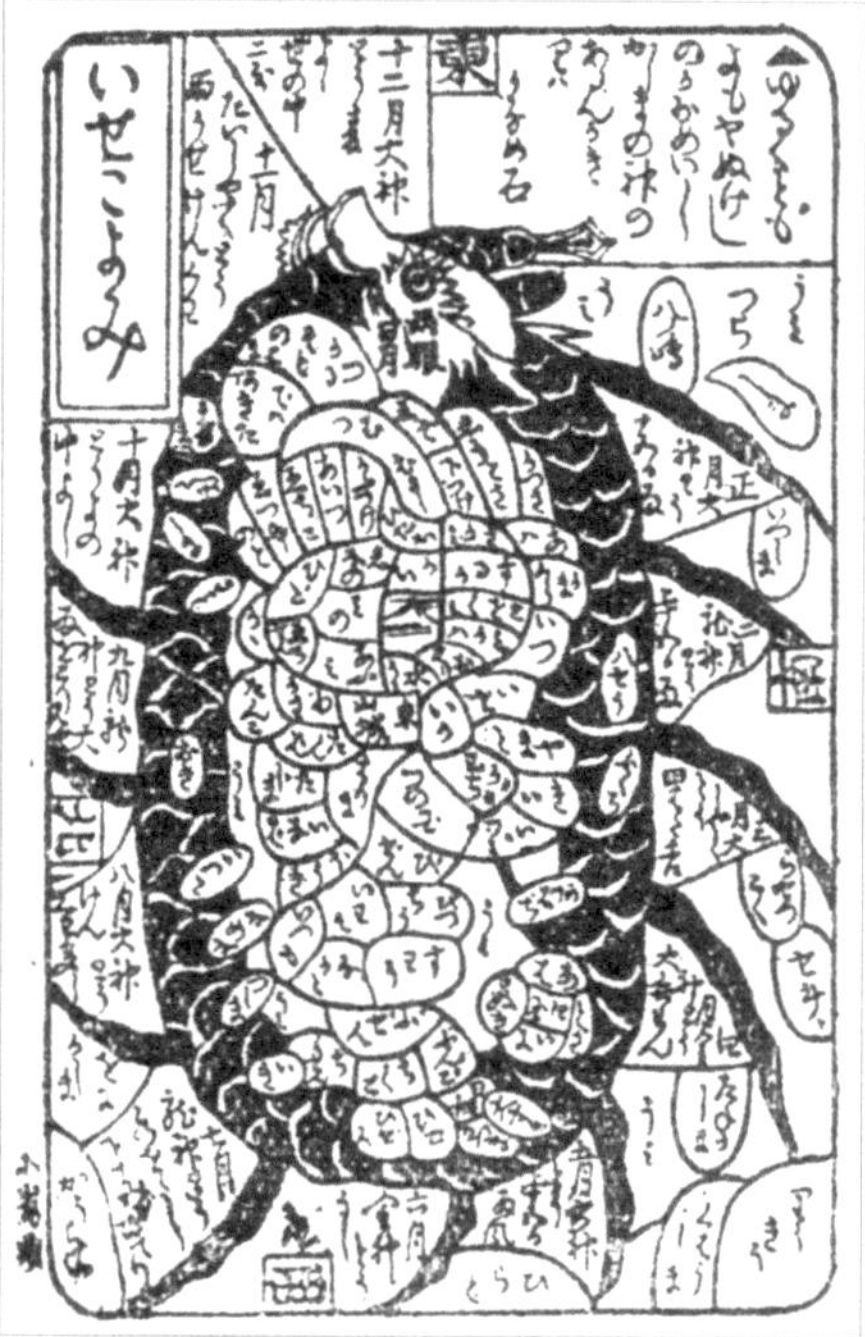

「日本国を取り巻く龍の図」（龍は地震も起こした）

で互いに繋がっていた。

龍が棲む（臥す）大地の地下世界には、網の目のような「穴道《けつどう》」が縦横に拡がっていたのである。そして、この「穴道」によって、聖なる山々と湖海、神社が繋がっており、そこを神仏の化現（化身）とされた龍が行き来していた。そこには、龍の棲む地下世界遍歴の物語が、さまざまに伝えられている。

4　水と大地の象徴性——龍神の性格と信仰

日本の龍は、黒雲に乗ってやって来る風雨を呼び起こす存在であった。「龍神」は水神としての性格が著しく、仏教では降雨・止雨の雨神として「請雨経典」に龍王が説かれている。また、民間では龍は蛇（神）と一体化されることが多く、雨乞いの神として広く信仰されてきた。

さらに、龍は雷（雷神）と見なされた。黒雲が空をおおい、稲妻とともに雷鳴が轟くと、人びとはそこに龍（雷神）の存在を見たのである。突風が渦を巻いて吹き荒れる「竜巻」は、文字どおり龍の仕業《しわざ》と見て名づけられたものだろう。後述でもふれるが、伊豆山神社境内に「雷電社」が祀られるのも、故なしとしないのである。

龍は、天と地を繋ぐ神聖な霊獣と考えられてきた。天に上った龍（昇龍）が黒雲の中から雨を降らせ、雷や竜巻などを起こさせたことから、右のような水神としての信仰が生まれたのである。

火山の噴煙の中に現われた龍
（葛飾北斎画「富士越龍図」）

このように天と結びつくその一方で、龍は大地とも深く関わっていた。大地の震動、つまり「地震」は龍が起こしたものと考えられた。とくに、仏教の地震論においてそれは顕著であった。経典注釈書としてよく知られる『大智度論』によると、地震は何種類かの「地動」（大地の震動）があり、その中には「龍神動」なるものがあってとくに不吉なものとされていた。

このほか、火山も龍と深く関わっていた。火山は温泉の恵みをもたらすとともに、火を吹く大地であり、火山活動が活発化すると、地下のマグマが地上に吹き上げ、大噴火が起こった（マグマ噴火）。火口から火柱が立つのが見え、熱せられた溶岩が火砕流となって勢いよく流れ落ちるさまは、まさに地獄そのものだった。

そして、その噴煙の中に龍の姿がしばしば現われたという。それは、火山のマグマ活動が龍（龍神）によって起こされたと考えられたからだろう。龍は火山の神（火神《ひのかみ》）でもあったのである。

それら龍の諸相を、走湯山の「神龍」の中に具体的に見てゆくことにしよう。

二 「龍」に彩られた伊豆山——伊豆山神社境内を歩く

走湯山（日金山、伊豆山）の神龍は、現在どのようにして我々の眼の前に姿を見せているのだろう。その手がかりを見つけ出そうと、伊豆山神社周辺を歩いてみることにした。

平成二十四年（二〇一二）九月六日、かねてより温泉神の解明を目ざして関心を寄せてきた伊豆山神社を訪れた。神社境内にある郷土資料館の特別企画展に展示された、木彫の「龍神」をこの目で見るのが最大の目的だったが、境内を一通り巡ってみることにした。

1　境内の「赤白二龍《せきびゃくにりゅう》」

この年は偶然にも辰年《たつどし》であったが、それとは無関係に、境内のあちこちに赤・白の龍が出現していた。下の大鳥居をくぐり抜け、長い石段を上りきると、広々とした境内が平面上に拡がる。その上手に、山側を背にした伊豆山神社の社殿が鎮座している。向かって左側の一番手前には瓦屋根の手水《ちょうず》社があり、湧き出る清らかな水を赤・白の龍それぞれの口からヒシャクで酌《く》めるようになっている。傍らに立つ案内板には、『走湯山縁起』に伝えられる「神龍」の由来が記される。

山を背にした伊豆山神社社殿

　一方、手水社の反対側、社殿に向かって右手前の社務所入口に土産物売場がある。ここにも、たくさんの「龍」が並べられていた。お札や、お守り袋、車などに貼るシールやワッペン等々、さまざまな〝縁起物〟のほとんどに赤白二匹の龍があしらわれている。辰年であったので「二龍」の絵馬もあったが、「赤白二龍」の方を買い求めたのは、もちろんである。

　このほか、みやげ物ではないが、縁起物を説明する宣伝用の貼紙（B4判大）が二種類あった。お守り用のも

「赤白二龍」の絵馬

のを見ると、

「『伊豆山大神』は、何事にも優れて強い力をお持ちの神様です。神様のパワーをお守りとして身につけてください」（傍点筆者）

とあり、「商売繁盛」以下、六つのご利益が列記されている。そして、赤白二龍をあしらったお守り袋の絵の下に、「災いや不幸をはね返し、持ち主を守る魔除けの強運守り」を身につけることを奨めている。

もう一つの「強運ステッカー」（シール）の方もほぼ同じ内容で、やはり二龍の絵をあしらっている。両方とも、末尾に、「赤白二龍は伊豆山神社のシンボルです」と、小さく書き入れるのを忘れていなかった。

下の大鳥居入口のところからも神龍が現われ、驚かされた。「赤白二龍」の描かれた、この二種類の宣伝用チラシが境内のあちこちで目にふれた。伊豆山神社のシンボルとして、そのアピール効果は、なかなかのものであった。

伊豆山神社が「神龍」で彩られるのは、走湯山の歴史を考えれば当然のことであったが、これほどまでに「赤白二龍」でシンボライズされているとは思っていなかったので、少なからず驚かされた。それは多分、頼朝・政子にちなむ縁結び、夫婦円満のご利益がいちばんの〝売り〟である当社にあって、〝夫婦神〟（？）とされる「赤白二龍」をそこに重ね合わせることで、これ以上ない〝演出効果〟をねらったのだろう。ちなみに、手水社の案内板にあった「神龍」の〝由来書き〟には、赤が母親、白が父親と記されてあった。注④

平日にもかかわらず、境内は参拝客が多く、二、三人づれの若い女性たちがとりわけ目立ったのが印象深かった。一方、「夫婦円満」の御神徳にもかかわらず、男女二人づれはあまり見かけなかった。やはり縁結びのご利益が中心なのだろうが、それはかならずしも結婚願望（良縁）に結び付くとは限らないのかもしれない。昨今の世相に合わせ、もっとおおらかで自由な男女の縁（関係）を求めている感がした。ちなみに、社殿前左手の奉納場に吊された「神龍」の絵馬には、幸福《しあわせ》を祈る様々な願い事が書かれていた。

2　雷電社と龍

本殿に向かって左手、手水社の右奥に、摂社・雷電社が祭られ、ここにも龍の痕跡が見られた。雷電社（若宮社とも）の前にある案内板の左隣りに、龍の背中に乗る童子の絵が描かれた立て札が建っている。

この絵は、「若宮様の御鎮座のすがた」と銘記され、伊豆山権現に仕える氏人の長《おさ》がしたためた『走湯山秘訣』に伝わる物語から、新たに復原されたものである（中村芳楽・画）。おそらくこれは、走湯権現のご神体（円鏡）が飛龍の背に乗って日金山へ飛来し、松葉仙人に

「若宮様の御鎮座のすがた」の絵
（摂社・雷電社前）

よって山頂に奉斎されたという、『走湯山縁起』に見える開創伝承と符合するものだろう。

案内板の由緒書によると、雷電社（若宮社）には、祭神に「伊豆大神荒魂《あらみたま》・雷電童子」及び「瓊々杵尊《ににぎのみこと》」が祀られる、とある。また、『吾妻鏡』には、雷電権現（若宮社）の別名として「光の宮」の名が記されている。若宮社の右手前、本社拝殿への石畳沿いにある「光り石」は、この「光の宮」の名称にちなんだものだろう。

ところで、『増訂豆州志稿』を見ると、雷電権現の縁由について、次のように記されている。注⑤

「（日金峰）山上旧址ニ小祠アリシヲ又遷シテ新宮ノ摂社ト為シ雷電権現或ハ若宮ト称ス、雷電ハ火牟須比神ノ一名、火雷神ヨリ起レル称ナラム……」

これによると、雷電権現（若宮）は初め日金山の山頂に小祠として祀られていたが、走湯権現（伊豆大神）が新宮（伊豆山神社現在地）に遷移されて以降、摂社として祭られるようになったことがわかる。注目されるのは、「雷電」の名称が祭神・火牟須比神の別名である

「火雷神」に由来するとしていることである。
「火雷神」とは、いかなる神なのだろう。「雷神」の一つと見なされるのは明らかだろうが、火ノ神・火牟須比神の別名であるから、おそらく「火神」と「雷神」とを兼ねそなえた存在と考えられる。「龍」（または龍神）が火山や雷にもかかわっていたことは、すでにふれたところである。火山が爆発すると、噴煙の中から龍がしばしば現われたし、また、黒雲が空を覆い雷鳴が轟くと、その中に必ず龍の姿が見られた。注⑥
つまり、火神も雷神（水神か）も、龍によって形象化《シンボライズ》されたことがうかがえよう。したがって、「火雷神」たる雷電社にも龍がまとわりついていたことはまちがいない。ただし、この龍が〝赤白〟の「神龍」に直接結びつくのかどうか、今のところ謎である。

3　白山神勧請と「龍池の水」

社殿の右手、郷土資料館との間をやや入ったところに白山神社遥拝所がある。この勧請をめぐる縁由にも、「龍」がひそんでいた。

白山神社本社は、そこからさらに五百メートルほど登った山中の「岩蔵谷《いわくらだに》」という行場のような岩かげに祀られている。縁起によれば、「岩蔵谷」は岩戸山にあったと伝えられることから、本社はいつの時か現在地へ下ろされたのであろう。

すでに中世・室町期には、本社の社祠が山内に在ったことは史料から裏付けられるが、注⑦いかなる経緯によりここに勧請されたのか、詳しいことはわからない。しかし、そこに古代・

白山神社遙拝所（伊豆山神社社殿右側）

平安末期に走湯山へ山岳仏教をもたらした、末代上人がかかわっていたことはあきらかであろう。

〝富士上人〟の名で知られる末代は、若き頃より日金山で苦修練行にはげんだ、もともと走湯山出身の修行僧であった。上人は諸国の霊山へ修行に赴いたが、富士山に数度登頂したあと、白山へも登拝に訪れている。すなわち、平安後期の正史である『本朝世紀』久安五年（一一四九）条には、富士山登頂に続けて、「又詣㆓越前国白山㆒、酌㆓龍池之水㆒」という記述が見える。

　これによって、末代上人が白山への三つの登山口のうち、越前馬場から登拝したことがわかる。そして、何より注目されるのは、参詣の際に山内の霊所の一つ「龍池の水を酌《く》」んでいることである。同所の霊水の効験が広く知られていたことがうかがわれるが、龍池の中にはもちろん、水神の象徴（化現）たる「龍」（龍神）が棲んでいたと見なされたにちがいない。

　末代上人と白山とのかかわりはほかにも知られるが注⑧、上人が白山信仰に深く帰依していたことは確実だといえよう。したがって、山内への白山神社の勧請祭祀は、末代に連なる走湯山の山岳仏教徒の末流により、祖師の白山登拝の事蹟にかんがみてなされたといえるのではなかろうか。

しかも、末代が白山山中で「龍池の水」を酌んだことが、とりわけ重要視されてきたことがうかがえる。それは、古来、走湯山が「龍」によって彩られてきたことを記す『走湯山縁起』の伝と無関係ではなかったということである。注⑨

4　拝殿向拝の「龍神」――郷土資料館特別展

この時の伊豆山神社採訪のいちばんの目的は、郷土資料館の特別展に展示された木彫の「龍神」をこの目で見ることだった。〝伊豆山神社の隠れたお宝〟と銘打たれた今回の展示の中で、「龍神」は周囲を圧倒する迫力を見せていた。

展示までの経緯

「龍神」はもともと、拝殿の向拝に他の彫刻とともに飾られていたが、大正十二年（一九二三）の関東大震災で落下、破損してしまった。そのため、昭和初期の社殿修造以降、向拝から取り外されたまま保管されてきた。

その後、半ば忘れられかけて長い時間が過ぎたが、平成二十四年になって偶然、神輿収蔵庫の奥の方に布を掛けてしまわれているのが発見された。同資料館での展示公開は、今回が初めてという。

なお、修復中であった拝殿の向拝には、平成二十四年十月に新しく完成した「龍神」その他の彫刻が飾られてきた。

木彫「龍神」スケッチ

長い〝冬眠〟から目を覚まされた木彫りの「龍神」は、長さ（ヨコ）二・五〜三メートルほどあるかなり大きなものである。頭と胴回りを合わせた太さ（タテ幅）も七十〜八十センチくらいは十分ありそうに思われた。尾の部分が欠け落ちているのは、関東大震災で受けた破損と見られる。もとの姿は、おそらく四メートル近くあったのではなかろうか。

かつて伊豆山神社拝殿向拝に飾られていた「龍神」

頭の部分だけで六十〜七十センチの大きさはあろう。睨み付けるような楕円形の巨きな目（Lサイズの鶏卵ぐらい）、やや開き加減の大きな口の奥から鋭い牙をむき出し、耳の辺りからは二本の短い角も出ている。目の上、口の周りは、毛を逆立てたような荒々しい造りだ。一見、鰐《わに》に似たような風貌だが、これほど恐ろしげな顔を見たことがない。その表情は、迫力満点だ。

さらに、曲げられた胴体から突き出た肢先には、鋭く大きな爪が伸びる。全身は波模様を描いたように、鱗《うろこ》状の表皮で被われ、いかにも硬そうに見える。これぞまさしく「龍」の姿というところだ。

作者・年代

この見事な木彫の「龍神」は、いつごろ、誰によって製作されたものなのだろうか。資料館の説明書きによると、江戸期の宮彫師で、〝波の伊八〟の名で知られた「武志伊八郎信由」（宝暦元年〈一七五一〉～文政七年〈一八二四〉）の作と伝えられる。伊八の製作が確かだとすると、江戸中～後期頃の作例ということになる。

武志伊八作「波に宝珠」の木彫
（行元寺欄間、外房いすみ市）

伊八は千葉県鴨川市出身で、房総を中心に活躍したと伝えられる。外房いすみ市荻原にある行元寺欄間の「波に宝珠」（文化六年〈一八〇九〉頃）の木彫が知られ（写真参照）、近ごろテレビでも取り上げられた。〝波を彫ったら日本一〟といわれた名工で、その作風は同時代に活躍した葛飾北斎『富嶽三十六景』の中の代表作、「神奈川沖浪裏」などにも影響を与えたという。ちなみに、北斎自身にも「龍」の絵があった。[注⑩] それについては後述する。

三　般若院と周辺社寺に見る龍

1　走湯山般若院の龍

資料館で見た「龍神」の迫力に興奮さめやらぬまま境内を後にしたが、別当寺の般若院が近くにあり、立ち寄ってみることにした。すると、ここにも「龍」が待ちうけていたのには少なからず驚かされた。伊豆山内の「龍」は、神社だけだと思いこんでいたからである。

般若院本堂の龍

般若院は、伊豆山神社の西方すぐ近くの岸谷にある。神社とは対照的に、一人の参拝客も見かけず、静まりかえっていた。境内の中ほどに檜皮葺《ひわだぶ》きのどっしりした構えの本堂が建っている。正面中央、権現造り風の屋根下に張り出した廂《ひさし》部分の階段を上り、本堂へ入る。梁の上に「走湯山」の扁額が懸かっていて、その山号に秘められた般若院の歴史の重みが感じとれた。

廂の上方を見上げると、向拝の上に大小二匹の龍の彫り物が横たわっていた。右向きの大きいほうは一・六メートルくらいはあろう。左向きの小さいほうは七十〜八十センチくらい、半分ほどの大きさである。伊豆山神社の「龍神」より小ぶりで、迫力もいまひとつと感じられた。大小二匹は親子なのか、あるいは雌雄を表わすのか。互いに向き合い、尾をからめた姿に想像をふくらませられる。『走湯山縁起』に伝える「赤白二龍」とのかかわりはどうなのか、気になるところだ。

このほか、向拝上下の横木の上にも小さな浮き彫りの龍が数匹みられる。また、向拝の左右両端、柱より突き出た部分に獅子（正面）と龍（横向き）の頭部が一組ずつ飾られている。龍と判断したが、牙がマンモス象のように異常に長く、かといって象にしては耳が小さ過ぎるし、鼻も短かめだ。龍と象の中間といったところだが、怪獣のような恐ろしい風貌で、四方を睨みつける姿は、魔除けとされたものだろうか。

さらに上の方を見ると、屋根の真下に鳥のような彫物が飾られている。中国の想像上の鳥・鳳《おおとり》（または、鵬）らしい。翼を広げ、本堂の屋根の上から、より高く羽ばたこうとしているかのようだ。それは、龍たちを天空へと導こうとしているようにも見える。

般若院本堂

大師堂の龍

般若院はもともと、高野山を本山とする真言宗の寺である。江戸初期の中興開山・快運上人（慶長十八年没）を初代に、現住職の興尚上人で十七代目となる。本堂の左側に祖師を祀る古めかしい御堂があり、正面中央に「弘法大師」と横書きされた扁額が懸かっている。

向拝を見上げると、ここにも木彫りの龍が飾られていた。大きさは一・五メートルほどはあろうか、本堂のものと比べると幾分小さめで、こちらは右向きの龍が一匹である。そのほかは、双方に特別異なるところはなさそうだ。

それにしても、般若院の本堂、大師堂とも向拝が、いずれも龍で飾られているのは何故だろうか。伊豆山神社拝殿の「龍神」とのかかわりが気になるところだが、その手がかりを見つけるために、伊豆山以外の熱海周辺社寺について見てみたいと思う。

なお、伊豆山神社下宮（浜ノ宮とも）と称された伊豆山温泉の発祥地・走り湯にある走湯神社の社殿向拝にも、龍が飾られていた可能性がある。そう思って、現地を再訪したが、比較的近年に社殿の建替えがあったためか、現在、走湯神社に龍は見あたらず、向拝には花模様らしき彫刻が飾られているのみであった。

2　周辺社寺の温泉神と龍

社寺の拝殿向拝に見られる飾り物も、時代とともに次第に簡素化が進み、花模様や波・雲などを象《かたど》った比較的シンプルなデザインが多く見られるようになった。しかし、ひところまでは、干支《えと》にちなんだ動物や鳥・魚、龍に象徴される想像上の動物など、手のこんだ彫刻がしばしば造られた。概して、神仏のご利益にちなんだものや、縁起をかついだものが好まれたようだ。

そうした、さまざまな向拝彫刻が見られた中で、「龍」がとくに飾られた事例を、熱海地区の社寺について見てみたい。

湯前神社向拝の龍

湯前神社（上宿町）

熱海市上宿町にある湯前《ゆぜん》神社は、昔《いにしえ》より地元の人々から〝湯前さま〟と呼び慣わされてきた熱海温泉いちばんの守り神である。ここに、温泉神として知られる大己貴命《おおなむち》・少彦名命《すくなひこな》の二神が祀られていることは、意味深いことと思われる。

門前の鳥居をくぐり、社殿への石段を上がってゆくと、正面中央に向拝があり、りっぱな木彫りの龍が飾られている。伊豆山神社の「龍神」と比べるといくらか小ぶりで、頭が左向きなのが異なっている。

柱の左右の角には、象と獅子らしき怪獣のような動物の頭部が一組ずつ飾られている。鼻と牙を突き出し、微笑《ほほえ》んでいるような横向きの象の表情は、不気味さを感じさせる。正面を向いた獅子の顔つきも鬼のように見えるが、やはり魔除けなのだろうか。このほか、奥の柱にも獅子（右）と象（左）が一体ずつあり、四方に相対している。

この獅子（正面）と象（横向き）の組み合わせや位置どり、あるいは龍との関係には、仏典等に基づいた決まりや意味づけがあったのかもしれない。湯前神社に祀られた温泉神が、龍によって形象化された理由《わけ》、その経緯については後述する。

温泉寺・湯河原地蔵堂（上宿町）

湯前神社と同じ上宿町に、臨済宗妙心寺派の清水山温泉寺がある。境内に入ると、右手に本堂、正面には支坊の慈照庵がある。俗名を湯河原地蔵堂と称し、もとは近くを流れる糸川の河畔にあったらしい。川岸沿いに湯量豊かな温泉が湧出し、その湯が流れ落ちた河原に堂社があったと伝えられる。「湯河原」の名称は、そのことに由来しよう。お堂には「舩化園」の扁額が懸かり、地蔵菩薩とともに不動明王が祀られている。「湯河原地蔵」の由来は、古く炎熱地獄に苦しむ衆生の救済を願って祀られたものだろう。

この温泉ゆかりの地蔵堂の向拝にも、龍がいた。しかも、三匹の龍が飾られているのは驚きである。向拝中央にある左向きの龍はひときわ大きく、一・八メートルほどの大きさがありそうだ。一方、向拝下の梁上に浮き彫りされた二匹の龍は、上の丸彫りのものと比べるとだいぶ小さく、七十〜八十センチぐらい、双方が向き合う形をとっている。姿がわかりづらく、迫力もいまひとつだが、中央の大きいほうの表情は、これまでのものに劣らない恐ろしさを露にしている。向拝柱の左右角に、獅子と象の頭部一組ずつが魔除けとして飾られているのは、前例と変わらない。

来宮神社（西山町）

市内西山町にある来宮神社は大きなお宮さんで、平日でも朝早くから参拝者が訪れる。しかし、その大半は樹齢二千年といわれる本州一の大樟《くすのき》がお目当てだろう。祭神には、樹木神として知られる五十猛命《いたけるのみこと》が祀られているが、それと合わせて、大己貴命《おおなむちのみこと》、日本武尊命《やまとたけるのみこと》の祭神が祀られていることも見落としてはならない。

来宮神社が湯前神社と同じ、温泉神の大己貴命を祀っていることから、向拝の龍と出会えることが期待された。しかし、社殿は新装され、きらびやかで美しい姿に変わっていた。かつては当社にも龍が飾られていたにちがいないが、現在、社殿の向拝にその姿を見ることはできない。

ところが、本社とは別に、境内二カ所に龍の姿を見つけた。一つは、社殿に向かって右側に小さな池があり、五メートルほどの高さの大岩（岩座《いわくら》とも）の上に祀られた弁財天の小祠の中にいたのである。岩上には、一メートルほどの大きさの蜷《とぐろ》を巻いた石の大蛇も見える。苔むした緑色の石の表面にはウロコ状の斑《まだら》模様が刻まれ、鎌首をもたげて小さな目で見すえるその姿は気色悪く、鳥肌が立った。

さらに、大岩の真下に目を落とすと、池の水際に直径五センチほどの白い卵が五つ並んでいた。かたわらには、宝珠石と見られるものも置かれている。プラスチック製の模造品とはいえ、卵のリアルさには、ほほえましさを感じさせられるが、参拝者にはかなりのインパクトを与えるだろう。

弁財天は水の神様だから、化神の蛇（蛇神）が祀られるのは珍しくない。それでも、蛇の置物などが祠の中に奉納されているのを間近に見ると、薄気味悪さを感じる。その上、祠の向拝には、一メートルほどの大きさの龍が飾られていた。まだ木の香りがただようような真新しい造りで、祠の大きさに不釣り合いを感じるほど、頭・肢・爪がやけに大きく見えた。これは、わが国では、蛇（蛇神）と龍（龍神）が、一体のものとして混じり合って表現される、よい事例といえよう。

来宮神社境内・三峰社向拝の龍

そして、柱の左右の角には、形どおりに獅子と象が一頭ずつ飾られている。

もう一つ、大鳥居をくぐりぬけてすぐ右手に三峰社があるが、その向拝正面にも龍が飾られていた。大きさは三十～四十センチくらいとたいへん小さい。蛇のように細長く丸味を帯びた造りで、木彫特有の荒々しさが感じられない。このほか、祠の内側にある左右の柱にも、縦長（四十センチくらい）の龍が彫刻されており、魔除けの獅子と象が一組ずつ向拝の両端に飾られているのは、これまでと同様である。

そして、社祠の前には、オオカミの石像が左右に建っている。オイヌ信仰（大口真神）の三峰社が龍で彩られているのは何を意味するのだろう？

右のこととも関連すると思うが、境内二社の龍の存在は、来宮神社本社の祭神・大己貴命との関わりを示しているといえないだろうか。そうだとすると、そこに温泉神と結びついてゆく経緯が説かれねばならないことになるが、それは後述にゆずりたい。

また、龍に彩られ、温泉神・火神を祭祀する伊豆山神と、龍を祀る周辺社寺の祭神との関係についても、改めて検討を加える必要があろう。

周辺社寺のうち多賀・網代地区については、すぐあとにふれる。

3　熱海市中の「赤白二龍」——伊豆山神社御用達

伊豆山神社を彩る走湯山の「神龍」は、熱海の市街地でも見られた。

熱海市銀座町、湯前神社にほど近い旧道沿いに（銀座通り南）、「ときわ木」という古い看板が今もかかっている、落着いた店構えの和菓子屋さんがある。店舗は大通りを隔てて二カ所にあるが、文化財にでもなりそうな、古めかしい木造六角形のたたずまいが目をひく。創業年は確かめられなかったが、昭和初期から大正期にまでさかのぼるかもしれない。

和菓子といっても、「常磐木羊羹店」の看板がかかっているように、羊羹専門の老舗のようだ。その一番の自慢商品が、「神龍」に因んだ羊羹であった。

商品名は「赤白二龍《せきびゃくにりゅう》」。桜・小豆の羊羹二本組セットで、それぞれ桜のほうは赤い龍、小豆のほうは白い龍が描かれた白地の半紙にくるまれ、「赤白二龍」と印した由来書の小さな巻物と一緒に、箱の中に納められている。蓋の包装紙に描かれた、向かい合った「赤白二龍」の姿が神々しいまでに美しい。（五九頁写真参照）

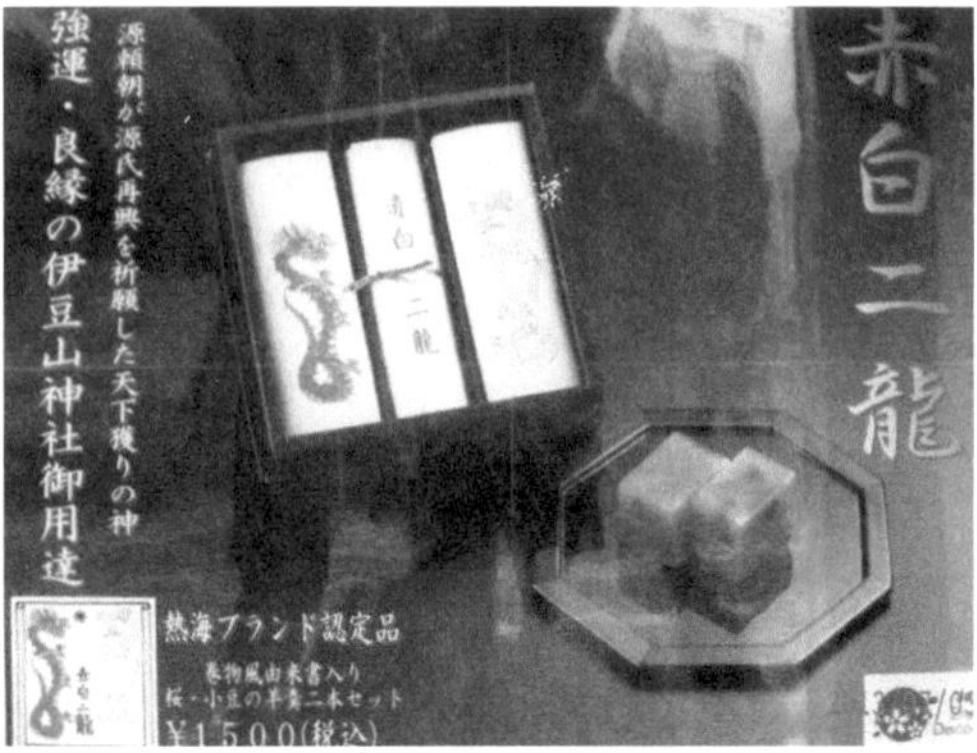

「赤白二龍」の羊羹（伊豆山神社御用達）

つい最近見たBSテレビの旅番組（平成二十七年一月二十一日）で、冬の出雲路が紹介されていたが、松江城堀端にある和菓子の老舗に古くより伝わる紅白の落雁《らくがん》が印象に残った。「紅白」にはめでたさがもちろんこめられていたろうが、銘菓の名前は「山川」と称した。店主によると、紅は「山（またはもみじ）」を、白は「川（または水）」を表わし、紅（山）は下に、白（川）は上に重ねて置かれていた。

その見事な銘名の妙には感嘆するばかりだが、「赤白二龍」の羊羹とどこか重なってもいるようだ。

「赤白二龍」は、今は「熱海ブランド認定商品」として観光客用に売り出されているが、もともとは「伊豆山神社御用達《ごようたし》」の品とされてきたようだ。おそらく、皇族や国の要人など神社への公式参拝客をもてなす際にもちいられたのだろう。しかし、それがいつごろからかは定かでない。

いずれにしても、この由緒ある「赤白二龍」の御用達品を通して、伊豆山（走湯山）の「神龍」は、より身近な存在として地元熱海の人々の心のうちに息づいてきたにちがいない。

4　多賀・網代の龍神と熊野信仰

多賀神社の龍と熊野神

南熱海の伊豆多賀地区に、旧多賀村の鎮守・多賀神社がある。上多賀集落の北に位置する神奈備山の向山《むかいやま》南麓、古墳時代にさかのぼる祭祀遺跡がある「宮脇」の地に祀られている。社殿はそれほど大きくはないが、かなりの古さを感じさせる。祭神には伊邪那岐・伊邪那美二神が祀られ、拝殿中央の向拝に一匹の龍がいた。

龍の頭は右を向き、尾が長く延び、臥せたような姿で、二メートル近くはありそうだ。頭に二本の角をはやし、口からは牙ものぞいているが、歯が細かく生《は》えているようにも見える。足から出た爪が不釣り合いに大きく目立つ。金網に覆われているためわかりづらいが、顔つきはあまり凄味を感じさせない。

向拝柱の左右二カ所には、来宮神社で見たのと同じ魔除けの獣が一組ずついる。正面前向

多賀神社向拝・魔除けの獅子と貘（向拝正面「龍」の左角）か？

きの獅子は耳が大きく立っていて、口を小さく開《あ》け気味である。一方、横向きの象のほうは牙が抜かれたようになくなっていて、耳が小さ過ぎて奇怪だ。鼻も象にしては短かめで、口元をやや開き、笑みを浮かべたような表情は不気味そのものである。（後で気がついたことだが、これは象ではなく、ひょっとして〝悪い夢を食《くら》う〟という想像上の動物「貘《バク》」かもしれない）

当社の由来をたずねると、江戸中期の正徳年間（一七一一～一六）、近江多賀大社の祭神、伊邪那岐・伊邪那美二神が当地に勧請されたと伝える。それ以降、明治六年に「多賀大明神」と改称されるまで、「日少宮《ひのわかみや》」（火之若宮か）と称した（瓊々杵尊とも）。伊邪那岐・伊邪那美二神は熊野系の神社に多く見られ、東伊豆周辺では伊豆山神社（走湯権現）にその形跡が色濃く残されている。

伊豆山が龍伝承で彩られてきたことは先に見てきた通りだが、御本家の熊野三山、とりわけ那智山にも那智滝をはじめ龍にまつわる地名や伝説が数多く残されている。いずれにしても、当社の向拝に龍が見られるようになったのは、正徳年間に熊野ゆかりの伊邪那岐・伊邪那美二神が近江・多賀大社より勧請されて以降であろう。

その際、近隣の伊豆山（走湯修験）がそこに関わっていたのか、それとも那智山はじめ熊野本社から直接の関与があったのか興味深いが、それは謎としておこう。しかし、いずれにしろ伊豆における熊野系ご祭神の顕著な拡がりと、熊野神社の濃密な分布は動かせないところだろう。さらには、熱海錦ケ浦[注⑪]や南伊豆の白浜、妻良《めら》その他に見られる地名伝承などを合わせみると、中世末より近世初めにかけて、紀伊・伊豆・安房と黒潮にあらわれながら、海伝いにたどる熊野神の東遷あるいは北上伝播の足跡が、この地方にも顕著に残されていたことは、確実ではなかろうか。[注⑫]

歴史の古さを感じさせる多賀神社と向山（右奥）

ところで、社殿右手に境内末社として八つの小祠が横に並んで祀られていた。その一番右側に三峰社の木札が下がっているが、来宮神社にあったような独立した社祠ではない。元は上多賀地区内の路傍にあった可能性もあるが、おそらくは当社の祭神、伊邪那岐・伊邪那美二神に引き寄せられ、境内に合祀されたのではなかろうか。

ちなみに、三峰神社本社がある埼玉西部の秩父三峰山の歴史をひもといてみると、かつては熊野系の修験霊山として聞こえ、開創時には伊邪那岐・伊邪那美二神を祀っていたとされる（『当山大縁起』）。注⑬また、「三峰（宮）」と称せられた雲取・白岩・妙法の三山のうち、妙法岳には熊野三社権現が祀られ、現在も三峰神社本社の奥宮として崇められている。

こう見てくると、先に掲げた設問（45頁）、〈オイヌ信仰の三峰社が龍で彩られているのは何を意味するのか？〉という問いの答えは、自ずと見えてくるのではなかろうか。そこには、龍伝承の色濃く見られる熊野三山信仰の一断面が影を落としていたと見てまちがいないと思われる。

下多賀神社の龍神画像

伊豆多賀地区新釜に、旧下多賀村の村社として下多賀神社が祀られている。祭神が前記の多賀神社と同じ伊邪那岐・伊邪那美二神であることから、向拝の龍との出会いを期待して探訪したが、五十年前の比較的近年に新築されており、望みはあえなく絶たれた。しかし、上多賀の多賀神社と同様、ここも江戸中期に近江多賀大社から二神が勧請されたと推定される。（近世初期には「中村明神」、「松尾大明神」などと呼ばれていた）

その背景には、熊野三山、あるいは伊豆山（走湯山）が介入していた可能性があるが、いずれも前述の多賀神社の場合と同様の経緯をたどったものと見られる。本社境内に縁結びのご利益で知られる「なぎ」の樹の御神木があるのも、その証左の一つであろう。

実際に見ることはできなかったが、本社の社殿向拝にかつては龍が祀られていたことは、十分考えられるのではなかろうか。そして、本社境内に龍（または蛇）と同じ、水神にまつわる痕跡がいくつか見られることも興味深い。すなわち、境内社六社の中に「水神社」（罔象女命《みずはのめ》）が祀られていること。また、本社祭神の伊邪那岐・伊邪那美二神との関わりをうかがわせる「夫婦石《めおといし》」と称される一対の石のうち、左側のものは「蛙石」と呼ばれ、田植えの頃など雨の欲しい時に、この石を揺《ゆす》って雨乞いを祈願したと伝えられる。

下多賀神社境内の「夫婦石」
（本社祭神の伊邪那岐・伊邪那美二神にちなむか）

こうした、水にまつわる習俗が本社の「龍」の存在と結び合っていたことはまちがいないであろう。いうまでもなく、龍（および蛇）は風雨を呼び起こす存在と考えられ、水神の代表格と見なされてきたからである。

さらに、比較的新しいものだが、本社の右手前に祀られる「龍神画像」石碑の存在も気になる。石碑の由来文によると、――いつの頃からか、境内にそそり立つ樹齢千有余年を数える老松の上部にできたウロに白蛇の番《つがい》が棲みついた。ところが、

「龍神の松」と称されていたこの御神木が、昭和十三年十月二十一日の台風で倒れてしまった。以来、神木の霊が下多賀の氏子信徒の夢枕にたびたび現われ、やがてその御告によって老松の跡に「龍神の石碑」（昭和三十四年）が祀られた。この白蛇にちなんだ龍神伝説も、かねて社殿の向拝に龍が飾られていて、本社全体が龍神（水神）によって彩られていたであろうことと無縁ではなかったのではなかろうか。

なお、本社境内のはずれから青銅製経筒など経塚遺物が発見されており、注目される（東京国立博物館保管）。これは、前述の向山山麓多賀神社の宮脇の地と並んで、古代祭祀遺跡が当地にも間違いなくあったことを示しているが、未解明の謎として残されている。

網代・阿治古神社の龍

南熱海の漁師町・網代の氏神である阿治古神社は、天照皇太神ほか四神を主祭神に祀る。注目されるのは、社殿に温泉神として知られる大己貴命・少彦名命の二神を祭っていることであるが、これは、字日和山《ひよりやま》に鎮座していた来宮神社の祭神（大己貴命・少彦名命）が明治十六年に本社へ合祀されたものと伝えられる。（『増訂 豆州志稿』）

したがって、温泉神といっても合祀であるからだろう、本社には龍の姿は見られない。向拝には、花と波をあしらった簡素なものが飾られているばかりだ。ただ、来宮社（大己貴命・少彦名命）は、日和山以前には旧下多賀村中野の仲川河畔に祀られていたとされ、そのころには温泉神ゆかりの龍が飾られていたことも考えられる。

ということは、仲川の河原にはかつて温泉が湧出していたということかもしれず、先に見た熱海市内上宿、温泉寺境内「湯河原地蔵堂」の由来伝承が思い起こされる。現在、その旧址の名残りとして、同じ中野地区にある津島神社境内に、「奉納来宮神社／大正十四年夏」と刻印された小さな石祠が祀られている。

湯川の「龍《わたつみ》神社」（伊東市北部海岸線にある）社殿向拝に龍が飾られ、かつては「熊野神社」と称したと伝える。

もう一つ興味深いのは、阿治古神社境内に摂社として勧請された「龍神宮」の存在である。伊豆東岸に竜宮祠が多く見られるのは、海上から円鏡が飛来上陸したという『走湯山縁起』に描かれる起源伝説の流布が、その背景にあったのではなかろうか。近隣では宇佐美の「竜宮三社」、伊東市湯川の「龍神《わたつみ》社」（古く熊野神社とも）などが知られている。

龍神社は「海積《わたつみ》神社」の名でも知られるが、「海の神」とも称したという。竜宮伝説など、海底世界の物語が想像されるが、それは何を表わしていたのだろうか。その背景には、補陀落渡海《ふだらくとかい》など海上他界信仰にも縁《ゆかり》のある熊野修験の関与があったのかもしれず、興味は尽きない。

ところで、阿治古神社は初め後方に連なる朝日山

（海抜一六二・八メートル）に鎮座していたとされるが、そこにはどんな謎が隠されていたのだろうか。朝日山は、海上からよく目立つ山であり、航海や漁の目印としても利用された、いわゆる「ヤマアテ」の山であった。とくに近世期以降、そうした漁民らの海を舞台とした習俗が盛んに行なわれてきたのである。

そこには、朝日山が古来より神奈備型の山として崇敬されてきた歴史があったと思われる。そして、その山の頂きは海の神（漂着神）がたどり着くのに最もふさわしい祭祀場と見なされ、本社が創祀されたのではなかろうか。

むすびに代えて——温泉と龍

以上、見てきたように、伊豆山（走湯山）が「神龍」によって彩られ、シンボライズされてきたのは、走湯山の基本史料とされる『走湯山縁起』（平安末期～鎌倉初期成立）の中で、龍が祭神（走湯権現）の化現（化身）として描かれていたことによろう。言いかえれば、それは走湯山が温泉神（または火神）・走湯権現を祀る山岳霊場であったからにほかならない。

温泉湧出に由来する霊場は温泉神を祭祀し、その化身とされた龍によってしばしば形象化されてきた。これまでふれてきたように、そのことは伊豆山神社および別当寺の般若院、さらに温泉神を祀る熱海周辺社寺の向拝が、いずれ違《たが》わず龍によって荘厳・祭祀されていたことからも明らかと言えよう。

では、温泉神・走湯権現の化身として形象化された走湯山の「神龍」が、『走湯山縁起』注⑭の中でどのように描かれていたのか、また、それは何を物語るものだったのか、次章で具体的に見てゆくことにしたい。

注

① 拙稿「末代上人と伊豆山・日金山―古代走湯山の山岳仏教と歴史・民俗伝承」、本書第三章所収、平成二十九年

② 黒田日出男『龍が棲む日本』岩波新書、平成十五年

③ 吉野裕子『蛇―日本の蛇信仰』法政大学出版局、昭和五十四年（講談社学術文庫、平成十一年）

④ その後、平成二十六年（二〇一四）十月に同神社を訪れた際には、〝由来書き〟の説明が、「赤」は火、「白」は水と変わっていた。

⑤ 『増訂豆州志稿』巻之九上、長倉書店、昭和四十二年

⑥ 黒田日出男、前掲・注②一一二頁、一一三頁

⑦ 「諸堂造営注進状」暦応二年（一三三九）七月（伊豆山神社文書）

⑧ 拙稿「伊豆ケ岳山名縁由私考」、『あしなか』三〇七輯、山村民俗の会、平成二十八年十月

⑨ 拙稿、前掲、注①に同じ

⑩ 葛飾北斎「登龍の不二」、『富嶽百景』所収、天保五年（一八三四）刊（芸艸堂、平成二十二年）

⑪ 拙稿「描かれた『神龍』の地底世界―『走湯山縁起』を旅する」、本書第二章所収、平成二十九

年

⑫ 拙稿「安房における熊野信仰の伝播―黒潮文化形成の一側面」、『歴史手帖』八九号、昭和五十六年三月

⑬ 五来重編『修験道史料集』I、山岳宗教史研究叢書17、名著出版、昭和五十八年

⑭『走湯山縁起』群書類従・巻二五輯所収、一九八七年

第二章　描かれた「神龍」の地底世界
――『走湯山縁起』を旅する

『走湯山縁起』に見る「龍」――プロローグ

走湯山（伊豆山、日金山）の歴史伝承に関する基本史料である『走湯山縁起』巻五の中に、「龍」に関する興味あふれる記述がまとまって見られる。漢文体で書かれており、難解な個所もあるが、原文のまま取り上げることとする。巻五は「深秘輙不可披見」とあるから、本来披見のかなわぬ秘伝的なものであったと思われるが、謎めいた記述も多く見られ、想像をかきたてられる。

以下、ここでは「龍」の描写の中で、とくに温泉に関する部分を中心にとり上げる。従来、『走湯山縁起』についての解析は比較的簡略に扱われることが多かったが、ここでは、内容の区切りごとにできるだけ詳しく、かつ正確に原文を読み解くよう努めた。その上で、そこに描かれた内容が何を表わし、何を意味しているのか、温泉と「龍」の関係を軸に探ってみることにしたい。

一　久地良山地底の「赤白《せきびゃく》二龍」

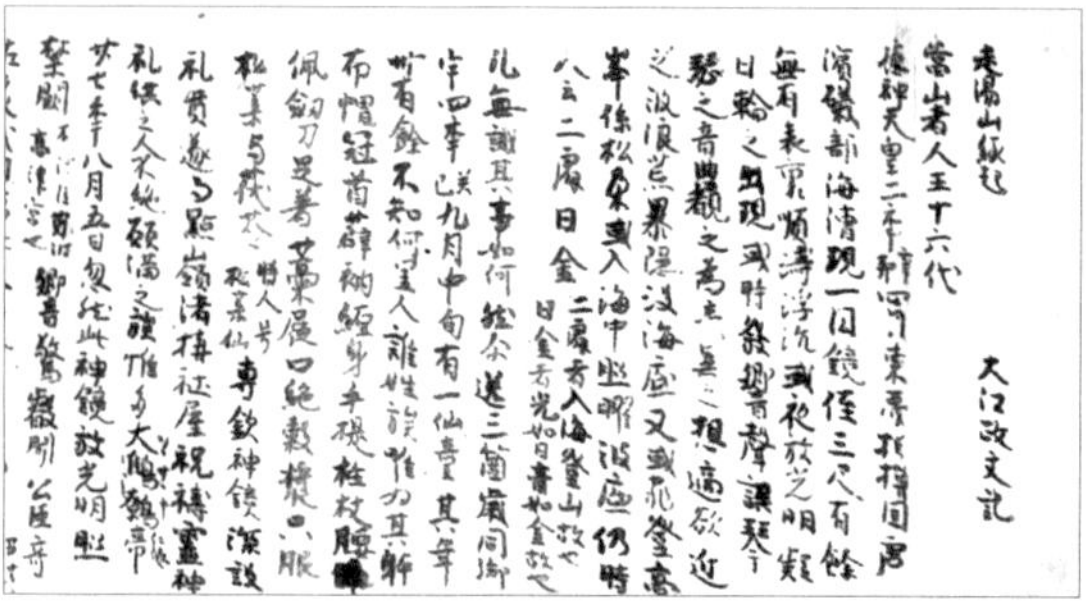
走湯山縁起
大江政文記

『走湯山縁起』（大江政文記）巻五の冒頭部分

『走湯山縁起』巻五の冒頭は、次のように書き出される。

（原文ママ）

「当〔一〕山日金者。本名久地良山也。〔二〕此地下赤白二龍交和而臥。〔三〕其尾漬二筥根之湖水一其頭在二日金嶺之地底一。〔四〕湯泉沸所此龍両眼二耳并鼻穴口中也。（後略）」

右の巻五の冒頭部分は、内容上から以下のように四つの文節に分けて見てみるとわかりやすい（原文の右肩に漢数字で表記）。とりわけ、〔二〕、〔三〕節の部分は温泉と「龍」の関係を見る上でもっとも大切と思われるので、詳しく検討を試みることとしたい。

1　「赤白二龍」交和して臥す

まず、〔一〕節目では、舞台となる日金山の古名が「久地《くじ》良山《らやま》」と呼ばれたことが示される。山名の由来は詳らかでは

「赤白二龍」をあしらった伊豆山神社御用達羊羹の包紙（熱海市内）

ないが、『万葉集』に詠まれた日金山を「伊豆能多可祢」とよんだ歌にちなむとの説も見える。[注①]

次に〔二〕節目では、この久地良山の地底に、赤、白二匹の龍が交和して臥していたと記されている。何よりもまず、舞台が地上ではなく、この山の地下世界であったこと、そこには「赤白二龍《せきびやくにりゅう》」が棲んでいたとあることに注目しなければならない。それは、何を表わしているのであろうか。温泉に関わることであったのは後段から明らかだが、それを読み解く鍵は、「交和して臥す」の意味をどう捉えるかにある。

そこで思い起こされるのは、すでに見た伊豆山神社境内の手水社《ちょうずしゃ》にあった「赤白二龍の由来」の説明書のくだりである。平成二十四年（二〇一二）九月にそこを訪れた際の由来説明には、「赤は母親、白は父親を表わし、夫婦和合、家内安全、縁結びの象徴」とあったのである。

一般常識でも赤は女性、白は男性を示す色とされるから、この説明はたいへんわかりやすい。おそらくそれは、伊豆山神社が有名な鎌倉将軍の頼朝・政子夫妻にちなんだ、縁結び、夫婦円満を最大の御利益として謳っていたからだろう。まさに、本社全体が「赤白二龍」で

『走湯山秘決絵巻』（伊豆山神社蔵）に描かれた「赤白二龍」

シンボライズされていたといっても過言ではない。

　したがって、右の説明では、「赤白二龍」が夫婦（父親・母親）と見做されていたことになり、そのことにより、次の「〜交和して臥す」の解釈も自ずと導き出されてくる。つまり「交和」を、仲睦まじいという意味の「和合」ととらえ、「夫婦和合」の御利益に結びつけた節が感じとれるのである。

　さらにいえば、「交和して臥す」の文字づらや並び具合い、ことばの響き、雰囲気などから、「交合」がイメージされていたことはあきらかであろう。「交合」は「交接」と同義で、いうまでもなく男女（夫婦）の性交の意である。

　しかし、そう解釈すると温泉との関わりは遠のいてしまうことになる。これまでの考察から、走湯山（伊豆山）は温泉神を祭祀し、その化現として形象化されたのが龍（または龍神）であったはずである。手水社の「赤白二龍の由来」説明は、わかりやすいことは確かだが、伊豆山神社で最も知名度の高い御利益にこじつけ過ぎたきらいがある。

2 「赤・白」は何を表わすか

そこで、原文に立ち返り改めて検討し直してみたいと思う。

〔二〕節目の「此地下赤白二龍交和して臥す」は、本当のところ何を意味していたのだろうか――。まず、温泉湧出に関わって地底にあるものといえば、地下水脈が思い浮かぶ。日金山は山頂に火ノ神である火牟須比命《ほむすびのみこと》を祀り、「火《ひ》ケ峰《がね》」とも称される火山であったので、地中（地底）には高温のマグマが溜めこまれていた。そして、地下水がこのマグマによって熱せられ、岩の割れ目などから滲み出たものが温泉と考えられている。

復元史跡「走湯温泉湧出口」洞穴内部

走湯山（伊豆山、日金山）一帯は、湯量豊かで高温の熱泉の湧出がいにしえより数多く知られていた。[注②] 現在でも、海岸部の「走り湯」には、もくもくと湯煙りの立ち昇る洞穴の中に、熱泉が沸き立つ状景が再現され、往時の温泉がかなり高温の熱泉であったことをうかがわせる。

ちなみに、養老年中（七一七〜二四）の開創を伝え、伊豆最古の温泉とされる走湯《はしりゆ》に

『箱根権現縁起絵巻』（部分）に描かれた「走湯権現」の湯屋（天正10年、個人蔵）

ついて、『伊豆国風土記・逸文』の中には、「尋常《よのつね》の出湯《いでゆ》に非《あら》ず。一昼《ひとひ》に二度山《ふたたびやま》の岸《きし》の窟《いわや》の中に火焔《ほのほ》の隆《さかり》に発《おこ》りて出《い》づ。（後略）」との記述が見え、注目される。それは、右に見た現在の「走り湯」の状景を裏づけして余りあるといえよう。

では、「赤白二龍」のうちの「赤」とは何であったのか、改めて考え直してみると、それは、右に見た赤々と燃えるように湧き立つ高温の熱泉そのものを指していたのではないか、と思われてくる。それは、衆生《しゅじょう》がゆったりつかれるような適温の湯加減などでは全くなかった。まさに、『地蔵菩薩霊験記』に描かれた「炎熱地獄」と、隣り合わせのものであったと想像される。

しかるに、高温の熱泉（赤）をほどよい温泉の湯加減に下げるものといえば、ほかでもない「水」であろう。二龍のもう一方、「白」は水を指していたと見てまちがいなかろう。もともと、「龍」（または龍神）は水神としての性格が色濃いことは、よく知られている。

こう見てくれば「赤白二龍交和して臥す」の意味は、あきらかだろう。ただし、先に「交和して臥す」がキーワードだと言ったが、手元の辞書で見る限り、「交和」という言葉は見当たらない。

「交和」を二つに分け、それぞれを辞書で引き、「交」、「和」二つの意味を再び合わせると、「交和」は「混ざり合って柔らかになる」というような意になる。

さらに注目されるのは、「交」には「かわる」「かえる」という意があり、一方、「和」には「調和する」「ほどよい」などの意もある。これらを勘案すると、「交和〜」は「交わって、ほどよいものに変わる」と解するのが、もっとも相応しい意味として浮かび上がってくる。

そのうえで、『伊豆国風土記・逸文』を参照すると、先の引用に続けて、以下のような記述がある。

「その温泉（走り湯）……湯船に盛れて身を浸すに、諸ゝ病悉く治ゆ。」（カッコ内・引用者補筆）

この記述は、「赤白二龍交和して臥す」の意味が、〈高温の熱泉に水を交ぜ、ほどよい湯加減とする〉ことを表わしていたことを裏づけるものと考えてよいだろう。

ところで、先ほど紹介した伊豆山神社境内・手水社の「赤白二龍の由来」は、その後、平成二十六年十月に再訪した際には、説明文の末尾が以下のように変わっていた。

「赤白二龍は、……赤は火を表わし、白は水を表わす。火と水の力でお湯（温泉）を生み出す、温泉の守護神であります。」

つまり、赤が「母親」から「火」へ、白が「父親」から「水」に変わっていたのである。

以前の説明が、本社の縁結びの御利益にあまりにもこじつけ過ぎていたことに、訂正を加えたものであろう。

新たな由来説明は、温泉湧出に即したより適切なものといえるが、「赤」を火としたのには、幾分違和感を憶えないでもない。日金山が「火ケ峰《ひね》」と称され、火神（火牟須比命）を祭神として祀っていたことによろうが、温泉が高温の熱泉に水を交ぜて得られるという、そのメカニズムを表わすものとして、「赤」はやはり熱泉としたほうが、より相応しかったのではなかろうか。

3　巨龍、日金峰と芦ノ湖に跨がる

この〔三〕節目の文意は、たやすく理解できるように思える。まず龍の尾を浸けたという「筥根之湖水」とは、現在の芦ノ湖を指しているのは、いうまでもなかろう。一方、龍の頭は「日金嶺（円山）之地底」に在るという。「円山」は今は「丸山」と書き、十国峠のことである。ここに描かれた巨大な龍の姿は、何を表わしていたのだろうか。

龍が臥したところは、ちょうど現在の静岡県函南町（及び熱海市）と神奈川県湯河原町（及び箱根町）の県境に位置している。稜線近くを伊豆スカイラインが走り、日金（十国峠）の峰々より、ほぼ北に鞍掛山、大観山、二子山と箱根連山へ続いている。この、直線距離にして十二キロメートルほどの山域は、高さは千メートル足らずだが、眺望に秀れ、とりわけ富士の絶景はたとえようもないほどだ。また、火山帯でもあり、三十万年前の活発な噴火活動により、赤く焼かれた岩肌が方々に姿を現わし、安山岩の柱状節理が見られるなど、修験行に相応しい険峻な山の地形が露わに残されたところである。

その山域いっぱいに、日金山の地底から箱根の芦ノ湖に跨がって、龍が臥していたというのである。何という壮大なスケールの〝もの語り〟だろう。現在の十国峠から箱根芦ノ湖に至る稜線づたいの地底に、巨大な龍が潜んでいたことを想像すると、胸が高鳴る。

龍の大きさは、頭から尾まで十キロ余りの長さがあったということだ。しかも、山嶺は北へ次第に高くなってゆき、日金の山頂と箱根駒ヶ岳との標高差は五百～六百メートルほどもある。ということは、龍は胴体を尻上がりの恰好で横たえ、尾の先端を芦ノ湖に地底から突き上げていたことになる。

日金山・十国峠周辺の鳥瞰展望図（北東方向に箱根方面への道が走る）

これは、あくまで架空の〝もの語り〟だが、その迫力ある描写は、現実世界に存在する何ものかを形象化し、そこに、特定の意味を語らせていたのではなかろうか。

そこには走湯山の歴史に関わる二つの意味がこめられていたと考

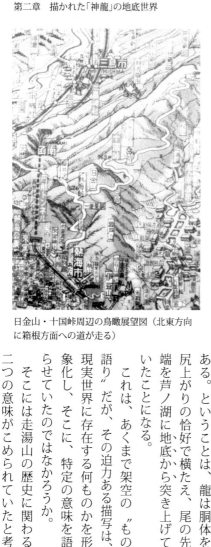

日金山頂より箱根連山を望む（司馬江漢「西遊旅譚」より、寛政6年）

えられる。注③

一つは、巨龍が地下に臥したこの壮大なる山域が、古代・中世の走湯山（日金山、伊豆山）にあって、とりわけ重要視されていたと見られることである。それは歴史以前にまで遡り、日金の三仙人、なかでも松葉仙人の神仙伝承からもうかがい知られる。

しかし、何より記憶にとどめておかねばならないのは、この一帯が走湯山・箱根山に跨がる「二所詣《にしょもうで》」の聖地として崇められていたことである。そして、第三章でみていくように、その基礎を築いたのは、ほかでもない末代上人であった。末代は平安後期、富士山に登頂したことから、「富士上人」の名で知られるが、もともとは走湯山の山岳仏教徒で、若き日より日金山に修行し、箱根山との山域をしばしば抖擻《とそう》巡歴していた。そして、末代上人による「二所ノ神参り」注④の創始が、やがて鎌倉将軍をはじめとした「二所詣」の隆盛をもたらしてゆくのである。（第三章参照）

ここに、日金山の地底と箱根の湖水に跨がる巨龍が描かれたのは、それが温泉神たる二所権現（走湯・箱根）の化身（霊体）として崇められたこと、そして、この山域が「二所詣」の聖地として、とりわけ重要視されていたからであろう。

　二つ目は、箱根山（箱根権現）に対する日金山（走湯権現）の優位性である。それは、この山域に跨がる龍の頭が日金山の地底にあり、その尾が箱根の湖水（芦ノ湖）に浸けられたという、記述そのものに表わされている。通例、頭は尾より重きがおかれることはいうまでもなかろう。

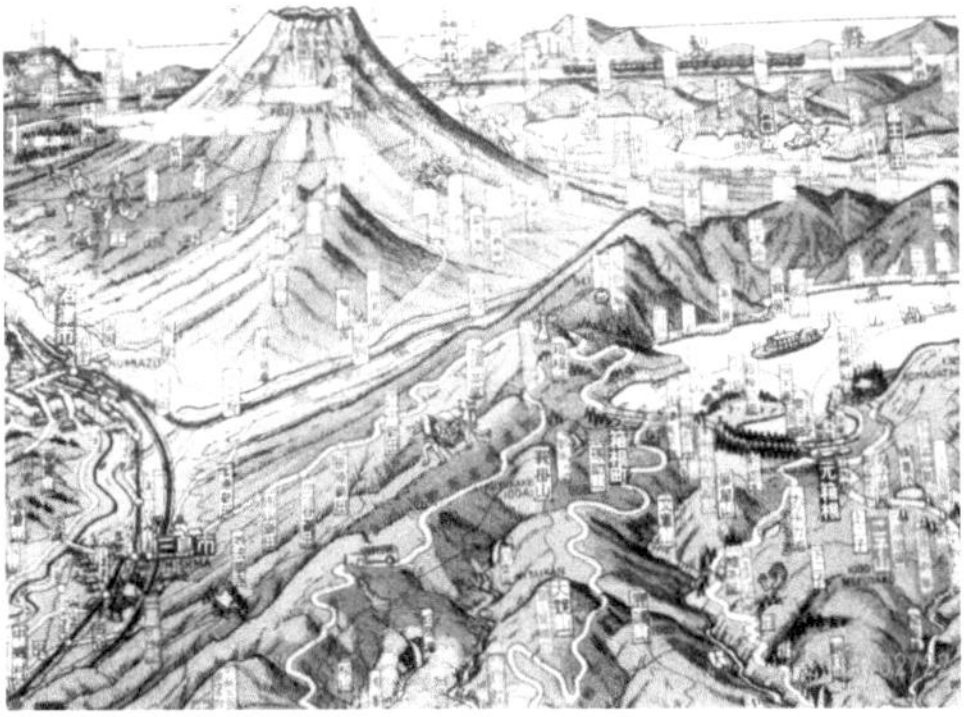

日金山より富士山、箱根・芦ノ湖を望む、鳥瞰展望図

　しかも、先にもふれたが、この山域に横たわる龍の胴体の恰好が頭から尾まで尻上がりであったことである。つまり、南側にある頭部分の日金山のほうがより低く、北側にある尾部分の箱根山へと次第に高くなる。このことは、何を意味していたのだろうか。龍が温泉神の化身であることに即して考えてみよう。

　地下水が火山のマグマによって熱せられたものが温泉だとすると、水脈はもちろん高いほう（箱根側）から低いほう（日金側）へと流れる。これは、高度のより低い日金山側へ温泉が多く溜まりやすいということを、象徴的に見せつけようとしたのではなかろうか。ここにも、日金山の箱根山に対する優位性を誇示する一面

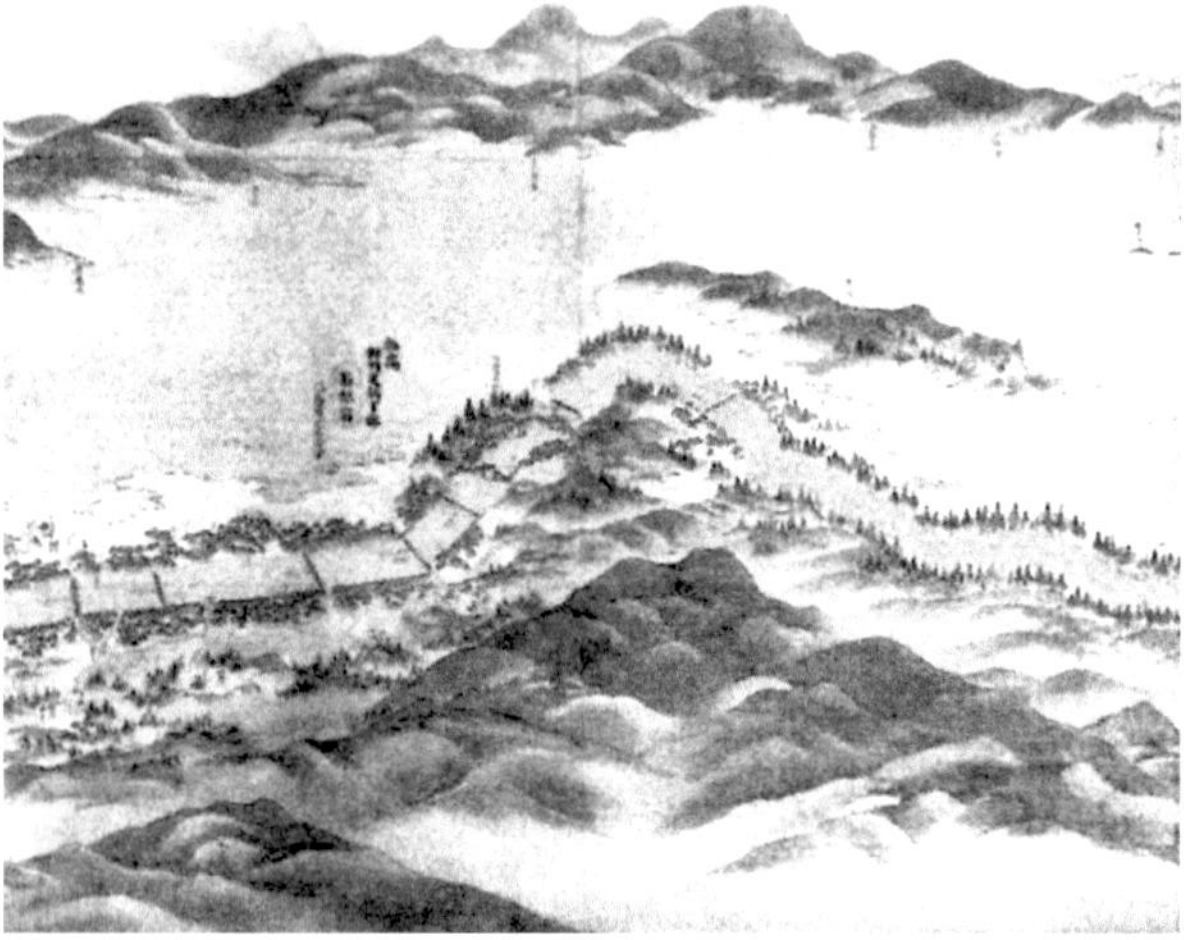

「東海道分間延絵図」（部分）箱根宿周辺（文化３年）

が垣間見られる。

そのほか、この地を聖域としてにぎわった「二所詣」が、かつては「伊豆詣」と呼ばれていたと伝えられることである。[注⑤] それは、二所権現の中で走湯権現が中心的存在として、より重きを置かれていたことの証左といえよう。（実質的には「三島大明神」も含めて三所権現となる）

右のように、龍の頭と尾の関係に表出された日金山の優位性が、ことさら語られた理由は何か。その背景には、歴史的に重要視されてきたこの聖域が、山岳仏教徒・修験者らの修行上の、いわば〝入会地〟であったことがあり、走湯山、箱根山双方の競合関係がそこに発露されたことを物語っていた。

　ここへきて、温泉神の化身たる龍の正体（姿）が具体的に示される。前段の〔三〕節目で、日金山と箱根・芦ノ湖に跨がる広大な山域に尻上がりに横たわる龍の頭の部分が、日金峰山頂の地底にあると示される。しかるに、次の〔四〕節目の、湯泉が沸くところとされている「両眼、二耳、鼻穴、口中」は、龍の頭にある四つの器官に相当する。すなわち、眼・耳・鼻・舌の四官は、それぞれ視覚、聴覚、嗅覚、味覚の感覚を生ずる。五官（五感）が本来だが、五番目の触覚をつかさどる皮膚が含まれないのは、次のような理由からだろう。

伊豆山神社向拝に飾られていた木彫「龍神」　全身に刻まれた鱗状の皮膚は「龍穴」を想像させる（平成24年9月、伊豆山神社郷土資料館蔵）

（1）、触覚をつかさどる皮膚は全身にみられ、ここでは日金山の地底に在る頭部分の器官に限定される。

（2）、湯泉の沸くところとされた四つの器官は、「鼻穴」（鼻孔か）の名称に顕著なように、いずれも「穴」の形状を持っていた。しかるに龍の皮膚は、後段に「此龍有㆓千鱗㆒。……」とあるように、千もの（たくさんの）鱗で覆われ、湯を沸かす穴など硬くて開けられなかったにちがいない。

　ここで、注目されることは、硬い鱗に覆われた

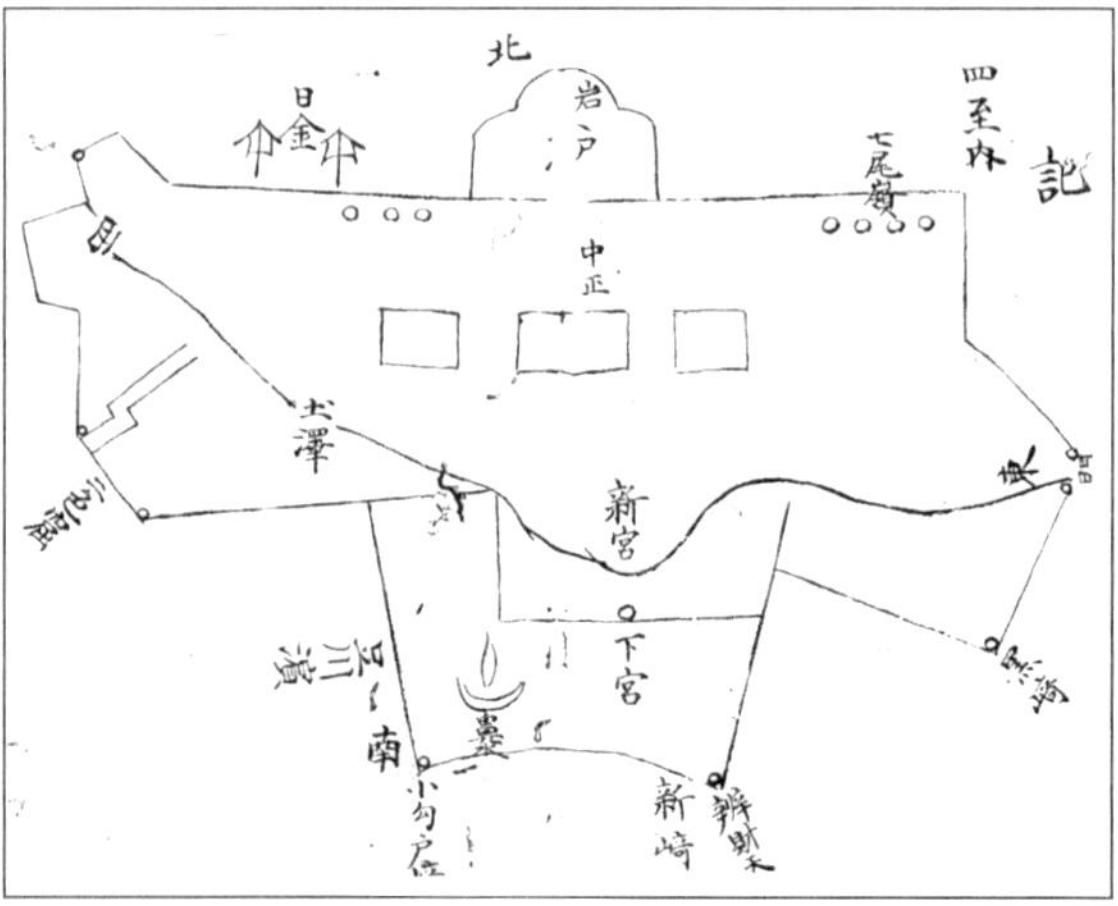

「走湯山四至榜図」（『伊豆権現縁起大略』所収、江戸後期）図中「鼻水」は「鼻穴」とも考えられる

皮膚を除いて、湯泉が沸くとされたところ（五宮のうちの四宮）は、いずれも「穴」があいていることである。それらの穴は、日金山のどこを具体的に指していたのだろう。それは、右の文節中では表示されていないが、後段を見ると、次のような記述がある。

「松岳東西麓各有二一穴一。此龍眼根也。高野和尚以二神鏡一。蔵二右眼穴一。抱二俗体一、込二左眼穴一。（後略）」

すなわち、松岳（日金山）の東西の山麓に、それぞれ龍の眼根である穴があったというのである。そして、この穴のうち、右の眼穴に神鏡（円鏡）をおさめ、左の眼穴に俗体を込めたという。御神躰たる円鏡を秘蔵したのだから、「眼穴」がいかに大切な場所とされていたかがわかろう。

また、右より後段少し後ろには、「鼻穴」に関わると見られる、次のような記述がある。

「又新礒《（磯）》之浜上《（浜宮か）》壇有二巖坎一。安二置三尺金塔一。（中略）又塔崛東役優婆塞穿清水有レ之。此自㆓彼龍之鼻根㆒所㆓湧出㆒也。」

すなわち、海浜沿い上壇（走り湯か）に岩穴（洞穴）があり、その中に丈三尺の金色の塔が安置されてあった。（中略）そしてまた、その塔がある岩窟の東側に、役行者が掘ったという穴に清水が溜まっていた。これは、かの龍の鼻根より湧出したものであるという。要するに、あちこちの岩窟に溜まった清水（冷泉）は、龍の鼻穴《（孔）》から溢れ出たものだというのだ。

さらに、鼻孔について、いまひとつの事例が挙げられる。走湯山の別の史料[注⑥]に、「鼻水」という地名が海岸沿いに見えるのだが、これは文節中にある龍の「鼻穴」のことではなかろうか。すぐ近くには、湯量の豊かさで知られる「走り湯」があり、この「鼻水」はその泉脈に繋がっていた可能性が考えられる。

このほか、五官（四官）のうち「耳穴」、「口中」の二つについては記述が見られないが、右の「眼穴」、「鼻穴」の事例からおおよそ推察されよう。つまり、龍の五官に相当する各穴は、龍の胎内（マグマか）からの湯泉の湧出口と考えられていたのではなかろうか。

そして、見落としてならないのは、それらの穴は「口中」を除いて、眼・耳・鼻といずれも二つずつあったことである。それが何を意味していたのかを考えると、本章冒頭で見た「赤白二龍」の意味が改めて思い起こされる。――「赤」は熱泉であり、「白」は水を意味した。二つが交ざり合い、ほどよい温度の湯泉が湧出された。そのことからすると、龍の眼・耳・鼻それぞれにある二つの穴は、熱泉と水の双方が行き来する通り道（穴道か）であったと考えられていたのではなかろうか。

それにしても、龍の穴がこのように人間の五官になぞらえられ、重きをおかれたのは何故だろうか。その背景に推測されるのは、「龍穴《りゅうけつ》」の存在である。「龍穴」は龍（及び龍神）の棲家とされる洞穴である。中世史家・黒田日出男氏[注⑦]によると、中世の日本は列島中に無数の穴が開いていたという。

たとえば、間近かにある富士山麓には人穴、風穴、氷穴などの「穴」が見られ、名勝地としてよく知られている。そのもっともポピュラーな存在が「龍穴」だったといえるが、とりわけ聖地とされた山岳や湖沼、霊験ある社寺などには必ずといってよいほど「龍穴」が見られた。

そうした事例は列島各地に知られるが、温泉神を祀り、その化現たる龍に彩られた走湯山にも、もちろん「龍穴」があった。その詳細は、後述の「八穴道《はっけつどう》」の節で改めてふれるが、湯泉の湧く四官の穴と「龍穴」とは、大いに関わりがあったと見てよかろう。

二　松岳震動は「神龍」喜怒の時――善悪の先兆せ

このように、走湯山の湯泉は松岳（日金山）の地底に横たわっていた「神龍」によってもたらされた。それは、日金山（火ケ峰）がもともと火山であり、地下のマグマ活動によって湯泉が湧出されたことを形象化して表わしたものである。

ところで、この「神龍」と松岳（日金山）とが温泉湧出とは別に、より密接な関係にあったことを示す、興味深い記述が後段に出てくる。その原文を以下に掲げる。

「若有㆓善悪之事㆒。先兆必先震㆓動此山岳㆒。是此神龍致㆓喜怒㆒時也。此即権現霊体也。(後略)」

まず前半部分について見ると、——もし「善悪の事」があれば、先兆《さきじら》せとしてこの山(松岳)が必ず先に震動するというのである。「善悪の事」というのには、天変地異などの自然現象に加えて、政変や疫病の流行などの社会現象の、双方があろう。「先兆せ」は前兆のこと、予兆ともいう。「震動」は「地震」と置きかえてもよかろう。

たとえば、比較的近年の例で見ると、幕末の安政大地震(一八五五)や大正十二年(一九二三)の関東大震災が「世直し」の起きる前兆と見なされたことは、よく知られている。とくに後者の大正関東大地震の際、伊豆宇佐美では、「世直し世直し(原文)」という地震の際の呪文が唱えられている。「世直し」の唱え言葉としての文献上初見は、寛文二年(一六六二)の京都大地震の時とされているが、もともと、地震は「世直し」の前ぶれと見做されていたのではなかろうか[注⑧]。

ともあれ、松岳(日金山)が揺れると、それは天変地異や社会的異変が起きる先兆せ(前ぶれ)と考えられていたのである。

つづく、後半部分の「是此神龍致㆓喜怒㆒時也。」は、松岳が震動(地震)する先兆せは、「神龍」の喜怒した時だというのである。要するに、「神龍」が喜んだり、怒ったりして興奮すると、地震が起きたというのだ。龍が喜んだ時が、如何なる状態を指すのかは定かでないが、いわゆる〈地震神龍説〉ということであろう。

ちなみに、『地震考』（文政十三年板行）なる江戸後期の書によると、「地震虫」と言われた龍が日本国六十四州を取囲み激震させたという説が古い時代からあったという。この地震を龍の所業《しわざ》とする考えは、仏教の教説に基づく見方とされている。注⑨

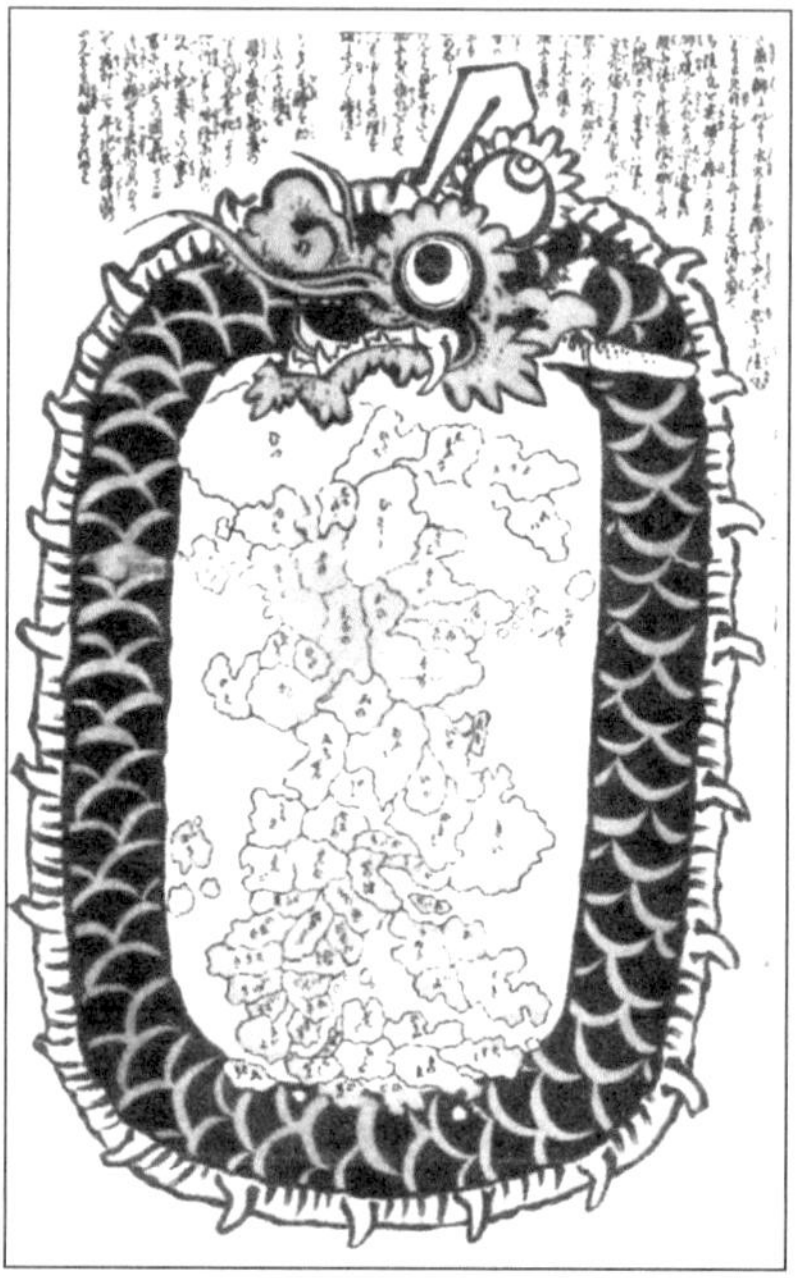

日本国六十余州を取り囲む「地震虫」の龍（安政２年板行）

これと似たような話はすぐに思い起こされる。『走湯山縁起』よりずっと後になるが、幕末、安政二年（一八五五）に起こった「安政江戸大地震」の際、瓦版などにより「鯰《なまず》絵」が大流行した。地下に棲む大鯰が暴れると地震が起こるという、古来からの言い伝えが時代を経て民俗化したものであろう。それは、伊豆地方にも知られており、「鯰が騒ぐ（暴れる）と地震が起きる」、「地震が起きる前は鯰が浮き上る」などの俗信として伝えられている。注⑩
「地震虫」の龍が何時《いつ》ごろ、如何《いか》なる理由から大鯰に〝変身〟したのかは定かでないが、『走湯山縁起』に見られたように、先兆せ（前兆）としての地震が龍によって起こされたという説が、古い時代に見られたのは、確かである。

三　「赤白二龍」と二色浦——紀州熊野と走湯山

『走湯山縁起』巻五の中ほどに、次のような注目すべき記述が見られる。（原文のママ）

「二《（ニ）》龍吐二精気一。赤白交二海水一。二《（ニ）》色浦此謂也。」

ここには、日金山の地底に横たわっていた「神龍」が活動を開始し、海岸部まで湯泉が勢いよく達する、海への拡がりが描かれている。以下、これを二つの文節に分けて見てゆくことにする。

1　熱泉は「波を焼く」

巻五の冒頭の記述で見たように、湯泉は龍の五官の穴から沸いたが、普段の「神龍」は日金山の地底に頭を置き、箱根芦ノ湖に尾を浸けて横たわっていた。やがて、「二龍」は精気（精力と気力）を漲らせ、温泉神の化現として本来の活動を開始する。こうして、「二龍」の止まることを知らないその勢いにより、赤白（熱泉と水）の湯泉が穴道（地下水脈）を通って、海辺まで流れ込み、海水と混ざり合う。

右の文節前半を意訳すると、このようになろうか。「精気」は、一般的にはあまり使われない言葉だが、辞書で見ると、「ものの大本（根本）となる働き」、また「万物が生じ発展する根本の気」とある。龍がパワフルな気力を漲らせ、荒々しく興奮した状態で、湯泉の噴気を鼻穴から吐き出している姿が目に浮かんでくる。

ここで注意されるのは、「赤白、海水と交わる」が、何を表わしていたのかということである。それは一つには、これまでに見てきた走り湯温泉の事例でわかるように、走湯山ではかなり温度の高い熱泉が豊富に湧出していたということである。その裏づけとなる証左は、炎熱地獄の説話伝承の中にうかがうことができる。すなわち、第三章で取り上げる『地蔵菩薩霊験記』には、次のような記述が見られる。[注⑪]

「斯ニ熱海ト云所有リ、谷深シテ猛火熾盛ノ煙峯ヲ埋テ晴ヤラズ、烟熱流出シテ熱泉ハ谷ニタヽエテ波ヲ焼、（後略）」

ここに記される「熱海」とは現在の熱海温泉ではなく、「走り湯」のことであろう。烟熱と熱泉が谷間いに溢れかえり、海岸まで猛スピードで流れ出てゆく。それは、「波ヲ焼」くほどに高熱の湯泉であった。その勢いはおそらく、「走り湯」の語源のごとく、〝走るほどに〟猛烈な速さだったろう。その状景がいかに凄まじいものであったかは、想像にあまりある。

逆にいえば、たとえ水が加えられ、適温に下げられたとしても、溢れんばかりに豊かな量の熱泉でなければ、そして走るほどに烈しい勢いがなければ、地下水脈（穴道）を通って海岸まで達し、海水と交じり合うこともなかったにちがいない。そこには、走湯山の温泉霊場としての豊かさを誇示しようという意図が、明確にあったことがうかがえよう。

2　「二色浦」と「錦ヶ窟」――名称由来の諸相

右の「赤白海水に交わる」には、もう一つの意味があった。それは、湯泉の色合いについての言及であり、次の文節「二色浦此謂也。」と合わせて、これを見なければならない。

後半の文節を意訳すると、「二色浦」の名称は、（前段を受け）二龍の精気により赤白の湯泉が海水と交わり合ったことにちなむ、ということになろう。ただし、ここで注意しなければならないのは、「二色浦此謂也。」としてはいるが、それは「二色」が赤白二つの色合いを意味するのか、二匹の「神龍」のことを意味するのか、必ずしも明言してはいないということだ。それは、後述の紀州熊野における地名伝承の考察から明らかにされよう。では、「二色浦」の地名の謂《いわ》れである「赤白《せきびゃく》海水に交わる」とは、何を語っていたのか。

断崖絶壁が続く錦ヶ浦一帯の海岸線

この「二色浦」が現在地のどこに当たるかといえば、むろん熱海随一の景勝地「錦ヶ浦」であるこ

海蝕洞が連なる錦ヶ浦の景観（後方に伊豆山の山並みが遠望される）

とは疑う余地もなかろう。しかし、「二色」が何故「錦」なのだろうか。その縁由を解くのは、そうたやすいことではない。そこで、江戸期における熱海の絵地図を手がかりに、「錦ヶ浦」周辺の地名の推移を辿ってみよう。

熱海市南東部にある魚見崎周辺一帯は、碁盤石《ごばんいし》、烏帽子岩《えぼしいわ》、兜岩《かぶといわ》の奇岩や海蝕洞など岩壁の続く海岸の景勝地となっており、その一帯を「錦ヶ浦」と総称している。江戸前期の天和元年（一六八一）から江戸後期に至る、七つの絵地図に記された錦ヶ浦周辺の地名のうち、海蝕洞と見られる呼称は「胎内くぐり」、「観音窟（または観音浄土）」、「錦ヶ窟（または錦ヶ岩屋）」と三カ所あり、いずれも漢字・平仮名の双方が見られる。

注意されるのは、「錦ヶ浦」は江戸前期の元禄年間ごろまでは「錦ヶ窟（錦ヶ岩屋）」と呼称され、海蝕洞の一つであった。それが、江戸中期の宝暦八年（『熱海之絵図』）以降、「観音窟」などを合わせた浦名に変わったことである。

さらに、これらとは別の江戸後期の資料[注⑫]には、「二色窟」あるいは「二色ヶ岩屋」の名称も見られる。それらはおそらく、『走湯山縁起』の表記に基づいたものであろう。

『豆州熱海湯治道知辺』（元禄８年）〈部分〉に描かれた錦ヶ浦の海蝕洞の拡大絵図（右より「胎内くぐり」、「観音浄土」、「錦ヶ岩屋」）

いずれにしても、江戸期に至るまで「錦浦」と「二色浦」の双方の表記が見られたこと、そして、もともとそれは海蝕洞の名称であったこと、とりあえずこの二つのことがわかった。（但し、「錦」と「二色」のどちらが先かはわからない）

けれども、それらが何を表わすのか、語源・名称由来については謎のままである。その問題については、古来より走湯山との関わりが深かった紀州熊野における地名伝承が、手がかりとして浮かび上がってくる。

3　紀州熊野の「にしき浦」——「丹」色の謎

熱海の景勝地・錦ヶ浦周辺は、入りくんだ岩壁の続く美しい海岸線を形造っているが、それは南紀熊野の風景とあまりによく似ていた。かつて、熊野那智大社の篠原四郎宮司は、著書の中で熊野浦を次のように描写していた[注⑬]。

「南紀の海岸は比較的ながい海岸線をつくっている。うしろの紀伊山系の山が、水ぎわまで突っこむようにして海に入っている。そして、自然波蝕された岩礁が断崖をつくっており、入りくんだリヤス式海岸となっている。その岩が海水に洗われて自然の洞窟ができている。（後略）」

熊野浦にも奇岩や海蝕洞が多く見られたことが、右の記述からうかがえる。そして目を見はらせられるのは、それが地名伝承にも残っていることである。すなわち、熱海周辺と同様、「錦ケ浦」、「二色浦」の地名が、三重県南部から和歌山県東南部（主に紀伊国北牟婁郡〜東牟婁郡）にかけての海岸線一帯に散見されるのである。

これを地名辞典その他によって拾ってみると[注⑭]、

○北牟婁郡（三重県）北端の錦村に、「錦浦」という湾があった。

○東牟婁郡那智勝浦町に在る那智湾は神武天皇上陸地と伝えられ、古く「にしき浦」と称された。

○『熊野山略記』巻三には、新宮・那智山を開いたと伝える裸行上人が「出二熊野新宮一、向二那智錦浦一」とあり、「錦浦」の表記が見えている。

○潮岬の北方、西牟婁郡富二橋村（現、串本町）に「二色浦」があり、海水が入江深くまで入ることから「袋港」とも称された。

このほか、右の事例とは別に注目されるのが、「丹敷浦」（ニシキウラ）の地名である。南牟婁郡荒坂村（三重県）の二木島浦のこととされているが、この「丹敷《にしき》」の名はかつて熊野浦一帯に広く用いられていたという。

右のごとく、錦、二色、丹敷と、「ニシキウラ」の地名が熊野浦周辺に数多くみられたのは何故だろうか。それを解くカギは、右の「丹敷」の地名にあるのではなかろうか。

熊野浦の朝焼け（五来重監修「山と日本人 修験道展」図録、朝日新聞社、昭和48年）

この「丹敷」という用語の意味を探ってゆくと、まず、アタマの「丹〜」（に・たん）のほうを辞書で見ると、赤い色、赤土、丹砂などとあり、「あか色」に関する名称であることがわかる。松田寿男の『丹生の研究』[注⑮]でつとに知られる「丹生《にう》」は、水銀の原鉱である丹砂（または朱砂）を産出する地名にちなむとされ、やはり「あか色」（朱色）に関係する。

注目されるのは、この「丹」から派生した「丹色」という用語が一般名詞としてもあることだ。「にいろ」（または、たんしょく）と読み、意味は「丹」とほぼ同じ、あかいろ、赤土色、赤味のある朱色などを表わす。

以上を前提に、熊野における「ニシキウラ」の地名を改めて考察し直すと、二色、錦、丹敷のいずれも、かつては「丹色《にしき》」と書かれていたのではないか、という推理に思い至る。加えて、この「丹色」は本来「にいろ」と読まれ、あか色を意味する地名であった。

要するに、熊野浦の二色、錦、丹敷は、いずれも「赤色」に関する地名であったといってよかろう。那智湾（にしき浦）近くに、文字どおり「赤色」と表記する地名（字名か）が見られるのも、偶然とはいえないのではないか。ちなみに、「赤色」という地名には鉱山や温泉との関わりを示すものが多く、「にしき浦」が散見される熊野浦一帯には、そうした事例が顕著に見られる。

こうして見てくると、『走湯山縁起』に記された「二色浦」、あるいは現在の熱海市の景勝地「錦ケ浦」の地名は、紀州熊野より伝えられたのではないかという推定が浮かび上がってくる。そうだとすれば、それはいつごろのことなのか、正確な年代は詳らかではないが、古代・中世における走湯山への熊野信仰の伝播が、その背景に与っていたと見ることができるのではなかろうか。「にしき」は、そのような推理に私たちを導いてくれるのである。

4　熊野那智の「龍」と走湯山

以上、熊野信仰の東国への伝播について探ってきたが、走湯山の「神龍」と熊野那智山との関係がいかなるものであったか、さらに見ていこうと思う。

熊野三山の基本史料、『熊野山略記』に収められる「那智山瀧本事」[注⑯]を見ると、次のような記述が出てくる。

「孝安天皇三十年戊午歳、瀧本（飛瀧権現）未方ニ有レ池、是ヲ名ケ二八功徳水ト一、有二龍虵（蛇）一、頭ハ入レ池ニ尾ハ至レ滝、（後略）」

さらに別のところには、「件ノ池ノ底ニ大虵（蛇）二在レ之」とも見える。

すなわち、那智滝本、飛滝《ひろう》権現、未の方角（南西）に「八功徳水」と名づけられた池があり、そこに龍蛇が棲んでいた。龍蛇の頭は池に入り、尾は滝に浸っていたという。また、池の底には大蛇が二匹いたともいわれる。那智の大滝の底にも大龍が棲んでいたと伝えられ、熊野那智山が龍蛇の伝承で彩られていたことがうかがえる。（龍・蛇は同体と見なされていた）

そこで、先に見た『走湯山縁起』巻五に記述された龍の描写に改めて注目すると、右の熊野那智山の伝承が重なってくる。とくに冒頭の「此地下赤白二龍交和而臥。其尾漬二筥根之湖水一。其頭在二日金嶺之地底一。」の描写は、那智山の伝承に酷似しており、たいへん注目される。すでに見てきた熊野三山信仰の伝播の痕跡が色濃く残る走湯山にあって、そこに那智山の龍蛇伝承が深く影を落としていたことは、疑いをいれないところではなかろうか。

ちなみに、那智大社の祭神は熊野牟須美《むすび》神（明治初年、結宮）、本地仏は伊豆山神社と同じ千手観音である。走湯山本宮の地がかつて「牟須峯《むすぶ》」と称され、結明神が祭祀されていることを合わせ考えると、両者の密接な関係はさらに強まって見えてくるのである。

そして、走湯山の「二色浦」（あるいは「錦ケ浦」）の名称由来に立ち返ってみると、「赤白

「那智山古絵図」（熊野那智大社蔵）

海水に交わる」のもう一つの意味、〝色合い〟についての謎も、次のように読み解かれるのである。

「走り湯」を含め、現在の熱海温泉は高温かつ湯量の豊かさを誇るが、大半が無色透明の弱アルカリ性で、泉質は塩化物泉と硫酸塩泉が九割方を占めるとされる（二カ所に弱酸性泉あり）。とりわけ、伊豆山には含鉄泉が二本あるという。ひところまでは、いま以上に高温のアルカリ性泉で、鉄分などのミネラル類の含有率がさらに高かったため、湯泉が茶色に（赤く）濁っていた可能性もある。湯泉が赤茶色（または褐色）だったとすると、青緑色（エメラルド色か）に見える海水に交じり合い、海はきれいな色模様を醸《かも》し出したのかもしれない。まるで「錦」の絹織物を見るように。

ちなみに、本州北端の青森県には、「ニシキイシ」と呼ばれるエメラルド色の石があり、県下で庭石として四十二カ所に据えられているという。[注⑰]「ニシキ～」は、ひょっとして「丹色」（赤色）と「錦」の掛け言葉だったのかもしれない。

5　走湯山の山域と海蝕洞行場

本章三節の「二龍吐二精気一。…二色浦此謂也。」についての考察を閉じるにあたり、追記しておきたいことがある。それは、走湯山における山岳仏教（あるいは走湯修験）の勢力範囲が海岸部にまで及んでいたことである。

すなわち、錦ケ浦（日色浦）周辺の入りくんだ岩崖が続く海岸線一帯は、美しい景勝地として知られるが、そこはまた、修験者や辺地《へち》行者らの古くからの修行場でもあった。辺地は「辺路《へじ》」とも書かれる。「遍路」との関わりで、後者のほうがなじみがあるかも知れないが、辺地と称される海岸線沿いの岩場や胎内潜りの洞穴などの行場、周辺の社寺霊場などを巡り歩く、〝海の修験行〟とでも呼ぶべき「辺地行」がかつてあった。

四国の海岸線を周回する辺地行は「遍路《へんろ》」の名であまりにも有名だが、伊豆半島にも東海岸を中心に、数多くの行場が点在している。江戸期における走湯山の「伊豆峯修行」はよく知られているが、古代・中世期から辺地行の行場が海岸伝いに存在したのではなかろうか。錦ケ浦周辺に見られる烏帽子岩、兜岩などの岩場や胎内潜り、観音窟、錦ケ窟などの海蝕洞は、走湯山の行者（修験者たち）にとって、とりわけ重要視された行場だったにちがいない。

その背景に、巡礼行に重きを置いた熊野修験の影響があったことは見落とせないだろう。南紀熊野の海岸線一帯も、かつては「辺地」（辺路）といわれてきた。近ごろ、熊野古道の巡礼道が人気を集めているが、古くは海伝いに行く道を「大辺路《おおへじ》」、本宮へ抜ける山越えの道を「中辺路《なかへじ》」と称びならわしてきた。また、それは那智山青岸渡寺が西国三十三カ所観音巡礼の第一番札所とされてきたことにもうかがえよう。（「熊野路略図」参照）

そこで、何よりも注目すべきは、これらの行場のうち、

錦ヶ窟など海岸部の洞穴（海蝕洞）は、後方に連なる伊豆山の峰より続く日金山の地底と、「龍穴」によって繋がっていると考えられた

錦ヶ窟や胎内潜りなど海岸部の洞穴（海蝕洞）が、日金山の地底と「龍穴」のトンネル＝穴道（地下水脈か）によって結ばれていると考えられていたのではないかということである。本章の冒頭より解いてきたように、日金山の地下には「神龍」（温泉神・伊豆山権現の化身）が棲み、頭を日金峯の地底、尾を箱根湖水（芦ノ湖）に浸けて横たわっていた。日金峯より箱根にかけての山域は、かつて「二所詣」にも利用された末代上人を先師と仰ぐ走湯山の行者たちの修行の聖地であった。しかも、そこには箱根修験に対する走湯修験の優位性が語られていたことも見逃せない。

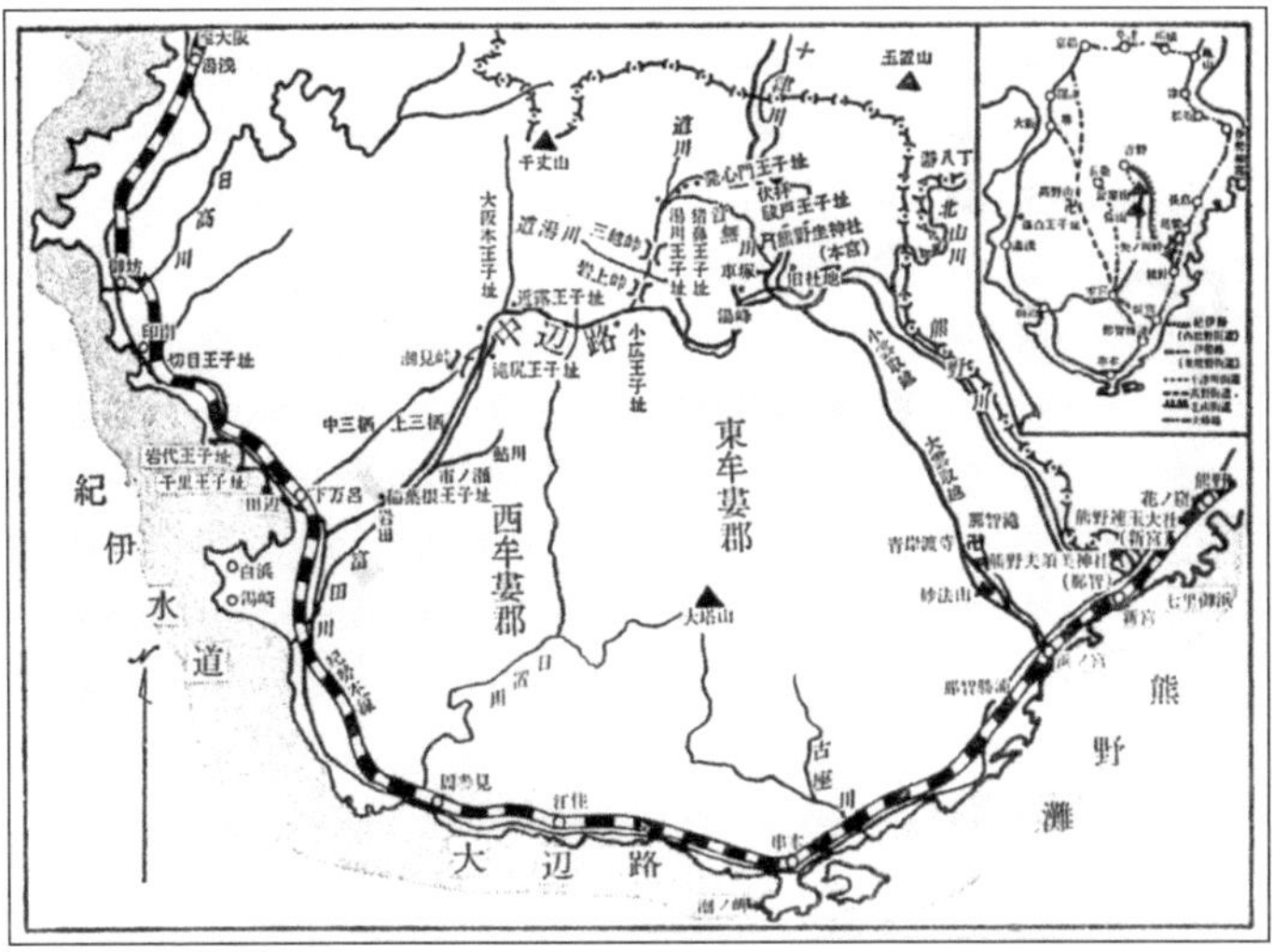

熊野路略図（五来重 編『吉野・熊野信仰の研究』）

いま、右に注記したことに留意しながら、本章で見てきたことをまとめると、以下のようになろうか。

――走湯山の山岳仏教徒たち（及び走湯修験）は、日金山の山頂から岩戸山、本宮山を経て、伊豆山、走り湯へと至る東西の線、そして、そこからさらに海伝いに錦ケ浦（二色浦）へ南下する南北の線、この東西南北に拡がる広大な山域と海岸線一帯の修行場とを、彼らの主要な活動の領域とし、勢力圏としてきたのだ、と。

四「八穴道《はっけつどう》」と走湯山の地底世界――むすびに代えて

日金山の山頂から箱根芦ノ湖に跨がる広大な山域の地底に、温泉神の化現とされた巨大な「神龍」が横たわっていた。走湯山の地下には、一千カ所を数える龍の鱗《うろこ》と見られる小さな穴があいていたが、両眼・鼻穴など龍の五官に相当する穴からは熱泉が湧出していた。そして、ひとたび二龍が精気を吐くと、熱泉が地下の穴道《けつどう》（洞穴）を通って、海岸線にある二色浦の海蝕洞（錦ヶ窟ほか）まで流れ落ち、海水と交じり合った。

以上は、これまで見てきた走湯山の地底世界のあらましだが、赤白の「神龍」は走湯山の山内にのみ留まってはいなかった。山域の外側には、龍の棲家とされた「龍穴」の地下世界が列島の大地の至るところに拡がっていた。そして、それぞれの間には、穴道のトンネルが網の目のように張り巡らされ、そこを神仏の化現たる龍が自由に往き来していた。

とりわけ注目されるのは、走湯山の地底世界が、この穴道によって聖地とされた山岳や湖沼、霊験のある社寺霊場と結ばれていたことである。巻五の終わり近くには、「八穴道」という名称で、走湯山における八つの穴道が具体的に挙げられている。（以下、原文を掲げる）

「（前略）此山地底有㆓八穴道㆒。一路通㆓戸蔵第三重巌穴㆒。二路至㆓諏訪之湖水㆒。三路通㆓伊勢大神宮㆒。四路届㆓金峯山上㆒。五路通㆓鎮西阿曾湖水㆒。六路通㆓富士山頂㆒。七路至㆓浅間之嶺」。八路摂津州住吉。（後略）」

右を訳すると、次のようになろうか。

――走湯山の地底に八穴道あり。一路は戸隠三重の巌穴に通ず。二路は諏訪湖に至る。三路は伊勢大神宮に通ず。四路は金峯山上に届く。五路は鎮西の阿曽湖水に通ず。六路は富士山頂に通ず。七路は浅間の嶺に至る。八路は摂津州住吉社なり。（後略）

すなわち、一、信濃・戸隠山↓二、同・諏訪湖↓三、伊勢大神宮↓四、大和・金峯山↓五、肥後・阿蘇山湖水↓六、駿河・富士山頂↓七、上野・浅間山↓八、摂津・住吉社。以上、一路の信濃戸隠山から八路の摂津・住吉社に至るまで、八つのコースに分かれた穴道によって各聖地が伊豆・走湯山と結ばれていたことが示される。

戸隠山（『善光寺道名所図会』巻之四より）

諏訪湖の「御神渡り」（金井典美著『諏訪信仰史』より）

金峰山（谷文晁『日本名山図会』所収）

阿蘇山（同右、所収）

日金山より見た「富士山図」（宋紫石画、宝暦10年頃）

静かなる浅間山（土屋長平著『かるいさわ郷乃華』第3集、昭和53年）

このうち、山岳霊場が四路と最も多く、残りが湖水と神社で、それぞれ二路ずつある。霊山が多数を占めるのはごく自然に思えるが、龍が天に登る（登龍）場所として、山が最も近かったからであろうか。

八つの穴道は、どのような基準によって選ばれたのか。また、一路から八路までの順番には何か意味があるのか。山岳仏教・修験道の立場からすると、金峯山や富士山が初めにきてもよさそうに思えるが、そのあたりは必ずしも厳密に定めた形跡はうかがえない。さらに、「八穴道」を〝主要舞台〟とした「神龍」の地底世界の物語も、それ以上には拡がっていなさそうだ。

いずれにしても、走湯山と関係の

より深かったと見られる（親密さも含めて）著名な霊山・霊場が選ばれたことはまちがいない。そして、おそらくは「八穴道」の〝ネットワーク〟で結ばれた、それらの霊威ある聖地との関係を誇大に喧伝することによって、一層走湯山の権威づけをはかろうとした。そこには、『走湯山縁起』をしたためた書き手側本来の意図が隠されていたといえるのではなかろうか。

注
① 藤沢衛彦編著『日本伝説叢書・伊豆の巻』同叢書刊行会、大正七年
② 拙稿「末代上人と伊豆山、日金山―古代走湯山の山岳仏教と歴史・民俗伝承」本書第三章所収
③ 同右、拙稿「末代上人と伊豆山、日金山」
④ 『地蔵菩薩霊験記』（南北朝期成立）、群書類従・巻二五輯下所収、一九八七年
⑤ 柘植信行「中世『熱海』の信仰空間」、日本温泉文化研究会編『温泉の文化誌』所収、平成十九年
⑥ 「走湯山四至榜図」、『伊豆権現縁起大略』付図所収（江戸後期）、伊豆山神社蔵
⑦ 黒田日出男著『龍が棲む日本』岩波新書、平成十五年
⑧ 拙稿「大正大地震と村の子ら―伊豆東海岸・宇佐美尋常小学校全生徒の記録から」、『あしなか』二八七輯、山村民俗の会、平成二十一年十一月
⑨ 拙稿「『地震虫』日本国を取巻く図」（表紙解説）、『あしなか』二八七輯〈特集・災害と民俗伝承〉、同右
⑩ 小林一之編『増訂・伊豆の俗信』城ヶ崎文化資料館、平成十七年

⑪ 拙稿、前掲・注②に同じ。
⑫ 熱海村「地誌御調書上帳」（嘉永二年）、『熱海市史』資料編（市立図書館所蔵文書）、昭和四十七年
⑬ 篠原四郎著『熊野大社』学生社、昭和四十四年
⑭ 太田為三郎編『帝国地名辞典』（明治四十五年刊）、名著出版復刊、昭和四十九年
⑮ 松田寿男著『丹生の研究』早稲田大学出版部、昭和四十五年
⑯ 「那智山瀧本事」（『熊野山略記』第三）、地方史研究所編『熊野』所収、藝林舎、昭和三十二年
⑰ 松永美吉編『民俗地名語彙事典』（下）、日本民俗文化資料集成14、三一書房、一九九五年

第三章　末代上人と伊豆山、日金山
――古代走湯山の山岳仏教と歴史・民俗伝承

伝説と歴史の間――プロローグ

伊豆山、日金山（走湯山）の古代史を繙くとき、末代上人の存在ぬきには語れない。『走湯山縁起』に描かれた神仙的世界から、末代の登場によってはじめて、走湯山は歴史の舞台に躍り出たと言ってもよかろう。

末代上人というと「富士上人」の名が知られ、富士山との関係のみが前面に出がちである。しかし、もともと末代は走湯山の僧で、若き頃より伊豆山に住し、日金山を中心に修行した山岳仏教徒（または修験僧）であった。かねて富士山への崇敬が篤く、やがて登頂を成し遂げるが、その基礎は走湯山の修行僧時代から形成されてきたといってもよい。

走湯修験の最終目標は、富士山大日如来との一体化であったとされるが、それは、山頂に大日寺を建て、富士山を山岳仏教の山とした末代上人によってもたらされたといえよう。走湯山と富士山との類似性、密接な関係の背景には末代の存在を見落とすことができない。

近年、新たな史料の発見があり、富士山の開山伝承の謎に歴史の光が一層当てられるようになった。それによって、末代上人の実像がより浮彫りにされ、走湯山における事蹟についても、ようやく垣間見えてきたのである。

以下、末代上人の依拠した古代走湯山（伊豆山、日金山）の歴史・民俗伝承について、上人の事蹟を中心に見てゆくこととしたい。

一　若年期の末代と富士山信仰

古代から中世にわたる走湯山（伊豆山、日金山）の山岳仏教徒たちは、富士開山を伝える役行者を祖師と仰ぎ、みずからの理想像としてきた。しかし、そこには『走湯山縁起』注①に見られた三仙人の開創伝承と同様、歴史以前の神仙的要素が多分に残されていたといえる。走湯山を確かな歴史の舞台に立たせたのは、末代上人以降であったといっても過言ではなかろう。末代の歴史上の事蹟は、近年発見された『浅間大菩薩縁起』注②（『往生寺残巻』）によってかなり明らかとなった。同書には走湯山における末代の履歴が、以下のように記される。

「僧有鑒《ゆうかん》有り。当国所生の人なり。垂髪の当初《そのかみ》より、成人の比《ころ》に至て、伊豆国走湯山に常住し、出家已後、永く名利の学堂を捨て、偏に無常の仏道に趣く。（後略）」

末代上人は駿河国に生まれ、元の名を有鑒（鑑）と称した。垂れ髪の幼少時より走湯山に住居し成人したが、出家後、かねて出世ばかりを求める周囲の僧たちに失望し、ひたすら仏道に帰依して、衆生を救うための修行の道へと入った。

　末代は、こうして諸国の霊山・霊場を数多く訪れ、幾多の難行苦行を果たしたすえに、かねて崇敬の篤かった富士山禅定を発願し、登頂を試みるに至ったのである。

昔日の走湯山（「伊豆大権現社地之図」部分）

『浅間大菩薩縁起』によると、末代上人の富士山初登頂は天承二年（一一三二）四月十九日で、末代二十九歳の時とされる。従来、末代の生没年は不明とされたが、この初登頂時の年齢が正しいとして、それから逆算すると康和五年（一一〇三）生まれということになる（没年は不明のまま）。この時から、末代は翌長承二年（一一三三）の如法経十巻の埋納まで、計四回の登頂を行っている。

　この富士山登頂の成功によって末代の名声は都にま

伊豆山経塚遺物（伊豆山神社蔵）

で聞こえるところとなり、〝富士上人〟とよばれるようになった。かくて、『本朝世紀』久安五年（一一四九）条に見られるように、末代は鳥羽法皇に招かれて上洛し、富士山の噴火を鎮めるため、法皇から賜わった如法経を埋納した。[注③]初登頂より十七年後、末代四十六歳の時である。

この埋経を裏づけるように、昭和五年、富士山頂三島ヶ岳付近から、承久年間（一二一九〜一二二二）の紀年銘がある経筒・経巻が出土した。[注④]経文には、「末代聖人」の銘も判読され、末代上人を先師として崇拝した系流の後継者によるものと見られている。

二　末代の白山登拝と白山神社勧請

末代は、山岳仏教徒として富士山のほか諸国の霊山を訪れ、修行を行った、と伝えられる。『本朝世紀』久安五年（一一四九）条には、富士山登頂の記述に続けて、「又詣二越前国白山一、酌二龍池之水一…」と見え、末代は白山に参詣し、山内の霊所の一つである龍池の霊水を酌んだことがわかる。後述するが、この末代上人の白山登拝は、実は重要な意味あいがあったと思われる。

白山への登り口は、加賀馬場《ばんば》をはじめ越前、美濃と三馬場があった。『本朝世紀』には「越前国白山」と記されているので、末代が越前馬場から登ったことはまちがいないが、その理由はわからない。また、同条末尾には、「昔天喜（一〇五三～五九）年中有二日泰上人者一、登二白山一、杓二龍池之水一、末代上人若是日泰之後身歟」とあり、末代と日泰上人との関係も気になるところだ。

当時、白山は富士山、立山と並ぶ三霊山に数えられていたが、そもそも末代は何故に白山に登拝したのか。確かなことはわからないが、注目されるのは「龍池ノ水ヲ酌ム」とあることである。『走湯山縁起』に知られるように、走湯山は古来より龍の伝説によって彩られており、そのことと関係しないだろうか。あるいは、白山神の本地仏である十一面観音と伊豆山神のそれ（千手観音）との共通性も考えられる。いずれにしても、末代上人が白山信仰に帰依していたことはまちがいなかろう。

ちなみに、伊豆山神社境内には末社として白山社の小祠が現在も祀られている。祭神は「伊豆山大神奇魂《くしみたま》・菊理媛命」とされ、「天平元年夏、東国大疫ヲ禳フヲ以テ之ヲ祀ル」（『増訂豆州志稿』巻之九上）とあることから[注⑤]、病気平癒・厄除のご利益で知られ、一般庶民の信仰が篤いといわれた。

しかし、『伊豆山記』（走湯山縁起）等に基づいた天平元年（七二九）の祭祀というのは、いかにも古過ぎて信じ難い。祭神の「菊理媛命」は白山御本社に同じだが、「伊豆大神奇魂《くしみたま》」の方は一体何を祭っているのだろう、謎につつまれている。

白山社本社（伊豆山山中・岩蔵谷）

白山社の遥拝所は伊豆山神社社殿のすぐ右手にあり、本社は、それより五百メートルほど奥の山中に祀られている。そこは、「岩蔵谷《いわくらだに》」と称され、行場を思わせる岩山である。越中立山の「芦峅《あしくら》・岩峅《いわくら》」の地名を想起させるが、この岩蔵谷は、実は『走湯山縁起』の中に登場する。ただ、「縁起」では岩戸山にあったとされているので、白山社を祭祀するにあたり、伊豆山へ下ろされたのかもしれない。

白山社は、暦応二年（一三三九）七月の「諸堂造営注進状」（伊豆山神社文書）に本堂、常行堂、筥根堂、三嶋堂、本宮などとともに記されているので、室町期にはすでに存在していたことになる。したがって、当社はそれより以前、平安末から鎌倉期にかけ、末代上人につらなる走湯山の山岳仏教徒（または走湯修験）の末流が、祖師の白山登拝の事績を顕彰して境内に祭祀したものと思われる。あるいはまた、末代上人の創始と考えられる「富士山八葉（八峰）」の中に白山岳、伊豆ケ岳の双方が含まれていることからすると、[注⑥] 末代自身による白山社の勧請祭祀もあり得たのではなかろうか。

ちなみに、江戸中期に伊豆山修験の先達が記した『伊豆峯次第』（宝暦十一年）によると、「伊豆峯遍路」において白山権現社が「二の宿」として重きをなしていたことがわかる。

また、伊豆山郷土資料館には、「白山講御経」なる経典らしきものが資料として展示されている。ひところまで、伊豆山神社下の仲道町内では、白山講という講社があり、毎年八月二十一日の例祭に白山社にお参りしたが、そのあと当番の家（宿）に集まり、掛軸や不動明王の厨子を床の間に飾って祈禱をあげたという。[注⑦]この「白山講御経」は、その際に用いられた経典と思われる。白山講はおそらく、仲道周辺に居住した修験の坊[注⑧]のいくつかで、もともと修験行事として行われていたものが、変化を加えながら後世に伝えられたものではなかろうか。

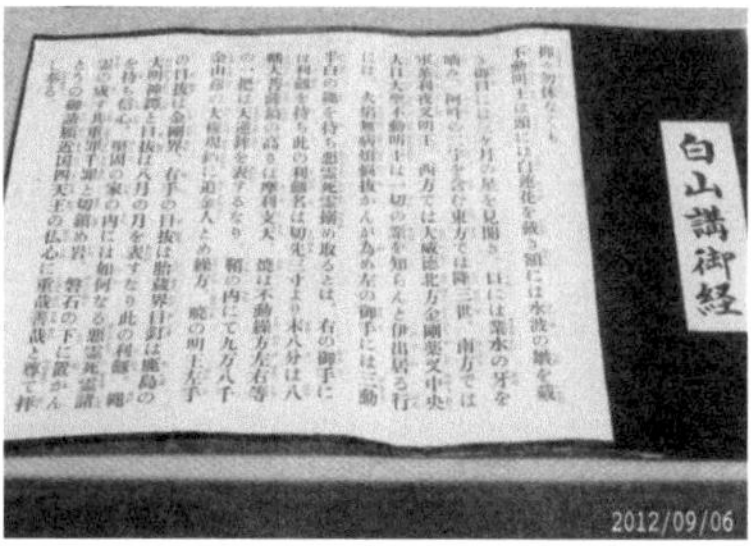

「白山講御経」（伊豆山郷土資料館蔵）

三　鎌倉将軍の崇敬と「二所権現」の創始

現在の伊豆山神社には、祭神として天之忍穂耳命《あめのおしほみみのみこと》・栲幡千々姫命《たくはたちぢひめのみこと》の夫婦二神、および瓊々杵命《ににぎのみこと》（日金山）が祭られている。夫婦二神が祀られるのは、もとはといえば伊邪那岐命・伊邪那美命に由来しよう。しかし、本社の縁結びのご利益がとりわけ広く知られるようになったのは、やはり頼朝・政子の関係にちなんだものではなかろうか。

　鎌倉期を通して、伊豆山神社（走湯権現）は頼朝をはじめ幕府将軍の崇敬と篤い庇護を享け、箱根権現、三島大明神とともに関《かん》八州総鎮守として称えられた。平家打倒の宿願を果たした頼朝は、文治四年（一一八八）幕府を開くに当たり、伊豆山、箱根、三島の三社に参詣した。以来、これを「二所詣」と称して、頼朝はしばしば参詣を行っている（『吾妻鏡』）。「二所」といいながら、実際は三島明神を加えた三所（社）参りが慣わしであったが、幕府の恒例行事として、三代将軍・実朝も母政子に同行した建暦二年（一二一二）以来、毎年のように「二所詣」を行っている。

頼朝・政子の腰掛石（社殿左手）

　こうして、鎌倉将軍らによる「二所詣」が盛んに行われることによって、関八州総鎮守としての走湯権現の地位はいやが上にも高められるところとなった。それは、幕府の東国支配にあたって、その守護神として、武将らの武運長久・戦勝祈願などを込めたものであった。

　一方、この「二所詣」により先達や御師の制度も生まれるようになり、三社は東国における霊場巡拝の中心的存在となった。後年の史料に見える「二所先達」[注⑨]の名称は、その証左といえよう。かねて温泉神的性格が色濃かった走湯権現（伊豆山）と箱根権現の霊験は、この「二所詣」によって一層高められるところとなったのである。

なかでも、走湯山は当初「二所詣」が「伊豆詣」とよばれたように、二所権現の中でより重要視されてきた。それは、「二所詣」の下地となる二所権現の「神参り」が、走湯山に修行したかの末代上人により創始されたとする、『地蔵菩薩霊験記』[注⑩]の次の伝からも裏づけられよう。

「中古不測ノ仙アリキ、末代上人トゾ云ケル、（中略）凡ソ彼ノ上人ハ伊豆箱根二所権現ヲモ奉草創給ヌ、サレバ承和二年《（三年カ）》乙卯ニ伊豆ノ温泉初テ湧出シケリ、弥々神徳高ク顕レ玉フ、故ニ走湯権現ト白シ奉ル、（後略）」

役行者像（境内石段右側）杖をつき、鉄の高下駄を履いている

すなわち、承和三年（八三六）、賢安大徳の来山によって初めて温泉が湧出し、開山された走湯山の神徳が、末代上人の二所権現（二所詣）創始により一層高められたのである。温泉神としての二所権現の霊験が、ここにもきわだたせられている。その背景にはもちろん、『走湯山縁起』に描かれた「神龍」の存在など神仙伝承を見なければならないだろう。

　一方、前掲『地蔵菩薩霊験記』には続けて、次のように記される。

「サレバ上人常ニ鉄ノ履ニ杖ツキテ彼ニ所ノ神参リ玉イシニ、道ノ間モ偏ニ度脱衆生ノ方便出離生死ノ根元ヲゾ思念給ヌ、（後略）」

右に見える「上人常ニ鉄ノ履ニ杖ツキテ彼ニ所ノ神参リ玉イシ…」というくだりには、山伏の祖師・役行者を想起させるような、シャーマン的修行者の姿がリアルに表出されている。それは、末代上人を役行者につらなる傑出した修験者として崇め、「ニ所ノ神参リ」が衆生済度を根本としたものであったことを強調しているかのようである。（前頁、写真参照）

四　走湯山の温泉湧出と炎熱地獄

火山地帯の伊豆にあって、走湯山（伊豆山、日金山）は早くより開かれた温泉場として聞こえていた。それは、すでに『走湯山縁起』や『神道集』（二所権現ノ事）に見られたごとく、甲斐国より来山した賢安大徳上人が承和三年（八三六）に温泉を湧出し、走湯権現を開基したという伝から知られるところである。

なかでも、海岸部の「走り湯」は、養老年間（七一七〜七二四）に発見されたと伝えられる日本三大古泉の一つで、注⑪浜ノ宮あるいは下の宮と呼ばれてきた伊豆山温泉の元湯である。その名ごり（復元史跡）は今日でも見られ、湯煙につつまれた洞窟の奥に勢いよく源泉が湧く状景は、往時をしのばせてくれる。「走り湯」の名称の由来と相まって、その湯量の豊かさ、効験のはやさが広く聞こえたことは、中世鎌倉期、当地を訪れた鎌倉三代将軍・実朝の有名な次の歌からもうかがうことができる。

走り湯の神とはむべぞいひけらし速き効しのあればなりけり（『金槐和歌集』巻之下）

伊豆の国や山の南に出る湯のはやきは神のしるしなりけり（同右）

ちなみに、中世期ごろの「走湯山湯あみの図」が『箱根権現縁起絵巻』注⑫（正覚院本・戦国期末に成立か）に描かれているが、これも走り湯の情景と見られている。（六二頁、写真参照）

しかし、火山活動のもたらしたものは、温泉の〝恵み〟だけではもちろんなかった。その対極には、「炎熱地獄」があったことを知らねばならない。先の『地蔵菩薩霊験記』には、次のように記される。

「走湯温泉湧出口」（復元史跡）

「斯ニ熱海ト云所有リ、谷深シテ猛火熾盛煙峯ヲ埋テ晴ヤラズ、烟熱流出シテ熱泉ハ谷ニタタエテ波ヲ焼、皆是衆生流転ノ栖、業報転果ノアリサマナリ、見涙モ不止」

谷深くに猛烈な勢いで燃え上がる炎から煙が峯の上高くまで立ち昇り、何も見えない。高熱の噴気を吹き出しながら、沸々と煮えたぎるような熱泉が谷間いの急流を凄まじい速さで下り、

河口に達している。海へ流れ込んだ熱泉で波頭が焼かれたように熱い。……（以下略）

その光景を現代語訳すると、おおかたそのようなことになろうか。

ここには、温泉霊場・熱海の炎熱地獄の情景があるがままに描写されている。実際に見た者でなければ、ここまでリアルに表現できないのではなかろうか。右に記された「熱海」は、現在の熱海温泉ではなく、「走り湯温泉」（伊豆山）のことと見てよかろう。その情景が、いかに凄まじく、恐ろしいものであったか、漠然としか想像できないけれども、その手がかりを過去の事例からひろうことができる。

越中立山の地獄谷の光景

地獄というと、越中立山の地獄谷が古くより知られているが、立山地獄が実際どのようなものであったか、平安後期（長久四年）に著された『大日本国法華験記』注⑬の説話の中に、次のように記されている。

「（前略）往越中立山。彼山有地獄原。遥広山谷中。有百千出湯。従深穴中湧出。以岩覆穴。出湯麁強。従巌辺湧出。現依湯力覆岩動揺。熱気充塞不可近見。其原奥方有火柱。常焼爆燃。（後略）」

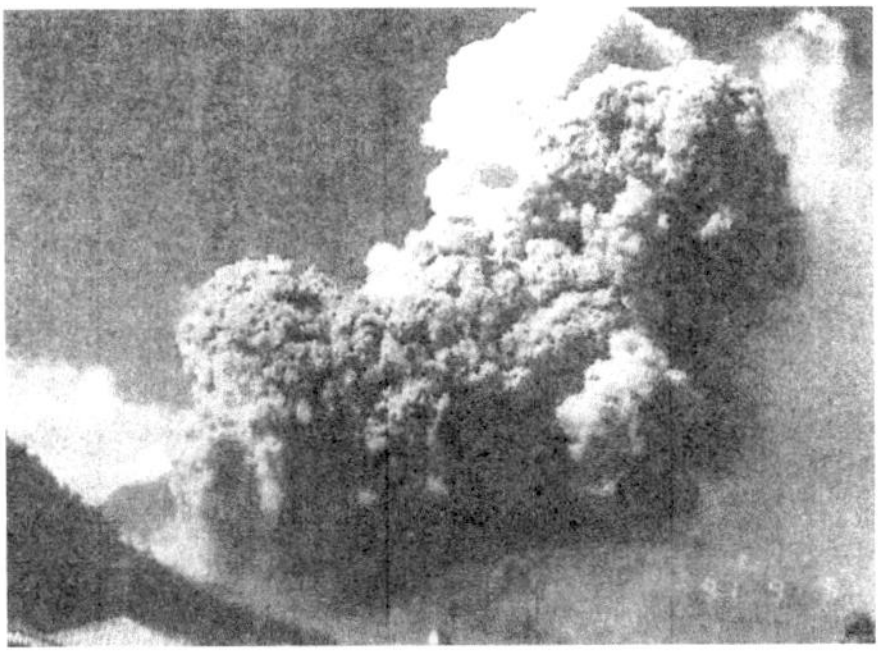
雲仙普賢岳の噴煙（平成４年）

――越中立山に地獄原（地獄谷）があり、はるかに広い山谷の中に数えきれないほどの熱泉が深い穴の中から湧き出し、岩の間を勢いよく流れ落ちている。割れ目を伝って溢れ出た熱湯の勢いは岩をも揺り動かし、熱せられた湯煙りで近くも見えない。地獄谷の奥の方には火柱が立ち昇り、常に爆しく燃えている。

また、昨今みられる火山の噴火や、現存する温泉場の「地獄」の実例などからも想像をふくらませられる。なかでも、平成二～四年（一九九〇～九二）にかけて起きた雲仙普賢岳の噴火は、もっとも鮮明に記憶に残る。

――山頂から黒々とした噴煙が大空高く立ち昇り、あたり一面に火山灰が降り積もった。火口には火柱が見え、火山の爆発物がどす黒い火砕流となって、山頂からの急な斜面を麓の集落まで猛烈な勢いで流れ落ちてゆくさまは、この世のものとは思えなかった。

それより二百年前の寛政四年（一七九〇）、雲仙岳大噴火による激震と大津波でも、一万五千人もの死者が出た。その〝地獄絵図〟は後々まで語り伝えられたという。江戸末期に著された橘南谿『北窗瑣談』の迫真の記述には、

「肥前国雲仙岳大いに火燃えて数日地震が続いた。…（中略）…夜に入ると海中から火の玉が飛び、火柱が立つ

ことも度々…」

とあり、その情景を克明に描写している。

　同書には、安永八年（一七七九）十月に起きた薩摩国（鹿児島県）桜島の噴火も記述されている。桜島は、つい先頃もなお噴火を続け、火山灰が鹿児島市はじめ周辺地域に大量に降り積もり、その光景はテレビ画面にも映し出された。（このほか、伊豆大島・三宅島、ごく最近では阿蘇山、木曽御嶽など、火山活動による甚大な被害はその後も止まるところを知らない）

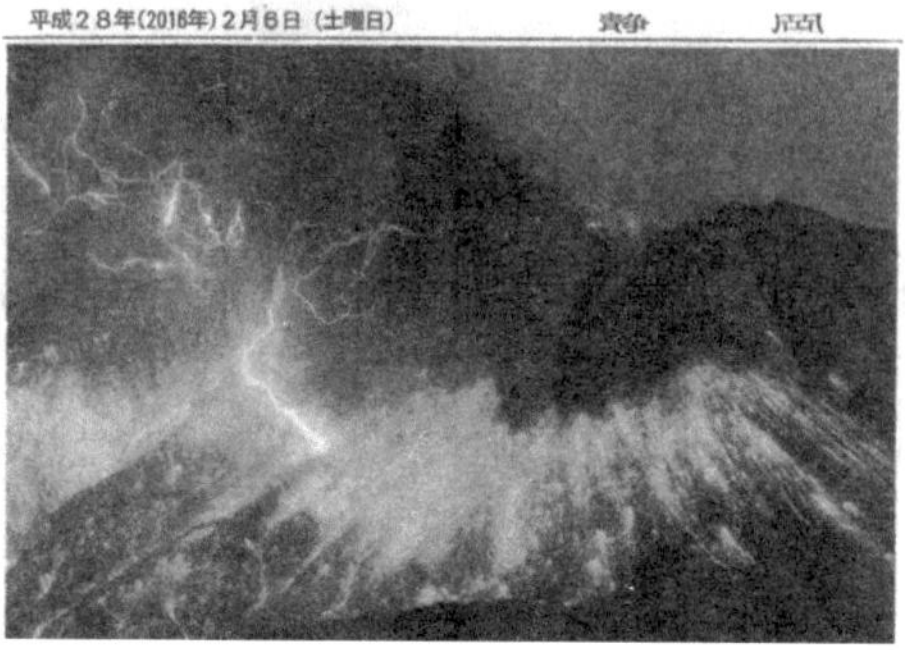

桜島の爆発的噴火。火山雷も観測
（平成28年2月6日、静岡新聞の紙面）

　こうした、過去から現在に至る火山活動の事例は、いずれも歴史上に実際起きた現象であり、出来事である。各地の山岳霊場にしばしば見られる「地獄」伝承は、衆生救済のため地蔵信仰等に関与した、修験者や遊行聖などの唱導によってもたらされたと考えられるが、しかし、その背景には右の事例に見られたように、実際に起きた火山活動による自然現象がそのまま映し出されているのではなかろうか。

　各地の火山周辺にある温泉場などで今も見られる「地獄」の存在は、それを如実に物語っていよう。たとえば、有名な雲仙の「地獄巡り」について、江戸中期の様子が橘南谿の『西遊記[注⑭]』の中に記されている。

「(前略)、それより沙弥案内して地獄めぐりす、しやう熱地ごくあり、きやうくわん地獄あり、藍屋地獄あり、……其外かずかずみなそれぞれの模様ありて、多くは皆熱湯の池なり、其湯墨よりもくろく、雷のごとき音して湧上り、或は石ほとばしり、煙巻炎燃て其おそろしきこと書きつくすべきにあらず、……もしあやまちて落入らばたちまち爛れ死すべし、久敷みるべき所にもあらず、(後略)」

説話等に描かれた「地獄」伝承は、語り手側である宗教者らによって、時に誇大に脚色されたりすることもあっただろう。しかし、多くは実体験や現存する実例に裏づけられた事実を語っていたものと思われる。右に見てきたように、それは、立山の地獄伝承や雲仙岳の噴火現象、地獄巡りなどからうかがえるところだ。

では、伊豆山、日金山についてはどうであったろうか。富士・箱根火山帯の一角を占める伊豆にあって、噴火活動期を中心にかつて走湯山に見られたであろう「炎熱地獄」(熱泉や噴煙等)の実態は、『地蔵菩薩霊験記』に描かれた状景と、それほど変わらなかったのではなかろうか。

とりわけ、浜ノ宮とよばれた海岸部の「走り湯」は激しいものであったろう。湯煙につつまれて源泉が迸《ほとばし》り出る凄まじい状景は、今もその名残りをとどめる。かの実朝の歌が、効験の早さとともに、溢れんばかりの湯が走るほどに速いスピードで流れ下る、火山の豊かな恵みを詠みこんでいたことはまちがいない。しかし、その一方で、それは温泉の焦熱地獄の現象をも表現していたのではなかろうか。

五　熱地獄からの救済と日金地蔵——末代上人の地蔵菩薩感得譚

若き頃より伊豆山、日金山に住した末代上人の修行の根本理念は、衆生済度（救済）に求められた。それは、先述した二所権現（二所詣の礎石）創始の事蹟からもうかがえるが、その最も顕著な具体的実践は、走湯山の熱地獄からの救済であった。

地獄世界のイメージは、修験者らの唱導によって描かれたが、一方、そこからの救済もまた、彼らの宗教実践が担っていたといってよい。その具体的方法・手段として行われたのが、地蔵菩薩の霊験による救済であった。ひとことで言えば、それは、地獄からの救済＝地蔵信仰の唱導ということになろうか。それらの多くは、修験者らによる地蔵菩薩感得譚などの説話伝承として各地の山岳霊場に拡められたのである。

走湯山の場合はどうか。末代上人の関わったとされる熱地獄からの救済は、如何にしてなされたのか、前出『地蔵菩薩霊験記』によってみていこう。同書は前段に続けて、次のように記す。

熱地獄の様《さま》を目のあたりにした上人は、「心中滅罪生善ノ計モアラマホシク思召テ此処ニ徘徊シ玉イケル（後略）」と、救済をはからんとするが思うにまかせず、さ迷っているところへ、不思議な現象が起こる。

「彼ノ日金ノ峰ヨリ下ス嵐ハ梵音ヲ唱、海底ノ波ハ錫杖ヲ誦スルカト覚テ心肝ヲ動シケレバ、烟シヅマリ波平ラカニナル、上人不思議ニ念ジ入玉イテ谷底ヲ見玉イケレバ、十方無数ノ炎熱ノ下ニ悲ミ、恒沙塵数ノ群類猛火ノ底ニ焦シヲ、或ハ水ヲ洒或ハ乳ヲ含テ彼ヲ育ミ是ヲ助テ、猛熱ニ身ヲ任炎ヲ蒙ルノ衆生ヲ助テ、霧漸ハレテ雲ト共ニ交テ彼日金ノ峰ニ登セ給僧アリ、……（後略）」

あたりがしずまりかえったとみるやいなや、「日金ノ峰」から下りてきたある僧（地蔵の化身か）が目の前に現れ、炎熱地獄に苦しむ衆生を助けると、再び日金ノ峰へ登っていった。上人は、僧の「誓願ノ貴ク行業自在ノ旨」を畏れ羨やむばかりであったが、「如何シテ上人ノ通力ヲ以衆生ノ苦ヲ抜楽ヲ与玉フヤ」と僧に懇願し、教えを乞う。衆生済度の法（根本原理）を上人へ悟した僧は、さらに続ける。

「彼熱海ハ炎熱地獄ノ小端ナリ、サレバ小罪軽苦ノ輩ハ多ク此所ニアリ、故ニ毎日三度ヅヽ峰ノ嵐トトモニ下テ苦衆ヲ省、自受法楽ノ術ヲ受テ彼日金山ニ帰ルナリ、（後略）」

そして、自分の常なる身のおき処が「衆

日金山地蔵堂（東光寺）

生清浄厳持」の誓願以外にはないとして、

「縦《たとい》（令）五逆ノ人ナリトモ、向我懺悔シ二度不犯、我其苦ニ代テ阿鼻獄ニ入ラン、此人ハ我ヲバ地蔵トコソ白セト消ゴトクニ隠レ玉フ、（後略）」

こうして僧は、自分が地蔵菩薩そのものであることを告げ、消えるようにして立ち去った。上人は、雲を踏み分け日金山頂へ登り、祈りを捧げた。すると、そこに高さ一丈ばかりの地蔵菩薩の聖像が現れ、一宇の伽藍（日金地蔵か）があった。丈こそやや大きいが、年格好、身体つきと、先に見た僧と地蔵尊はまさにそっくりであった。ということは、上人は、生身の地蔵菩薩（実は化身）に相まみえたということである。

やがて、上人が地蔵堂を再興すると、そこに人々の信仰が集まった。すなわち、

「（前略）代ノ人以テ丹誠ヲ運頗ル谷ノ響ニ預リケリ、其後在家出家ノ信誠ノ心アレバ、雲ノ門霞ノ隙ナンドニ相好円満シテ彼熱海エ影向シ玉ヘバ、炎気急ニ散ジ猛火即シズマリテ時ヲ経テ乗雲峰ニ登玉フ御貌ヲ奉見タル族アマタアリケル、其霊像今ニ伊豆国日金ノ岳ニ建玉ヘリ、（後略）」

こうして、人々の信心により地蔵菩薩の霊験が現れ、炎熱地獄がおさまった。ひところまで、日金山山頂にはその霊像が祀られていた。地蔵堂はその後、日金地蔵のほか熱海の里（土沢地蔵か）や日金山中腹の登拝路（山高地蔵か）にも祀られたという。

日金地蔵の信仰はやがて、信者それぞれの祈りや利済（利益《りやく》）から、広く周辺に知られるようになっていったのである。

『地蔵菩薩霊験記』に記された右の霊験譚は、熱地獄を目の当たりにした末代上人が、日金山の僧（地蔵菩薩の化身）をなかだちにしながら、衆生の救済を果たすという形をとった、地蔵菩薩感得譚として語られている。

この伝承譚に登場する末代上人、日金山の僧、地蔵菩薩という三者の関係はたいへん興味深いが、これは地獄からの救済を地蔵信仰に求める、単なる唱導のための説話とはいえないのではなかろうか。走湯山の熱泉（とくに走り湯）を背景として、火山活動最盛期の炎熱現象の活発化に伴う、実際にあった出来事がそこには反映されていたと考えられる。

「南無日金地蔵尊」の幟がはためく（東光寺境内）

おそらく、右に登場する地蔵菩薩の化身たる日金山の僧というのは、のちの近世期東光寺につらなる、日金山に地蔵信仰をもたらした修行僧ではなかったろうか。それはまた、末代上人自身であったか、あるいは上人を神聖視して崇める、その末流の修験者であったとも考えられよう。

若き日より走湯山に住した末代上人が日金山に修行したという伝承の一面が、この『地蔵菩薩霊験記』の記述から裏づけられる。上人が、炎熱地獄に苦しむ衆生を救済するために、日金山の地蔵信仰に深く関わっていたことが、そこに見てとれるのである。

昨今も東光寺地蔵堂（日金地蔵）には、春秋彼岸を中心に近隣の信者が参詣に訪れ（日金山参り）、賑わっている。日金地蔵境内の参道には、「南無日金地蔵尊」と染めぬかれた赤い幟が折り重なるようにはためき、講中などによって造建された地蔵仏などの石造物が夥しく奉納されている。

それらの間に隠れるようにして、〝地獄の風景〟たる賽ノ河原が造成され、目を見はらされる。日金地蔵より南の岩戸山、伊豆山へと下る途中の尾根道沿いにある「末代上人塔」の存在と相まって、見落とせない痕跡だろう。

松葉仙人石塔

六　日金山修行と三仙人塚

末代上人の日金山修行は、炎熱地獄からの衆生救済をはかる地蔵信仰を中心としたものであったが、もう一面では、走湯山開山を伝える三仙人との関係が秘められていたと考えられる。

東光寺（日金地蔵）のやや手前、本堂裏手の山道を五十メートルほど上ってゆくと、暗い樹立ちの中に石塔が点在している。

近づいて見てみると、墓石が数基かたまって建ち、その手前になだらかな塚状の小山が三つ見える。塚上にはそれぞれ石塔を頂いており、これが「日金の三仙人塚」と伝えられるものである。

『走湯山縁起』には、走湯山（伊豆山、日金山）を開山したと伝える松葉仙人、木生仙人、金地仙人の三仙人が登場するが、塚はその廟所とされている。塚上には、中央に松葉仙人、左右に木生、金地の両仙人と、三基の宝篋印塔が建っている。三基とも「〜古墳」と刻まれているのは、三仙人の墳墓を造成するにあたって、もともとあった古墳を利用して築造されたものであろうか。

金地仙人古墳

そこで、次に問題となってくるのは造成年代であるが、三基の宝篋印塔のうち、松葉仙人古墳塔の基礎石に、「建武三年（一三三六）九月五日　沙弥　阿弥陀仏」とあり、これが中世・南北朝期に造成されたことはまちがいなかろう。そして、追補の塔身部裏には、文化十年（一八一三）、般若院九代別当・周道による修復を印した刻銘がみられ、古い石塔を組み合わせたこの江戸後期のものが、現在まで残っているものと判断される。

ちなみに、江戸後期、文政三年（一八二〇）の『熱海温泉図考注⑮』（白井通行撰）に載る「三仙人之墓」の絵図では、中央が木生仙人、左が松葉、右が金地仙人となっている。また、塚上に建つ宝篋印塔は現在のものより丈が高く、石段を幾段も昇った上に建っている。しかも左右には、今は見あたらない石灯籠らしき石塔が画きこまれている。同書の「日金山東光寺正景」の図にも三仙人塚が描かれているが、その前文詞書に、「墓ハ近頃建替え……石を新らしく文字抔《など》彫付（後略）」とあるように、今日までに何度かの造り替えがあったことがうかがえる。

「日金山東光寺正景」（『熱海温泉図考』巻三）

　そこで末代上人の日金山修行と三仙人塚との関わりについてであるが、末代が古代の走湯山に山岳仏教を定着させるに当たり、その前提として、『走湯山縁起』に登場する三仙人の存在が当然重要視されていたと考えられる。先述した末代による「二所権現の神参り」（二所詣の礎石）の創始も、箱根より伊豆山へかけての峰々が三仙人の住処であったことと関わっていよう。

　一方、山伏の祖師・役行者もまた、末代上人の崇拝対象であった。役行者は富士開山にかかわった存在としても伝えられるが、自ら〝富士上人〟とよばれ、しばしば山頂に登拝した末代にとっては特別の存在であったと考えられる。修験者の理想像たる祖師・役行者への崇敬は、末代上人以降の走湯修験の中に継承されていったと言ってよい。

ちなみに、走湯山の縁起書の一つとされる、『走湯山権現当峯辺路本縁起集』注⑯は、走湯修験の創始を、三仙人のうち木生・金地の両仙人、役行者、賢安大徳の四人の行者（四生行人という）に求めている（松葉仙人が含まれない理由は定かでない）。いずれにしても走湯修験の確立にあたり、末代が役行者と並んでとりわけ三仙人の存在を重要視し、先師として崇め顕彰してきたことは確かであろう。

こう見てくると、日金山修行に際し、末代が三仙人の墳墓の地を訪れ、その遺徳を慕《しの》んだであろうことは自然の行為ではなかったろうか。しかも、それは日金山での修行の中核をなすものであったといってもよかろう。ただ、松葉仙人の宝篋印塔の基壇に刻まれた建武三年（一三三六）の造立時より二百年余も遡る末代の時代、塚上に石塔がはたして建っていたかどうかはわからない。裏づけとなる資料は何もなく、墳丘のみであった可能性もあろう。しかし、上人は三仙人の廟所に深々と額づき、先師への敬虔なる祈りをこめ、厳かに祭祀をとり行ったにちがいない。

そして末代のその精神は、中・近世にわたる走湯山の山岳仏教、あるいは走湯修験の中に受け継がれ、顕彰されていったものと考えられる。それは、「松葉仙人古墳」石塔に残された南北朝期、建武三年（一三三六）の造立銘、および追補の江戸後期、文化十年（一八一三）の般若院別当・周道による再修拝の刻銘よって裏づけられるのである。

七　走湯修験と末代上人――結びに代えて

日金山は、古く火牟須比命（瓊々杵命とも）を祭り、伊豆山の奥宮として神聖視されてきた。山頂丸山（円山）は、今は十国峠の名で親しまれるが、そこから十国七島を望む一大パノラマの雄大さは、圧倒されんばかりだ。

なかんずく、富士山の眺望のすばらしさは人々を魅了してやまないが、山頂（円山）からの絶景は特別の存在として古くより知られていたようだ。その山景が多くの絵師・文人らによって描かれ、もてはやされてきたのも由なしとしない。おそらく、日金山山頂からの富士山遥拝が、修験山伏や在俗修行者らの間で宗教儀礼化されていた時代がかつてあり、世俗の人々にも広まっていったのではなかろうか。そう思い描くにあまりある〝聖景〟であった。

この、日金山と富士山との一体化をはかったのが、ほかでもない末代上人であった。〝富士上人〟と号された末代は、平安後期、天承二年（一一三二）の初登頂以来、数回にわたり富士山山頂に立ち、鳥羽法皇から賜った如法経の埋納をはたしている。それは、噴火をたびたびくり返してきた富士山の火山活動を鎮めるためであったとされる。注⑰

そこで注目したいのは、末代の富士山に対する噴火鎮静の祈りは、若き日より行われた日金山修行においてもなされていたのではなかろうか、ということである。富士山遥拝所たる日金山山頂（円山）から富士山の噴火の鎮まらんことを、末代は祈り込めていたのではないか。

しかし、それだけであろうはずもなかった。富士行者・末代は、もとはといえば走湯山の修行僧であった。そうであればこそ、何より走湯山の炎熱地獄から衆生を救わねばならない。そのために日金山において修行を積み、地蔵菩薩の霊験をも感得したのである。そして、その衆生救済を一層たしかなものとするため、山頂の円山から富士山へ、さらなる祈りを込めたのではなかろうか。そのように考えても何ら不思議ではない。否、それこそが末代上人の日金山修行の最大の目的であったといえよう。

日金地蔵から遠望した富士山
（『江漢西遊日記』左画面、文化12年）

何故なら、末代上人の拠って立つ走湯山の行者の最終目標が、富士浅間の本地仏・大日如来との一体化をめざすものとされていたからである。それを実際に体現すべく、富士山頂に大日寺を建て山岳仏教を定着させた末代上人は、彼ら走湯修験の理想像であったといえるのではなかろうか。

上人は、かつて「末代聖人」とも称されたごとく、その事蹟によって半ば神格化されてきた。そのため、走湯修験の系流の中でシンボライズされ、誇大に美化されてきた側面が多分にあった。しかし、彼らの理想の先師として崇敬されてきたことはたしかなことといえよう。その伝統は、中世から近世期に至るまで継承されてゆくが、その実際については後の考察で改めて見てゆくこととしたい。

以上、走湯山（伊豆山、日金山）における末代上人の事蹟をあらまし見てきた。副題を、「古代走湯山の山岳仏教と歴史・民俗伝承」としたのは、末代の事蹟を手がかりに古代・中世を中心とした走湯山の山岳仏教および走湯修験の動態を浮彫りにしたかったからにほかならない。

しかし、末代に関する歴史資料がきわめて少ないため、説話伝承・口碑などの民俗資料や石造物資料など、非文字資料にたよらざるをえなかった。その分、想像力の域を脱しきれていない部分が目につくのは、いかんともしがたいところである。史料的裏付けを今後にまちたい。

従来、末代上人の履歴や事蹟についてほとんど研究らしきものがないなか、いくらかの問題提起ができたのであれば、望外の幸せである。

注

①『走湯山縁起』群書類従・巻二五輯所収、一九八七年

②『浅間大菩薩縁起』建長三年（一二五一）書写、『金沢文庫研究』三〇五所収、神奈川県立金沢文庫、二〇〇〇年

③『本朝世紀』久安五年（一一四九）条、『静岡県史』資料編4・古代、静岡県、一九八九年
④『浅間文書纂』浅間神社社務所、昭和五年（昭和四十八年、名著刊行会復刊）
⑤『増訂 豆州志稿』巻之九上、長倉書店、昭和四十二年
⑥拙稿「伊豆ヶ岳山名縁由私考」、『あしなか』三〇七輯、山村民俗の会、平成二十八年十月
⑦太田君男著『熱海物語』羽衣出版、昭和六十二年
⑧江戸中・後期の「熱海之絵図」参照。
⑨堀内真「富士の信仰登拝」（『人はなぜ富士山頂を目指すのか』所収）、静岡県文化財団、二〇一一年
⑩『地蔵菩薩霊験記』群書類従・巻二五輯下所収、一九八七年
⑪「伊豆国風土記」、『風土記逸文』所収（『風土記集』）、春陽堂、昭和十年
⑫『箱根権現縁起絵巻』（正覚院本）、山北町文化財調査報告書所収、山北町教育委員会、二〇〇四年
⑬『大日本国法華験記』日本思想大系7、岩波書店、一九七四年
⑭橘南谿『西遊記』巻之五「地獄」（『紀行文集』所収）、博文館、明治三十五年
⑮『熱海温泉図考』巻三（白井通行撰）、文政三年
⑯『走湯山権現当峯辺路本縁起集』鎌倉後期成立、神奈川県立金沢文庫図録所収、一九九六年
⑰『本朝世紀』久安五年条ほか、注③に同じ。

第四章　江戸期・走湯山の再興と末代聖人
――般若院周道による顕彰とその事蹟

石造物が語る江戸期走湯山――プロローグ

前章までに見てきた古代平安後期における末代上人の事蹟は、その流れをくむ走湯山の修行僧らによって後世に継承されていった。それは、鎌倉期、承久年間（一二一九〜一二二二）における富士山頂出土の経巻に印された「末代聖人・覚亮」の埋経者銘からもうかがえる。注①そして、末代上人が日金山修行において重要視したと見られる三仙人への祭祀は、中世期においてもなされた。そのことは、松葉仙人の墳丘上に建つ宝篋印塔に刻印された南北朝期、建武三年（一三三六）の紀年銘からも裏づけられよう。注②

こうした、末代上人につらなる、鎌倉〜南北朝期にわたった中世期の痕跡は、その後、近世期になると、どのように継承されてゆくのだろうか。日金山、伊豆山周辺に残された石造物を主な手がかりとして、般若院・周道法印の事蹟を中心に、以下に考察を加えてゆくことにしたい。

一　「末代上人塔」の発見——宝篋印塔と笠塔婆

熱海市の西北方、神奈川県湯河原町との境にある日金山の山中に、末代上人の供養塔が建っている。日金山山頂は円山《まるやま》（現、丸山）と称し、今は十国峠の名で知られる絶景の地である。

山頂から東へ尾根伝いに下った山ふところに、地蔵信仰で知られた東光寺がある。本堂（地蔵堂）周辺には人影もなく、境内は静まりかえっている。東のはずれ付近に、日金の三仙人と称される松葉仙人、木生仙人、金地仙人と末代上人について記された真新しい案内板が立つ。近年、「富士山を世界文化遺産にする熱海の会」によって建てられたもので、説明文はかなり詳しい。

末代上人塔付近の「石仏の道」町石

そこから、南東方向へ尾根道を下って行った道沿いには、丁目石（町石）や地蔵の石像仏などがところどころに佇み、いかにも巡礼道らしい。六十〜七十メートルほど進

末代上人宝篋印塔（正面）

同右・塔身部正面「末代上人塔」の刻銘

むと、やがて地蔵尊をいただく石柱の道標が建っていて、道は二叉に分かれる。「左 湯河原、泉」、「右 岩戸山、伊豆山」とあり、右手の道をとる。ゆるやかな上りを二百〜三百メートルほど行くと、そこに石造の「末代上人塔」があった。

　石塔は平成九年（一九九七）、日金山の巡礼道を調査していた市民グループによって、山林のやぶの中から偶然発見された。その後、整備を加えた尾根道沿いに移設し、安置されたものである。[注③] 安山岩製の宝篋印塔で、高さ六十一・五センチ、幅三十二・五センチ、塔身部正面に「末代上人塔」の銘が刻印されている。

　この石塔は、何時《いつ》、誰によって建てられたものだろうか。基礎石には五行にわたり刻印が見られるが、摩滅が著しく判読がむずかしい。三行目からあと、「文化十仲冬十四日／不退金剛／再修拝誌」と、辛うじて読みとれたのは、松葉仙人塚の宝篋印塔塔身部の刻銘に同じとみなされたからだ。

さらに、これをはっきりと裏づける記録資料が実はあった。文化十一年（一八一四）刊の『熱海道之記』全三巻（酔月亭月済著）の第二巻に、日金山地蔵堂周辺の図が描かれている。注④その中に、「賽ノ川原」の左隣に接して、木製の卒塔婆と見られる「末代上人塔」が建っているのである。小さくてわかりづらいが、形状から笠塔婆のように見える。そしてその下に、「塔婆ニ曰ク」として、以下のように記されている。（一三〇頁、写真参照）

「奉日金山再建末代聖仙上人一千年遠忌

文化十一甲戌年三月建之

別当法印不退金剛周道樹焉」

日金山の再建にあたり、文化十一年三月、末代上人の一千年遠忌卒塔婆供養が行なわれ、般若院別当・周道により、この「末代上人塔」が建てられたことがわかる。

このように、現存する石造物と記録資料から、二つの「末代上人塔」が明らかにされたことになる。これを年代順に整理すると、文化十年冬に石造の「末代上人塔」（宝篋印塔）が先に造建（再修拝）され、次いで翌十一年三月に木製卒塔婆の「末代上人塔」が建てられ、卒塔婆供養が行なわれたということになろうか。双方とも、般若院別当・周道により、三仙人塚石塔とともに建立されたものである。

いずれにしても、「末代上人塔」は伊豆山（日金山）と末代上人との結びつきを示す唯一の石造物として貴重であり、平成二十四年（二〇一二）三月、熱海市指定文化財に登録された。

二　日金の三仙人塚と塔婆供養

1　松葉仙人宝篋印塔

見てきたように、東光寺（日金地蔵）の裏山には「日金の三仙人塚」がある。三基ある塚（古墳）は三仙人の廟所とされ、塚上には三基とも宝篋印塔がそれぞれ建っている。

このうち、「松葉仙人古墳塔」（宝篋印塔）の基礎石に、「建武三年（一三三六）」の紀年銘が刻印されており、これが南北朝期に造立されたことがわかる。さらに、追補の塔身部裏には「文化十仲冬十四日　不退金剛周道再修拝誌」という刻銘がみられる。「不退金剛」とは、周道の称号のようなものだろうか。これは、先に見た「末代上人塔」（宝篋印塔）の刻銘と全く同じである。したがって、文化十年（一八一三）、末代上人の宝篋印塔と合わせて、三仙人塚（墳墓）の修造が般若院別当・周道によってなされたことがわかる。

ついで、翌文化十一年三月には、先述のとおり「末代上人塔」の笠塔婆が周道法印によって建てられたことが『熱海道之記』第二巻から知られるが、それは、末代上人一千年遠忌の供養としてなされたものであった。そこで注目されるのは、末代上人の卒塔婆供養が同年、三仙人についても行なわれたのではなかろうかということである。

2　三仙人の卒塔婆

同書の日金山東光寺周辺の図をもう一度見てみよう。画面上端、東光寺本堂（日金地蔵）の裏山に小さく描かれた三仙人の宝篋印塔が三基見える。水墨画風に淡く細やかな筆遣いでわかりづらいが、よく眼を凝らすと、三基とも石塔右側に柱のような細い棒状のものが立っている。形状から見て、この三本の棒状のものは卒塔婆ではないか？（一二八頁、写真下、参照）

これを裏付けるのが、絵の左下に記された三仙人塚（墳墓）の「詞書」である。右から、一松葉、二木生、三金地の順に番号が付され、以下のように記されている。

一「当山建開祖松葉仙人一千四百四十六年／人皇第十一代仁徳天皇五十七年三月四日入定／文化十一甲戌三月建是別当法印周道樹焉」

二「当山第二祖木生仙人一千二百六十三年／人皇十四代欽明天皇十五壬申年五月八日入定／文化十一甲戌三月建是別当法印周道樹焉」

三「当山第三祖金地仙人一千百六十二年／人皇三十七代光徳天皇白雉四癸丑年入定／文化十一甲戌三月建是別当法印周道樹焉」

これを見ると、一、二、三とも各仙人の年忌と入定年月日が記されており、いずれも文化十一年（一八一四）に般若院「別当法印周道」によって建てられたとある。

三仙人の年忌は、入定（没年）から文化十一年の建立年までに至るもので、日金山開祖・松葉仙人が「一千四百四十六年」、第二祖・木生仙人が「一千二百六十三年」、第三祖・金地

東光寺日金地蔵周辺図（『熱海温泉図考』巻三、文政３年）

仙人が「一千百六十二年」とされている。これらは、『走湯山縁起』に基づいたものと見てよかろう。

この年代表記は何に根拠をおいたものであったかといえば、周道法印によって「文化十一年三月建是」と記された「是《これ》」が、卒塔婆を指していたことは明らかであり、一、二、三の右の表記が、三仙人の卒塔婆上に記されたものであったことはまちがいない。このことは、建立年も同じ先の「末代上人塔」卒塔婆からも裏づけられよう。

松葉仙人石塔

とすれば、卒塔婆はいずこの場に、ということになるが、「詞書」の番号数字は、実は画

木生仙人石塔

面上の各宝篋印塔下にも記されていた（符合しやすくするための作画者の心遣いだろう）。先ほど見た、三基の宝篋印塔の右側にそれぞれ立つ柱状のものは、やはり卒塔婆と判断してまちがいないといえる。
　したがって、文化十一年三月の「末代上人一千年遠忌」の卒塔婆供養にあたり、同時に三仙人の卒塔婆供養が行なわれたことは明らかだと思われる。

3　「末代上人塔」の行方

ところで、『熱海道之記』第二巻に描かれた日金地蔵裏山の三仙人塚について、もう少し見ておきたい。三基の宝篋印塔（右側の卒塔婆とも）がそれぞれ建っているわけだが、実は一番左側、三仙人の宝篋印塔（三番目・金地仙人）の手前にもう一基、石塔らしきものが描きこまれている。細身に見えるが、これも宝篋印塔のように見える。誰を祀ったものかは謎に包まれるが、末代上人であるかもしれない。

　すでに見たように、現在岩戸山への尾根道沿いに祀られた「末代上人塔」（文化十年修築）は、十七年前にやぶの中から発見されたものである。しかし、どこかおかしくはないだろう

金地仙人古墳

日金地蔵裏山の伝三仙人塚（『熱海道之記』第二巻、文化11年）図の上端右手に描かれる。

か。石仏や石塔は、道沿いや社寺境内などに建てられるのが普通だが、これは、山中に投棄されていたことになる。

ここには、語られぬ歴史の闇が秘められているのではなかろうか。推理の域を出ないが、「末代上人塔」（宝篋印塔）は、かつては地蔵堂の裏山の一画に、日金の三仙人とともに祀られていた。それが『熱海道之記』の画面にうっすらと見える、一番手前に描かれた細身の石塔の正体であったのでは――。(前頁の写真下、参照)

この「末代上人宝篋印塔」は、笠石などの形状から見て、もともとは、十四世紀末～十五世紀初めの南北朝～室町期に造建されたものが、その後、いくつかが組合わせられたものと伝える。それは、三仙人塚の松葉仙人宝篋印塔に刻印された南北朝期、建武三年(一三三六)の紀年銘にも通ずる。そのことは、かつて同所に四基の宝篋印塔が一体のものとして祭祀されていたことを、裏付けているのではないか。

しかし、その後「末代上人塔」は何者かによって持ち去られた。行方知れずとなっていたそれが、近年、山中のヤブの中から発見されたのである。

三　日金山の再興――「末代聖仙上人一千年遠忌」の意味

右に見てきたように、文化十年冬に「末代上人塔」と「日金の三仙人塚」宝篋印塔の再建がなされた。さらに、翌文化十一年三月には末代上人並びに三仙人の卒塔婆が建てられ、塔婆供養が行なわれた。いずれも、伊豆山般若院別当・周道法印によってなされたものであるが、それは、何を目的としたものだったのか。周道法印の具体的に意図したところを、前掲『熱海道之記』第二巻に探ってみようと思う。

1　卒塔婆「末代上人塔」

同書の日金山地蔵堂周辺図の中に、「末代上人塔」の卒塔婆が描かれ、その下に「塔婆ニ曰」として、次のような「詞書」が三行記されている。それは、改めて注目を喚起する。

「奉日金山再建末代聖仙上人一千年遠忌
文化十一甲戌年三月建之
別当法印不退金剛周道樹焉」

これは、周道が建てた卒塔婆に書かれてあった字句そのものと判断される。そして、文頭に、「奉日金山再建～」とあることから、この末代上人の卒塔婆が、前年の宝篋印塔の修建と合わせて、江戸後期における日金山（及び伊豆山）の再興を願って建てられたことがわかる。

末代上人卒塔婆（『熱海道之記』第二巻、文化11年）

また、「末代聖仙上人」という表記からは、鎌倉期、承久年間（一二一九～一二二二）における富士山頂埋経に記された「末代聖人」銘が想起されるが、[注⑤]それは末代に対する最高の尊称を表したものではなかろうか。聖人であり仙人でもあったことを意味するそれは、周道法印が祖師として、末代上人を特別神聖視していたことをうかがわせる。

2　「一千年遠忌」とは？

さらに、この行の末尾に記された「～一千年遠忌」にこめられた意味であるが、辞書で「遠忌」を調べると、「宗祖・開祖・中興の祖の五十回忌以後、五十年ごとに行なう年忌法会」とある（集英社版『国語辞典』）。したがって、「一千年遠忌」とは、故人の死後一千年目にあたる年忌法会ということになる。となると、末代上人の生没年と関わって、「一千年」という途方もない数字の検証が求められてくる。

末代の没した正確な年は不明だが、上人が富士山に初登頂したのが天承二年（一一三二）四月、二十九歳の時とされる（『往生寺残巻』建長三年）。[注⑥] さらに鳥羽天皇に託され、富士山の噴火鎮静を祈って埋経登山をしたのが久安五年（一一四九）、四十六歳の時であったことがわかっている。[注⑦] したがって、その後二、三十年は存命したとして、末代はおそらく平安末期の一一七〇～八〇年頃まで生き長らえたと推定される。

それは文化十一年（一八一四）から没年を引くと六三四から六四四年前、ほぼ六四〇年ぐらい前ということになる。しかし、一千年遠忌、つまり文化十一年の「一千年前」ということになると、それは八一四年、平安初期にあたり、末代はまだ生まれてもいない。没年である「六四〇年前」との間には三百年以上の開きがある。それを、あえて「一千年遠忌」としたのには、特別な意味があったものと思われる。そこで、三仙人との関係が改めて問われてくる。

3　三仙人と「末代聖仙上人」

これまでに見てきたように、文化十一年（一八一四）、末代上人の卒塔婆供養が行なわれた際、それは同時に三仙人塚においてもなされたことは、『熱海道之記』第二巻から明らかである。そして、三仙人塚に宝篋印塔とともに建てられた各卒塔婆には、三仙人の年忌がそれぞれ、次のように記されていた。

「一、当山《日金山》　開祖松葉仙人一千四百四十六年

　二、第二祖木生仙人一千二百六十三年

　三、第三祖金地仙人一千百六十二年」

これを見ると、末代上人の「一千年遠忌」というのは、あるいは三仙人の年忌とのバランス（釣合い）をはかろうとした結果ではないかという推測が浮かびあがってくる。文化十一年時点における末代が没してからの年忌は六百四十年前後だから、「遠忌」としては「六百年遠忌」あるいは「六百五拾年～」でもよかったはずである（ちなみに、伊豆山東谷の旧般若院墓地には、中興の祖・快運上人の墓石があり、その

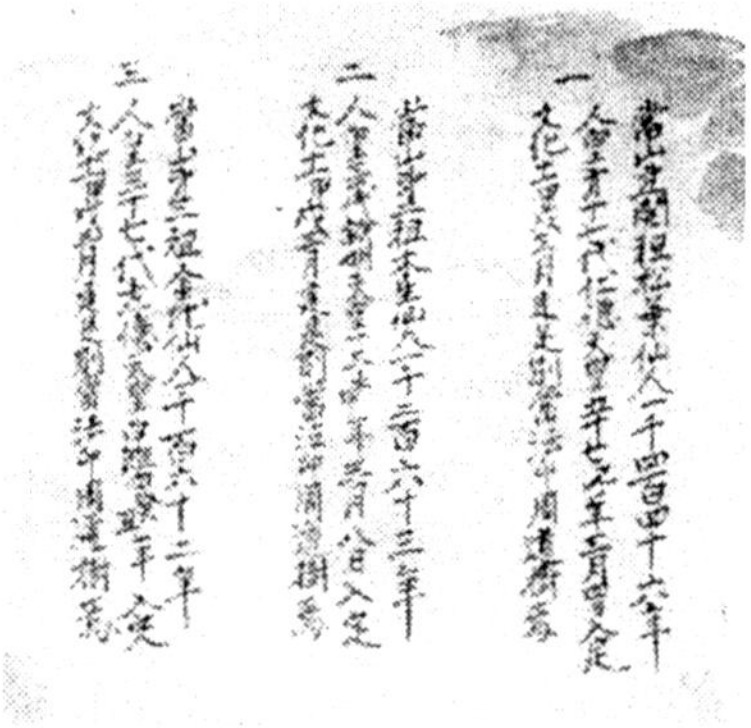

三仙人の年忌が誌される（『熱海道之記』第二巻、文化11年）

台石に「文化九年／二百年遠忌」と刻印される。これも周道の修造による)。それをあえて「一千年遠忌」としたのは、「末代聖仙上人」という尊称に最もふさわしい〝特別の〟節目が選ばれた結果ではなかろうか。

そこには、周道法印の末代上人に対する特別な思いが感じとれる。周道は末代上人を三仙人につらなる日金山の「第四祖」、あるいはそれ以上の存在と見なしていたのではなかろうか。それは、三仙人が『走湯山縁起』に描かれた神仙世界から脱け出ていなかったのに対し、「末代聖仙上人」は歴史上に実在した人物だったからである。

おそらく周道法印は、末代上人の塔婆供養を、「一千年遠忌」という特別の〝祭祀儀礼〟として盛大にとり行なうことによって、日金山の再興を果たそうとしたのではないかと思われる。

四　本宮社の再建

江戸後期、般若院別当・周道法印による日金山再興は、さらに本宮、伊豆山(新宮)にも及び、走湯山全体にわたるものであった。

本宮は、走湯権現(伊豆山神)が日金山山頂から下りて最初に遷座したところとされる。伊豆山から日金山へとつらなる尾根伝いにあり、岩戸山(七三四メートル)の東南約一キロに位置する。この地を古く牟須夫峰《むすぶみね》と称したのは、走湯山祭神「火牟須比命」に由来しようが、

結明神本社石祠

結明神本社が鎮座する社叢（むすぶ平）

その後、現在の伊豆山神社（新宮）へ移祀されて以降、当地は本宮と称されるようになったと伝えられる。

1　結明神本社

本宮社が遷座された峰（本宮山）の頂きに向かって尾根伝いの道を上ってゆくと、その入口付近（七尾地区）に、小さな鳥居が建っている。ここに、縁結びのご利益で知られる結明神本社が鎮座し、文化九年（一八一二）に周道法印が建てた石祠が祀られている。かつて、この辺りを「むすぶ平」と称したとの地名伝承も残っている。

石祠は、高さ六十センチ（台石含む）ほどの大きさだが、基壇の上に乗り、合わせると百八十センチ近くの高さになろうか。見るからに硬そうな赤褐色の石で、おそらく安山岩製とみられる。右側面に、「旹《（時）》文化九壬申天／四月日／別當周道立之」と刻印されている。（なお、末社が里宮として伊豆山神

社境内に祀られている)

結明神は、『走湯山縁起』に伝えられる日精・月精の夫婦二神に由来する。淵源は伊邪那岐・伊邪那美の二神に遡ろうが、とりわけ中世・鎌倉期の頼朝・政子にちなんだ、男女の縁結びをかなえる御祭神として広く知られるようになっていった。

石祠・右側面刻印

しかし、本社がここに祭られたのは、先述のように、本宮の地がもともとは「牟須夫《むすぶ》峰」と称したことにちなむものと思われる。すなわち、「〈結＝牟須夫〉ノ称火牟須比ノ神名ノ遺レルナラム」と『増訂豆州志稿』に見えるように[注⑧]、そもそも「結」は縁結びとしての意味よりも、日金山の祭神たる「火牟須比命」に由来するものではなかろうか。

周道法印が日金山再興にあたり、結明神本社の石祠をここに造建したのは、一つには『走湯山縁起』に説く日精・月精の夫婦二神が日金山に仕えた「伊豆権現氏人之祖」と言い伝えられたことがあったろう。しかし、それ以上に、右に見た走湯山の祭神・火牟須比命にちなんだ本社の縁由を重要視したからではなかろうか。それは、とりもなおさず末代上人への篤い尊崇を物語っていたといえよう。

2　本宮社の石造物

登り口にある結明神本社から二十分ほど登ったところに、伊豆山権現（走湯権現）の二番目の鎮座地、本宮社がある。元は牟須夫《むすぶ》峰と称したが、現在地の伊豆山神社（新宮）へ祭神が移祀された後、元の社地が本宮と呼ばれるようになったと伝えられる。

本宮社は幾星霜を経る中、享保六年（一七二一）、野火がもとで火災を受けたと伝える。注⑨ 翌年復興された後、境内には拝殿、鳥居三カ所、求聞持堂、東西三間・南北二間の建物などがあったが、江戸後期の野火により、ほとんどが消失してしまったという。ちなみに、その再建にあたったのが周道法印だったとみられる。

本宮社入口の石鳥居と石段（境内奥に拝殿が見える）

現在、建物としては東西五間・南北三間の拝殿一棟が残るのみである。このほか、石鳥居一基、石段と石灯籠一対があり、これらの石造物には周道法印の刻印が残されていた。

〔1〕石鳥居

本宮社はやや広めの平坦地にある。尾根道から続く石段を上りきると、境内の入口にどっしりと構えた石鳥居が建っている。鳥居は、

本宮社拝殿（左右の石灯籠と石段の上に建つ社殿）

石鳥居・右柱の刻印

高さ三メートル余のものだが、左右の柱にびっしりと銘文が刻まれ、思わず目を見はらされる。（以下の刻銘は、境内の外側から向かって見たもの）

〈左側〉「蒙大将軍家命大小名武家方一統、江戸中寺社在町其外武相駿甲當国共勧入助力一山総修営也　伊豆山別当」

〈右側〉「旹（時）文政三庚辰秋九朔此地開□模古造此花表以九月十五日、奉遷座尊崇了　不退金剛拝誌」

右の刻銘を見ると、幕府の許可のもと、江戸府内武家方、寺社・在町、および武相駿甲豆の五ヵ国にまたがる勧化によって、伊豆権現社山内すべての修復造営がなされたこと、文政三年秋、この地（牟須夫峰）に以前のものに倣った鳥居を再建し、九月十五日に本宮社を遷座、尊崇奉ったことがわかる。そして、この修復は伊豆山別当周道によってなされたことが、末尾の「不退金剛拝誌」銘から知られる。「不退金剛」は周道の称号である。

ちなみに、注目されるのは、右の勧化による再建がおそらく、江戸後期の野火により本宮社が全焼したことからなされたものだということである。また、この文政三年が

「辰年」であったことは意味のあることと思われ、後に行なう考察まで記憶に留めておかれたい。

伊豆権現社は山腹に立地され、しかも海岸にも近いため塩害も考えられ、社殿等建造物の損傷は予想以上に進行が速く、修復には莫大な費用がかかった。そのため、資金調達に富興行を開いたり、修復の寄付集めの勧化（勧進）や御開帳がしばしば行なわれた。（天保八年「般若院賢雄願書参照」）

拝殿前の石灯籠（文政３年）

周道法印の時代に限ってみると、勧化は右の文政三年に先んじて、文化十一年から三年間、やはり江戸府内と武相駿甲豆の五ヵ国で行なわれている。注⑩ しかし、出費のほうが多くて修復をまかないきれなかったようだ。「末代聖仙上人一千年遠忌」の真最中でもあり、周道の労苦は並大抵のものではなかったと想像される。

〔2〕石灯籠・石段

本宮社境内には現在、建物としては唯一拝殿が残されている。あざやかな壁面の赤色がひときわ目立つ拝殿へは、七〜八段の正面石段を上る。左右には、高さ一メートル余の小さな石灯籠が一対建っている。背面には「文政三辰天九月日建之」とあり、石鳥居と同じ年月日が刻まれているが、建立者銘などの刻印は見られない。おそらく、文政三年九月の本宮社再建にあたり、周道法印によって石鳥居とともに造建されたものと見てまちがいないだろう。

五　東谷・旧般若院墓地周辺

伊豆山神社の北東側は東谷と呼ばれる。ちょうど伊豆山小学校の裏手、厚生年金老人ホームの南面に位置したところに旧般若院の墓地がある。歴代住職の墓がかたまって見られ、墓石・供養塔は合わせて二八基数えられる。その中に、般若院中興の祖といわれる快運法印の墓があり、周道による修造がなされている。このほか、墓地近くには周道法印が建造した山の神社《かみしゃ》がある。

東谷・山の神社（文化９年建立の石祠を祀る）

1　東谷・山の神社

東谷墓地から、さらに左奥へ山道を七、八十メートル登って行くと、赤い小さな鳥居が建ち、山の神社の石祠が祀られている。登り口に、「この先、猪に御注意！」と伊豆山神社の注意書が見られる。石祠は高さ五十センチほどの小ぶりなものだが、正面に真新しい竹筒の水入れや供え物などが置かれ、今も参拝者がある様子だ。開閉の扉はどこにもないが、その他は形態・石の材質等、結明神本社の石祠とほとんど同じに見える。

向かって右側、「維 文化九（一八一二）壬申／四月／寺務周道拝」の刻印が目にとまった。周道により建立されたことは明らかだが、「寺務」とあるのはどういう肩書を表わしていたのか。同じ文化九年四月建立の結明神本社石祠には、「別当周道」とあったから、この山の神社建立時にも、やはり別当職に就いていたはずだ。「寺務〜」とはおそらく、一般的に寺の役務（仕事）を総称して表記したものであろう。

いずれにしても、そこには日金山の祖師・末代上人の一千年遠忌を迎える文化九〜十一年というこの時期に、周道が東谷の山の神祠を建造した意図がうかがえる。本社が当時の伊豆山周辺の人々から篤い信仰を受け、いかに大切な存在であったかを物語っていよう。ちなみに、文化九年は中興の祖・快運法印の二百年遠忌でもあった。

2 旧般若院墓地

〔1〕中興の祖・快運法印墓

知られるように、快運は十六世紀末の近世初頭、荒廃した伊豆山権現の復興のために、家康の命によって高野山から招かれた真言僧である。快運は着任するやただちに修復を手がけ、

快運法印墓塔（同右墓地内）

旧般若院墓地（『熱海市史』資料編、昭和47年）

慶長十七年（一六一二）には本宮・下宮など山内二十余カ所の造営を完成させた。これによって、家康から絶大なる信頼と庇護を受け、社領三百石を賜るところとなった。「中興の祖」と称された由縁だが、翌慶長十八年、快運は他界している。

旧般若院墓地は、南に開かれた細長い形状で、墓石は三段に築かれた土壇上に並んでいる。快運の墓は、中央の石段を上がった方六尺の基壇の上に安置される。五輪塔と通称される石製塔婆だが、熱海市の「考古学調査報告」によると[注⑪]、五輪のうち地輪のみが元の快運の墓石とされ、火輪（笠石）は室町期のもので、石質も異なっている。地輪の大きさは、高さ二十七・二センチ、二十九・六センチ四方である。正面に「慶長十八年／（種子）快運／八月二十一日」と刻印され、快運が慶長十八年（一六一三）

に没したことが知られる。注目されるのは、地輪下の台石に印された、次の刻銘である。

「文化九壬申當／爰二百年遠忌／新修霊廟玉垣石階等以未子《アカ》／不退金剛敬拝」

右のうち、「不退金剛」は言うまでもなく周道法印のことである。亡くなった慶長十八年（一六一三）から数えて、ちょうど二百年遠忌に当たる文化九年（一八一二）、周道によって快運の霊廟が新たに築かれたことがわかる。その際、玉垣と石階（石段）の建造はまだ完了していなかったようだが、墓石の安置された基壇のほうはどうだったのだろうか。

いずれにしても、霊廟の修造整備に周道が特別に力を注いでいたことがうかがえる。それは、とりも直さず、周道による中興の祖・快運に対する尊崇の深さを物語るものであり、先師への顕彰の証《あかし》といえよう。

ところで、すでに見たように、周道は同じ文化九年、日金山に奉仕した伊豆権現氏人の祖神とされた本宮結明神本社および、東谷・山の神社の石祠も建造している。それらがいずれも、快運法印二百年遠忌にちなむものであったことが、ここに改めて知られよう。

周道法印は、日金山、伊豆山の再興にあたり、文化九年の「快運法印二百年遠忌」を、文化十年から十一年の「末代聖仙一千年遠忌」へと続く〝一連のもの〟として位置づけていたのではなかろうか。

〔2〕周道法印墓石

東谷の同墓地には、般若院歴代住職の墓石群があり、その中に周道自身の墓石も見られる。

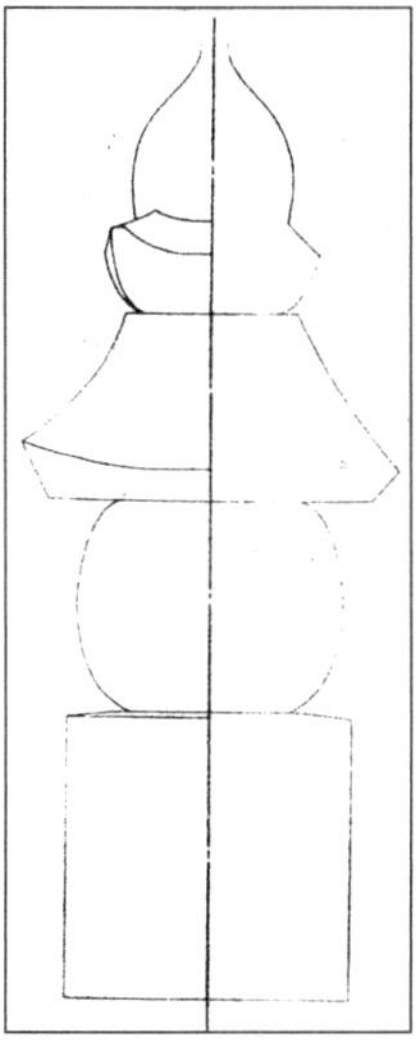
周道法印墓塔・実測図（前掲『熱海市史』）資料編

高さ百三・六センチの五輪塔（石製塔婆）で、文政十年（一八二七）、遺弟大空によって建立されたものである。（実測図参照）[注⑫]

この墓石から、第九代別当・周道が文政十年に亡くなったことが知られる。第十一代別当が記した「般若院賢雄願書」（天保八年）によると、周道は亡くなる二年前の文政八年、駿府における富興行の許可について寺社奉行への出願を果したあと、次の大空へ引継いだ。第十代別当に就いた大空は、天保三辰年（一八三二）、般若院の焼失に見舞われ、再建に当たったが、三年後の天保六年（一八三五）、病没している。[注⑬]

大空法印のその他の履歴および事蹟については不明だが、一山の再興に生涯をかけた先師・周道の行動と信念に深い尊敬をいだき、協力を惜しまなかったであろうことは想像に難くない。

六　周道法印の事蹟と「不退金剛」

般若院第九代別当・周道が文政十年に亡くなったことが右に知られたが、生年については出身地と合わせて明らかでない。したがって、行年も不明だが、江戸中期から後期前半（一七五〇頃～一八一三）にかけて生きた走湯山の傑僧だったといえよう。しかし、その他の履歴等については、今のところ詳細を確認できない。

その事蹟についても、多くは知られていない。江戸後期に著わされた『伊豆山権現略縁起』[注⑭]が唯一史料として伝えられるが、著作の経緯・内容等は不明である。そのほかには、これまで見てきた石造物類および木製塔婆があり、以下に改めて整理しておこう。

周道の銘を刻印した石造物は、宝篋印塔二、五輪塔（墓石）一、石祠二、石鳥居一の計六基ある。これに、刻銘はないが周道の造建が明らかな石灯籠一対を合わせると、総計七基を数える。

注目されるのは、建立者の刻銘が一様でないことで、三種類の表記が見られる。すなわち、周道の称号を表わすとみられる「不退金剛」銘が快運の墓石（文化九年）と石鳥居（文政三年）の二基、「周道」のみを印すものが結明神本社と東谷山の神社の石祠二基（共に文化九年）、そして双方を合わせた「不退金剛周道」銘が末代上人塔と松葉仙人墳丘上の宝篋印塔二基（共に文化十年）に刻印されている。

「不退金剛拝誌」の刻印（本宮山・石鳥居石柱〈拡大〉）

一方、卒塔婆は、『熱海道之記』（文化十一年）の文献史料に記されていて、「不退金剛周道」と記すのが末代上人の塔婆一基、「周道」のみの銘が三仙人それぞれの塔婆三基の計四基に見られる。

以上、宝篋印塔と墓石・石祠などの石造物、および木製卒塔婆を合わせると、計十基に周道の銘が見られることになる。このうち、五基に「不退金剛」銘を周道が使っていることは、とりわけ興味をそそられる。

「不退金剛《ふたいこんごう》」の銘は、称号といっても、一仏教者としての通称あるいは俗称（または愛称か）のようなものと思われるが、周道は何故このような称号を用いたのだろう。

その意味を、まず国語的に解釈すると、「不退金剛」は前後二つの字句に分けられよう。前の「不退〜」は、辞書を引くと「不退転」という比較的知られた言葉が出てくる。〈くじけることなく、仏道修行に励むこと〉、あるいは〈事を行うのに意志がしっかりしていること〉とある。一方、後半の「〜金剛」は、〈非常に堅固で壊れないこと、最も硬い物（＝金剛身）〉をいう。〈金剛のように堅い信仰心〉を意味する「金剛心」などの言葉もある。

そこで、前後二つの言葉を結び合わせると、「不退金剛」の意味が自ずと見えて来る。周道は、〈堅固な信仰心を抱いて事に当たり、後もどり出来ない強い意志を持って仏道修行に励む〉ことを最も崇高なる信条としたのである。それは、万物に通ずるものだったろうが、何よりも己への叱咤激励であり、決意表明であったといえよう。

走湯山の再興にあたり、「不退金剛」周道が、いかに強い意志と堅固な信仰心を持って臨んだかがよくわかる。そして、最も大切にしたことは、日金山の開祖者・末代上人への尊崇とその事蹟を顕彰することであった。それは、中興の祖・快運「二百年遠忌」の文化九年から十一年にまでわたる一連のものとして行なわれてきた。とりわけ、文化十一年（一八一三）の「末代聖仙上人一千年遠忌」塔婆供養が盛大に行なわれたことは、これまで見てきたとおりである。

ところで、周道が最も尊崇を抱いてきた日金山の祖師・末代上人は、〝富士上人〟とよばれ、富士山の開祖としても知られた。言うまでもなく、走湯修験（または、走湯山修行僧）の最終目標は、富士山大日如来との一体化であった。

とするならば、周道が「不退金剛」に込めた「金剛」の意味するところは、〈大日如来と衆生との媒介者〉たる「金剛薩埵《さった》」であったといえるかもしれない。むしろ、その可能性は高いのではなかろうか。「不退金剛」に秘められた周道の真意は、生半可なものではなかったのである。

結びに――現代における末代上人の顕彰と周道法印

走湯山（日金山、伊豆山）を開いた末代上人の行跡は、今日、どのように顕彰されているのだろうか。地元熱海には、「富士山と末代上人」の関係について勉強しようという数十人から成る「熱海の会」という市民有志の会がある。これはもともと、「富士山を世界文化遺産にする」国民的運動の気運が次第に高まるなか、二〇〇六年（平成十八）十月にその一組織

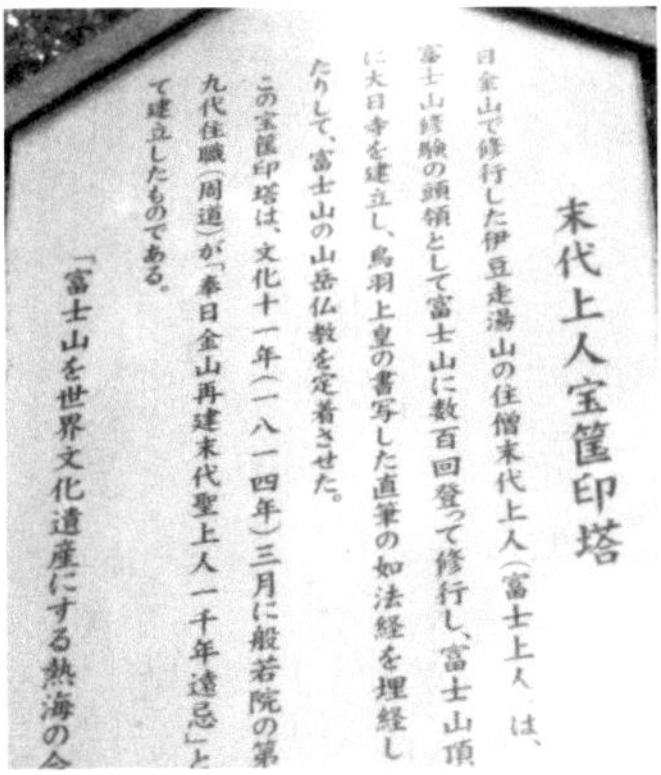

「末代上人宝篋印塔」の説明板（「富士山を世界文化遺産にする会」による）

市指定文化財に決定

末代上人塔　走湯山との関係示す

熱海市教育委員会は27日に開いた3月定例会で、同市伊豆山の「石造末代（まつだい）上人塔」を市指定文化財（歴史資料）とすることを決めた。富士修験の祖である末代上人と走湯山（伊豆山神社）との関係を示す市内で確認できる唯一の資料として貴重なもの」としている。

この塔は日金山東光寺から岩戸山に向かうハイキングコース脇に建つ、安山岩製の宝篋印塔（ほうきょういんとう）。供養塔で、高さ111・5セン、反花座（かえりばなざ）幅32・5セン。塔身部の正面に「末代上人塔」の銘がある。形状から14世紀末～15世紀初めに造られた宝篋印塔の笠と反花座と塔身・基礎の二石を組み合わせたものと見られるという。1811（文化8）年につくられた「熱海道之記」の中に末代上人塔として木製の笠塔婆状のものが描かれていることなどから、市指定文化財（日金の「三仙人塚」とセットで整備された石造物と考えられる。末代上人は富士上人とも呼ばれ、富士修験の祖

市指定文化財となる「石造末代上人塔」＝伊豆山

「末代上人塔」の熱海市指定文化財決定の報道（『伊豆新聞』平成24年3月29日付）

として発足したものである。

会のメンバーは、富士山と熱海とを結びつけた末代上人の存在に、次第に強い関心を寄せるようになった。その一番のきっかけは、平成九年に日金山の山中から市民グループにより「末代上人塔」（宝篋印塔）が偶然発見されたからである。

会結成後、石塔を広く市民に知らしめるため、二〇一一年（平成二十三）、市の文化財指定を教育委員会に働きかけ、翌二〇一二年三月には指定の決定がなされた。[注⑮]合わせて、末代上人についての案内説明板を三仙人塚とともに東光寺境内に建てている。

このほか、末代上人の事蹟について講演会を開いたり、文書・資料を探索するなどの調査研究を深めている。その一方で、上人を顕彰する供養祭を会発足以来、毎年続けてきており、二〇一三年九月に第七回供養祭を東光寺で行なっている。[注⑯]

けれども、末代上人への一般の関心はまだまだ低い。その上、「富士山世界文化遺産」登録の目標が

日金山東光寺における第７回「末代上人供養祭」（『伊豆新聞』平成24年10月2日付）

達成された今、活動の尻つぼみも心配される。そうしたなか、何より必要とされるのは、市民有志・グループと市教委を中軸とした公共機関が一つになって、具体的な調査・啓蒙活動をさらに広げてゆくことであろう。その際、観光面に偏ることなく、地道な調査研究を心がけ、信仰遺産としての日金山を護る、地元市民をまきこんだ運動の展開が大いに期待される。

「末代上人塔」が平成九年に発見されたのは、単なる偶然ではない。地蔵信仰の山として、現代に息づく日金山の参詣道（「石仏の道」）を地道に調査していた市民有志らによる活動が以前からあったからである。そうした持続的努力なくして、今回の発見はなかったことを忘れてはならない。

最後に、もう一つ課題として残されていることがある。それは、末代上人の事蹟を継承し、走湯山再興に努めた江戸後期の般若院九代別当・周道法印への顕彰がほとんどなされていないことである。文化九～十一年にわたる日金山再建の中で、三仙人塚を合わせた周道法印による「末代上人塔」の〝再修拝〟（修復）がなければ、今日における市の文化財指定はもちろん、末代上人への歴史的評価は生まれていなかったにちがいない。

しかし、周道法印といっても、一般にはほとんど知られていないのが現実でもある。周道の事蹟を正しく理解するために、その人物像までふくめた「周道法印研究」の推進と、その整理が今後にまたれるところである。

注

① 『浅間文書纂』浅間神社社務所、昭和五年（昭和四十八年、名著刊行会復刊）

② 拙稿「末代上人と伊豆山、日金山―古代走湯山の山岳仏教と歴史・民俗伝承」本書第三章所収、平成二十五年十月成稿

③ 『伊豆新聞』平成24年3月29日付、参照

④ 『熱海道之記』（酔月亭月済著）第二巻、文化十一年（一八一四）、『熱海再発見・図録』所収、MOA美術館、一九九七年

⑤ 前掲・注①に同じ。

⑥ 『浅間大菩薩縁起』建長三年（一二五一）書写、『金沢文庫研究』三〇五所収、神奈川県立金沢文庫、二〇〇〇年

⑦ 『本朝世紀』久安五年（一一四九）条、『静岡県史』資料編4・古代、静岡県、一九八九年

⑧ 『増訂豆州志稿』巻之九上〈神祠三〉賀茂郡、長倉書店、昭和四十二年復刊

⑨ 『熱海市史』上巻、第一二章「近世の伊豆山権現」六四八頁、熱海市刊、昭和四十二年

⑩ 「般若院賢雄願書」天保八年、『熱海市史』資料編（伊豆山神社文書）所収、四一八〜二一頁、熱海市、昭和四十七年

⑾ 「考古学調査報告書」『熱海市史』資料編所収、二九九〜三一四頁、熱海市、昭和四十七年
⑿ 同右、三〇七頁
⒀ 前掲・注⑽に同じ。
⒁ 『伊豆山権現略縁起』(周道法印筆)、江戸後期、国立国会図書館蔵
⒂ 前掲・注③に同じ。
⒃ 『伊豆新聞』平成24年10月2日付、参照

第五章　〝荒ぶる不尽〟の真景

——走湯山と富士山

〝燃える不尽〟と「富岳登龍図」——プロローグ

見てきたように、古代走湯山の山岳仏教は、若き日に日金山で修行した末代上人によってもたらされた。上人はかねてより富士山への崇敬が篤く、やがて噴火活動のようやくおさまった平安後期、長承元年（一一三二）より四度にわたり登頂を試み、〝富士上人〟と呼ばれるようになる。

前章まで、この末代上人の事蹟を中心に走湯山（日金山、伊豆山）における山岳仏教の展開と、その歴史・民俗について明らかにしてきた。本章では、末代の登頂以前より走湯山と関係の深かった富士山に焦点をあて、その信仰がいかなるものであったか、その背景を浮彫りにしてゆきたい。

知られるように、〝富士上人〟たる末代は、久安五年（一一四九）富士山頂に大日寺を建て、鳥羽法皇より賜った噴火鎮静のための如法経を埋納した。そのことは、『本朝世紀』に見える記述から明らかなとおりである。それは、開山期の富士山（史）において、とりわけ意味深い出来事であったろう。しかし、それより以前の富士山は、噴火活動をたびたび繰り返してきた、人を寄せつけない畏ろしい山（活火山）としての歴史が、長く続いてきた。

以下では、古代奈良・平安期（八〜十一世紀）における富士山の火山活動について、まず、おおよその年代的推移をたどってみることにしたい。そのうえで、〝荒ぶる富士〟が文献記録の中において、どのように描かれてきたのか、いくつかの事例を引きながら考察してみようと思う。そしてまた、当時の人々が富士山の姿をいかに受けとめ、また表わしてきたのか、『万葉集』に見られた〝不尽山〟の歌を中心に、具体的にさぐってゆくことにしたい。

とりわけ、富士山を詠んだ万葉歌人として最もよく知られる山部赤人の長歌「望不尽山歌」に注目し、そこに描かれた富士山の〝異状〟とは何だったのか、詳しく検討を試みることにする。それは、赤人の歌が我々の生きる現代に警鐘を鳴らしていると思われるからである。

そしてまた、近世期を中心とした「富岳登龍図」にも注目したい。富士山は走湯山と同様、「龍」の存在と無縁ではなく、古来より「神龍」が棲むとされた。そのために、〝荒ぶる不尽〟（富士山）は「龍」によってさまざまに形象化されてきたのである。

なかでも注目されるのが、近世期を中心に絵画資料や工芸品などに数多く知られた「富岳登龍図」である。その諸相のいくつかを見ることによって，それらの絵が何を表わし、意味していたのかを解明してゆこうと思う。
なお、走湯山と富士山の関係性については、本章の「四　富士山と龍」の「むすび」で改めてふれることにしたい。

一　古代富士山の噴火活動

噴火の荒々しさを示す富士山頂火口の山体（航空写真）

富士山の火山活動がもっとも顕著に見られたのは、八世紀末から十一世紀末にかけての平安前・中期頃とされている。いま、『静岡県史』収録の「自然災害年表」[注①]などによって、古代富士山の噴火活動を年代的に整理すると次ページの表のようになる。以下、その表に従って主要な噴火の事例を取り上げてみたい。

記録上に表われた富士山の噴火は、天応元年（七八一）が初見とされ、『続日本紀』七月六日条には、「駿河国言《もう》す。富士山の下《もと》に灰を雨《ふ》らす。…云々」と見える。次いで、延暦十九年（八〇〇）三月に、一か月余にわたって噴火があり、山頂が焼け「昼は則《すなわち》烟気暗瞑、夜は則ち火光天を照す。其の声は雷の如く、灰を下《ふ》らすこと雨の如し、…云々」

富士山噴火年表（奈良～平安期）

和暦	西暦	富士山の活動	出典・その他（備考）
奈良時代	八世紀	噴火	「万葉集」山部赤人ほか
和銅六～	七一三～七二一	福慈岳	「常陸国風土記」編さん（筑波郡）、荒ぶる不尽
天応元	七八一・七・六	富士山噴火、降灰	「日本紀略」「続日本紀」※これ以降富士山活動の記録
延暦一九～二一	八〇〇～八〇二	富士山噴火	「日本後紀」「日本紀略」※山中湖形成
延暦二一	八〇二・五・一九	富士山噴火	「日本紀略」／噴火により足柄路を廃し、箱根路を開く
天長三	八二六	噴火	「寒川神社記録《ママ》」
貞観六～	八六四～六八	大噴火	「日本三代実録」「日本紀略」／溶岩が本栖海に流れ込む
貞観一二	八七〇	噴火	「寒川神社日記」
承平二	九三二	噴火？	（出典不明）／大宮浅間神社焼失
承平七	九三七	噴火	「日本紀略」「寒川神社日記」／山中湖せき止める
天暦五～六	九五一～五二	噴煙（噴火）	「後撰集」「寒川神社日記」
正暦二	九九一	噴煙	「能宣集」
長保元	九九九	噴火（噴煙）	「本朝世紀」
長保二	一〇〇〇	噴煙	「源重之集」
寛仁元	一〇一七	噴煙	「更級日記」
長元五	一〇三二	噴火	「日本紀略」／不動沢溶岩流出
永保三	一〇八三	噴火（噴煙）	「扶桑略記」「太平記」／以降～火山活動休止期に
天永三	一一一二	噴火	「中右記」

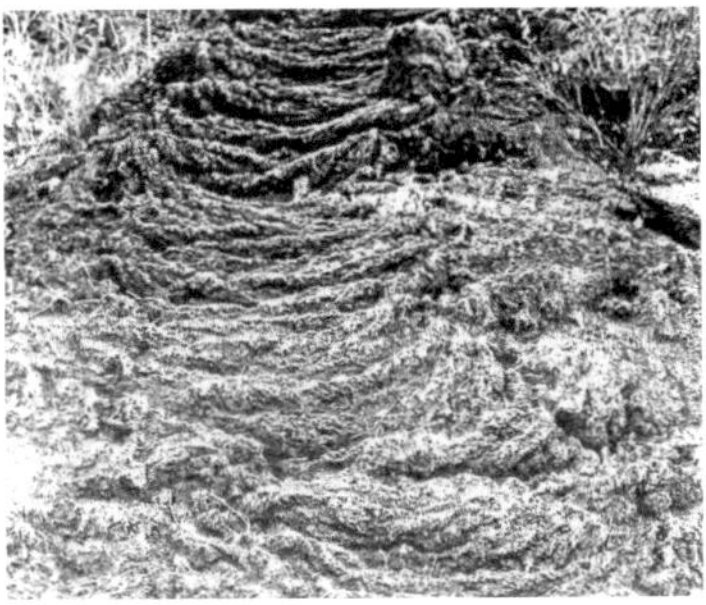

貞観の噴火で流れ下った西湖の縄状溶岩

「貞観地震」との酷似を伝える2011年「東日本大震災」の新聞記事（3月13日『スポーツ日本』）

（『日本紀略』）という状況となった。昼間は烟が暗く立ち込め、夜になると火柱が天を照らし、その音は雷のようで、灰を雨のように降らせた、というのである。

さらに、それより六十年ばかりを経た貞観六年（八六四）にも大噴火が起こった。それが如何に凄まじいものだったか、『三代実録』に記された迫真の描写によって、その様子をうかがい知ることができる。

「富士郡正三位浅間大神の大山の火は、其の勢甚だ熾《さかん》なり。山を焼くこと方一、二里ばかり、光炎の高さは廿丈ばかりなり。雷あり、地震《ふる》ふこと三度、十余日を歴ても、火は猶ほ滅びず。岩を焦《こが》し、嶺を崩し、砂石は雨の如し。煙雲は欝蒸《うつじょう》して、人の近づくを得ず。……（後略）」

かくのごとく、この大噴火では地震がくり返し起こったことがわかる。平成二十三年（二〇一一）三月十一日、東北日本を中心に襲ったマグニチュード九・〇の巨大地震が、この貞観地震ときわめてよく似ていたといわれ、〝歴史地震〟という言葉がしばしば聞かれたことは、記憶に新しい。

その後も、富士山はたびたび噴火をくり返していたが、十一世紀後半、ようやくおさまり、火山活動は休止期へと向かう。しかしながら、この間、天応元年（七八一）から永保三年（一〇八三）までのおよそ三百年間にも十五回の噴火ないし噴煙がみられたことが、年表から読みとれる。これは、たいへん頻度の高い数字といえるのではなかろうか。古代平安期を通して、富士山の火山活動がいかに盛んであったかがよくわかる。

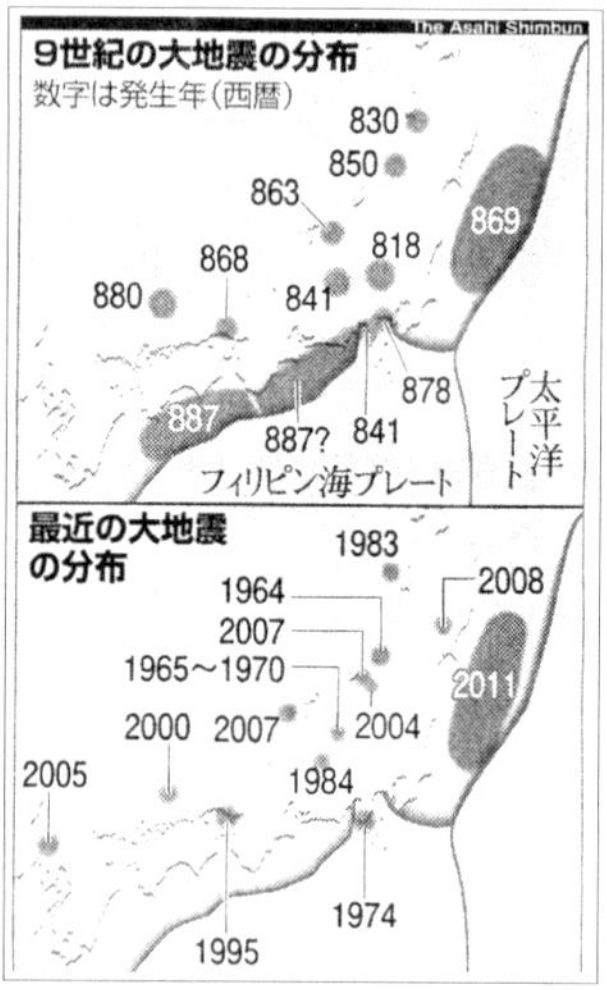

9世紀と最近の大地震の分布を比較する列島周辺図

二　『万葉集』に見る〝燃える不尽〟

このような富士山の噴火は、八世紀の終わりに突如起きたのではもちろんない。中央政府や地方国府など、公の記録上にみられた最初が七八一年（天応元）だったというにすぎない。当然それ以前から火山活動はあったと考えられる。たとえば、これを七～八世紀前半頃の間近かに限って見た場合でも、〝荒ぶる不尽〟の姿は、顕著に見られたのではなかろうか。その有力な証左を、『万葉集』（奈良時代成立）に詠まれた富士山の歌の中に見ることができる。『万葉集』の中で、富士山を詠んだ歌人として最もよく知られるのは、いうまでもなく山部《やまべ》赤人《のあかひと》だろう（後述）。その赤人としばしば比較される奈良時代初期の万葉歌人・高橋連虫麿《むらじむしま》呂《ろ》が、「不尽」の高嶺を次のように歌っている。

鎌倉期の『遊行上人縁起絵』巻８（元亨３年）・富士山図〈部分〉
噴火する富士山を描いた唯一の絵

「（前略）出で立てる　不尽の高嶺は　天雲も　い行き憚り　飛ぶ鳥も　翔びも上《のぼ》らず　燎《（燃）》ゆる火を　雪もて消ち　降る雪を　火もて消ちつつ　言ひもかね名づけも知らに　霊《あや》しくも　坐《いま》す神かも（後略）」

（『万葉集』巻三）

直訳すると、〈聳え立つ不尽の高嶺は　空を通る雲もためらい　飛ぶ鳥も飛びも上がらず　噴き出す火を雪が降り消し　降る雪を燃える火が消し　言いようも名づけようもなく　霊妙な神聖な山（であることよ）…〉のようになろうか。

聳え立つ富士の嶺から、雪を融かし消すほどの噴火が見られたというのである。これは、実際に見たものでなければ詠めない歌ではなかろうか。虫麿呂の生きた奈良時代初め、富士山はまちがいなく噴火していたと判断されよう。

作者・高橋虫磨呂の生没年は不詳だが、その出自には常陸国との関係がうかがえる。虫磨呂は、養老三年（七一九）春頃から同六、七年（七二二、二三）頃まで、常陸守藤原宇合《うまかい》の配下で、『常陸風土記』の記事筆録にも関わったとされている。注②
ちなみに、和銅六年（七一三）の成立を伝え、最古の風土記ともいわれる『常陸風土記』の中に、「駿河国福慈岳《ふじのたけ》」の名称で富士山のことが次のように記される。

「古老の曰《い》ひけらく、祖神尊《おやのかみのみこと》、諸神の処に巡り行でまししに、駿河国福慈岳に到りたまひて、（中略）汝が居《す》める山は、生涯《いき》の極《きわみ》、冬も夏も雪霜ふり、冷寒重襲《さむさかさな》り、人民《ひと》登らず。飲食も奠《まつ》る者勿《な》けむ、とのりたまひき。（後略）」

これは、常陸国筑波郡の土地の古老の言い伝えによるものだ。富士山は、夏でも雪や霜が降る凄まじい寒さで、頂きに登ったり供え物をしたりする者などとてもいなかった、というのである。噴火していたかどうかは、直接の記述がないので不明だが、八世紀の初め（奈良時代初期）、富士山は人を寄せつけないおそろしい山であったことがわかる。

人々の心の中には、すでに〝荒ぶる不尽〟の姿が息づいていたといえよう。しかも、それが都から遠く離れた東国の山郷へも伝えられていたことに驚かされる。「万葉」の歌を除けば、これは最も古い富士山の伝承記録といえるのではなかろうか。

このように、万葉歌人・高橋虫磨呂の詠んだ歌によって、八世紀初め（奈良時代初期）、富士山がすでに噴火活動を始めていたことは明らかであった。そこで、いま一度『万葉集』に立ち返ってみると、〝燃える富士〟の姿がさらに浮彫りにされてくる。

『万葉集』には、数多くの恋歌が収められていることはよく知られるが、その中に「不尽」(富士山)を詠み込んだ歌がいくつか見られる。たとえば、巻十一に収められた作者未詳の歌の群のなかに、次のような歌がある。

「吾妹《わぎもこ》に逢ふ縁《よし》を無み駿河なる不尽《ふじ》の高嶺《たかね》の燃えつつかあらむ」(二六九五)

「妹《いも》が名もわが名も立たば惜しみこそ不尽《ふじ》の高嶺の燃えつつ渡れ」(二六九七)

万葉集巻頭・雄略天皇歌にちなむ天の森「朝倉宮跡」
(万葉人の恋がここで語られたか)

右の二首は、富士山の噴火にたとえて、熱く激しい恋の想いを歌ったものである。注③ 詩人・大岡信は、「燃ゆる富士」を考察するなかで、これを取り上げ、次のように述べる。

「大体、古代人は『思ひ』という語の中に『火』を見ていたのだった。……富士山の噴火・噴煙は、これが日本一の高山であるだけに、並み大抵でない恋の情熱を訴えようとする恋人たちにとって、まことにおあつらえ向きの火の山だったのである。(後略)」

このほか、巻十四・東歌の部に収められる、駿河国の恋歌五首のうち四首は、すべて富士山にちなんだものとされる。噴火を直接に歌ったものはないが、庶民にとって富士山が恋の情熱と結びつくのに如何に相応しいものであったかということを物語っていよう。なかでも、大岡が〝絶唱の歌〟として選んだのが、次の一首である。

「霞《かすみ》ゐる富士の山傍《やまび》にわが来《き》なば何方《いづち》向きてか妹が嘆かむ」

いまや「富士山」は、恋の情熱の代名詞だったといっても過言ではない。噴火の記述がそこにあったかどうかなど、もはや問題ではなかった。それほどに、〝燃える富士〟のイメージが人々の心の中に深く、熱く息づいていたといえよう。富士山は、まさしく「火の山」だったのである。

三　山部赤人は何を歌ったか――〝荒ぶる不尽〟の真景

「**山部宿禰赤人『望不尽山歌』一首并短歌**」

天地《あめつち》の分れし時ゆ　神《かむ》さびて　高く貴《たふと》き　駿河なる　不尽《ふじ》の高嶺《たかね》を　天《あま》の原　振り放《さ》け見れば　渡る日の　影も隠《かく》らひ　照る月の　光も見えず　白雲も　い行きはばかり　時じくそ　雪は降りける　語り継ぎ　言ひ継ぎ行かむ　不尽の高嶺は（巻三・三一七）

反　歌

田児の浦ゆ　うち出て見れば　ま白にそ　不尽の高嶺に　雪は降りける（三一八）

富士山を詠んだ歌というと、山部赤人の右の万葉集の短歌のほうを思い浮かべる人が多いのではなかろうか。富士山といえば赤人といえるくらい、この歌は親しまれてきた。

赤人の田子の浦から富士を詠んだ歌は、「百人一首」（「ひゃくにんしゅ」とも）でもよく知られている。いまでは懐かしい子供の頃の思い出だが、正月のかるた（歌留多）とりの定番として興じ合い、遊びに夢中になりながら、自然と「赤人」の名前は記憶の片隅に残るようになった。また、小学高学年から中学にかけて国語の教科書に取り上げられていたことも、印象に強く残ることになったゆえんかもしれない。

田子ノ浦港にある山部赤人の万葉歌碑

1　赤人の〝富士の歌〟——そのイメージと評価

〔1〕イメージ

しかし、いうまでもなく、富士を詠んだ百人一首の赤人の歌は、『新古今和歌集』に収められた別バージョンである。それは、もともとは『万葉集』に載った「望不尽山歌」という長歌への反歌《へんか》であった。

山頂に雪を戴き、秀麗な姿を見せる富士山

だが、私も含め、「長歌」と「短歌」を厳密に区別しないできた一般的傾向から、赤人の富士の歌といえば、「田児の浦ゆ…」の短歌のほうを誰しも思い浮かべるようになっていた。

こうして、赤人が歌ったのは、田児の浦から見た、雪を頂く秀麗な富士山を賞でたもの、というイメージが定着していった。そして、いつの間にか「長歌」のほうにも、短歌に対する印象が、そのまま重ねられてきたのである。

〔2〕評価

こうして、この歌は雄大な富士山の秀麗な姿を見事に描いたものとして、叙景歌の名品とされ、作者である山部赤人も、叙景歌の達人と見なされるようになったのである。

ちなみに、富士山が〝日本一美しい山〟との観念は、中世室町期頃から生まれたといわれる。さらに、江戸期以降現代に至るまで、富士山は日本国最大のシンボルとして崇高な存在であり続けている。

しかし、その原点とされる万葉歌人・山部赤人の「望不尽山歌」は、本当に秀麗な富士山を詠み込んだものだったのだろうか。

2 「望不尽山歌」を諳《そら》んじる

百人一首の山部赤人「田子の浦」の短歌（『新古今和歌集』収録）

本書において、筆者が赤人の〝富士の歌〟にとりわけ注意を向けたのは、一般的評価への疑問もさることながら、自らがその存在すらおろそかにしてきた長歌の中味がどのようなものなのかを、何より知りたいと思ったからである

そこで私は、これまでの反省もこめ、赤人の長歌「望不尽山歌」に出来るだけ多く親しむため、この歌（長歌）を正確に何度も詠み返すことに努めた。声に出し、手ずから書写することも幾たびと繰り返し、諳《そら》んずることができるまでになった。その時の感動は、言葉ではとても言い尽くせない。

〔1〕「格調高さ」は何《いず》れに因るのか

筆者は、長歌・短歌を問わず、「歌」についてはいかほどの知識も持ち合わせていなかった。だが、「歌」についてはズブの素人が、赤人のこの「望不尽山歌」を詠んで、いきなり驚かされたのである。「何という格調の高さだろう」と。それは、繰り返し詠んだ結果としてではなく、最初からの印象だった。そして、最初のその強い印象から、繰り返し詠んでみたくなったのであって、その逆ではなかった。

それほどに、この歌からはある種の品格が感じられたのである。その要因は何処《いずこ》にあったのだろうか。読み返すにつれて、それは、二つの面から考えられるようになった。一つは、表現形式に関わるものである。各音節の頭に、キーと思われる言葉が置かれ、それによって詠む者は自ずと天界の高みへと惹き寄せられてゆく。たとえば、「天地《あめつち》の〜」、「神《かむ》さびて〜」、「天《あま》の原〜」、「渡る日の〜」などがそうだ。

それらの言葉を口ずさむと、音の強弱や高低の変化など、抑揚をつけた歌い方が、自然と口をついて出てくるのである。韻をふんでいるがゆえなのか、全体に心地よいリズム感があることも、格調の高さにつながっていよう。

もう一つは、言葉の持つ意味がもたらす、歌の内容に関わる問題である。とくに、右に挙げたようなキーとなる用語が当然注目されてくるが、その詳細については、次の〔2〕の項で具体的に見てみることにしたい。

〔2〕高橋虫磨呂の歌と比べる

赤人の「望不尽山歌」としばしば比べられるのが、同じく奈良時代初期の万葉歌人、高橋虫磨呂の歌である。先述の紹介と重複するが、虫磨呂の「詠不尽山歌」の前半部を再度引用する。

「（なまよみの）甲斐の国　打ち寄する駿河の国と　こちごちの国のみ中ゆ　出で立てる不尽の高嶺は　天雲もい行き憚り　飛ぶ鳥も　翔びも上がらず　燎ゆる火を　雪もて消ち降る雪を　火もて消ちつつ　言ひもかね　名づけも知らに　霊《あや》しくも　坐す神かも（以下略）」

雪煙を舞い上げながら、荒れ狂う冬の富士山頂（忍野村側より）

右の虫磨呂の歌を詠んだ感想は、赤人のものとはだいぶちがう。その叙述表現において、虫磨呂が、自然界の諸相――行雲や翔鳥、燎火に飛雪と、さまざまな事象を並べて、「不尽」の偉大さと神秘を描き出そうと努めていることが理解される。赤人と同じことばを意識して使っているのではなかろうかと、思わせられるところもある。

にもかかわらず、虫磨呂の歌からは赤人の歌のような格調の高さは伝わってこない。リズム感にも乏しいせいか、抑揚をつけ、繰り返し諳《そら》

歌川広重画『不二三十六景・駿河薩埵岳嶺』（静岡市清水区）

んじようとの思いがわき起こってこないのである。おそらくそこには、表現技術や歌人としての詩才力量の差を超えた、対象たる自然界（神々の世界も含めて）への認識の深さの違いがあるのかもしれない。あるいは、人間としての品格（人格）の問題が横たわっているのだろうか。

いずれにしても、この虫磨呂の歌との比較によって、赤人の歌の格調の高さがより鮮明となったように筆者には思える。赤人の「望不尽山歌」は、歌格（歌の品格）の雄大さにおいて、特別な存在であった。

3　山部赤人は何を歌おうとしたか

赤人の「望不尽山歌」には、品格を醸《かも》し出す言葉が音節の節目ごとに置かれていた。それらがキーワードとなって、抑揚をつけた歌い出しにも繋がっている。問題は、赤人がそれらの言葉に込めた意味が何だったのかということだ。

「天地《あめつち》」、「神《かむ》さびて」、「天《あま》の原」は、いずれも人の世界とは違う、天上界、自然界をも超越した、神々の世界でのことである。たとえば、「神さびて」に注目してみよう。辞書を見ると、「神さびる＝こうごうしくなる」とある。「神々しい」などというと、光り輝く「後光」（光背）というような意味にとられかねない。しかし、そんな現世利益《げんぜりやく》的な薄っぺらなものではない。もっとおそろしくて凄まじい、神々が〝本性《ほんしょう》〟を剥《む》き出したような状態が、「神さびて」には込められているのではなかろうか。

　そうした、〝神さびた〟天上界から仰ぎ見た「不尽の高嶺」が日月や雲雪をもって歌い上げられるわけだが、赤人は下界とは明らかに異なる富士山の状態を、そこにみていた。——それは、天空を渡る太陽がその姿を隠し、月の光も見えない、昼も夜も光が遮られた、闇夜同然の世界である。

現在の薩埵峠付近・駿河湾から見上げた富士山（赤人はこの辺りから見た富士を歌ったと伝えられる）

　さらに、天空へ立ち昇る白雲が行く手を塞がれてさ迷い、季節でもないのに（夏のことだろう）雪が降っている。「時じくそ～」は、人の世界とは違う時間がそこに流れていること、いわば〝天界の時計〟が回っていることを表した、霊妙なる言葉だともいえよう。

　この、昼夜とも光が見えず、白雲が行き場を失ってさ迷い、季節はずれの雪が降る…、地上世界とは紛れもなく違う富士山の「異状」の凄まじさを、赤人は意識していたのではないか。あるいは、それは不吉な出来事（天皇の死や政変など）が起きる先兆せ《さきじら》（前ぶれ現象）かもしれない、と。そこまで思いをめぐらしていたかどうかはわからないにしても、この歌によって赤人が何を一番伝えたいと思っていたか、その深奥に秘められた心根《こころね》のようなものが、見えてきた気がするのである。

4　〝荒ぶる不尽〟の真景――むすびに代えて

「不尽の高嶺」が聳えたつ天空は、人の住む下界とはおよそ異なる、〝神さびた〟荒ぶる神々の世界だった。そこはまた、人を寄せつけない、凄まじいまでの自然のおそろしさに溢れていた。

そうした「不尽山」を仰ぎ見て、赤人は神々の世界への崇敬と自然界への畏怖の念を懐き、この歌を詠んだにちがいない。とりわけ目を見はらされるのは、地上世界とは明らかに違う富士山の「異状」がいかに凄まじいものだったかが、鮮烈に歌われていたことである。その「異状」とは、一体何だったのか――。

赤人がこの歌を詠んだ〝万葉の時代〟、八世紀初めは富士山が火山活動期に入っており、噴火現象がすでに始まっていた。それは、先に見た高橋虫磨呂の「詠不尽山歌」からも明らかなところだ。したがって、赤人は盛んに火山活動を始めていた富士山を目の当たりに仰ぎ見て、この歌を詠んだものと見なされよう。

すなわち、天空に仰がれる「不尽の高嶺」に、「渡る日（陽）」が隠れ、「照る月の光」も見えず、「白雲も」行き場を失い、季節はずれに「雪が降る」――。それらはいずれも、火山の噴火活動あるいは噴煙の影響により、富士山で実際に起きた気象の異状を描写したものではなかろうか。

司馬江漢画『駿河湾富士遠望図』（寛政12年）　赤人の「望不尽山歌」のイメージが甦る

　もっとも、先にもふれた詩人の大岡信《まこと》は、赤人のこの歌（長歌・短歌とも）を純然たる叙景歌にすぎないとし、噴火への言及がないと否定的に述べる[注④]。真意のほどはいまひとつ定かでないが、正確な理解とはいえないように思える。

　たしかに赤人は、虫磨呂の歌に見るような直接的表現で噴火活動を詠んではいない。噴火を暗示する言葉は、歌の中に何一つ見られないといってよいだろう。「不尽山」に起きている〝異状〟を自然の神秘として、平淡かつ静然と（叙景歌らしく）、歌い上げているにすぎないように見える。

　しかし、そのことが却って、火山活動期にあった〝荒ぶる不尽〟の在るがままの姿を、如実に表すこととなった。そういう、いわば奥ゆかしさを持った表現こそ、赤人の歌において格調の高さを感じさせる要因ともなっているのではなかろうか。

赤人は、尽きることのない〝荒ぶる不尽〟への崇敬と畏怖の念を、後世に語り継ぎ、言い伝えてゆくことの尊さを、何より重要と考えていた。

「語り継ぎ　言ひ継ぎ行かむ　不尽の高嶺は」

「望不尽山歌」の結びの余韻が、いつまでも心に響きわたる……。それは、秀麗なる富士山を賞でつつも、自然のおそろしさを蔑ろにし、崇敬の念を忘れた現代へ、警鐘を鳴らしていると読むことができるのではなかろうか。

四　富士山と龍――「富岳登龍図」の諸相と性格

富士山は走湯山同様、「龍」の存在と無縁ではなかったのではなかろうか。その秀麗な姿とは正反対に、富士山は噴火をしばしば繰り返してきた、荒々しくおそろしい火の山だった。そして、この〝荒ぶる不尽〟は「龍」（龍神）によってさまざまに形象化されてきたのである。富士山に「神龍」が棲むという考えは古来より見られ、それは近年に至るまで連綿と生きつづけてきた。たとえば、近世期以降の富士山と龍を組み合わせた「富士越の龍」の絵画資料や工芸品の中にも見ることができる。

そこで以下、「富岳登龍図」を中心に、その諸相のいくつかを取り上げて見ることにしたい。それらの絵が何を表わし、また、そこにどんな意味が隠されていたのか、絵を鑑賞しながら見てゆこうと思う。

1 「富岳登龍図」の諸相

〔1〕成因と由来

近世以降、富士山の絵画資料の中に、霊峰富士を目がけて龍が登る姿を画題とした「富岳登龍図」が描かれるようになる。その数、二十六例に及ぶとされ、とくに江戸中〜後期に多く見られた。狩野派・文人画家・琳派・浮世絵師などさまざまな流派にわたるが、なかでも狩野探幽、蠣崎波響、谷文晁、酒井抱一、鈴木其一、葛飾北斎、狩野永岳といった著名絵師の名前が挙げられる。注⑤

いったい、この「富士山に龍」という不可思議な取り合わせは、どのようにして生まれたのであろうか。その背景には、すでに述べてきたように、富士山と関わりの深かった古代・中世における走湯山の影響があったものと思われる。すなわち、富士山を開いた末代上人（富士上人）の存在と相まって、『走湯山縁起』に描かれた「神龍」の世界は、富士山についても語り伝えられてきたのではなかろうか、ということである。

これを古代中国あるいは仏教的要因を加えた、わが国固有の「龍」というものの姿に立ち返ってみると、富士山に龍が棲むという画想《イメージ》は、ごく自然のことであったのではないかと思えてくる。

「富岳登龍図」の成立に最も影響を与えたとされる狩野探幽の「富士山図」（江戸初期）

「龍」は水辺とともに、山に多く棲んでいた。なかでも、「霊山」といわれる聖なる山には、龍が必ずいたといってよい。天に昇る、より高くに登るのが龍だったとすれば、山に多くいたのは、そこが天により近い場所だったからだろう。いわんや、わが国で一番の高さを誇る富士山においてをや、だ。

それらを前景に見たうえで、「富岳登龍図」が登場する経緯をたどってみると、そのもっとも早い事例は、江戸初期の狩野探幽によるものとされている。すなわち、同時期、漢詩人・書家の石川丈山（一五八三〜一六七二）が「富士山」と題する漢詩の中で、富士山頂にある淵に「神龍」が棲むことを詠んだ。これを、丈山と親交のあった探幽が画に表わしたのが、「富岳登龍図」の始まりだとされている。注⑥

そのほか、同じ漢詩人の藤惺梅《とうせいばい》が寛文十二年（一六七二）に名古屋から江戸へ赴いた紀行文『東海紀行』の中にも富士山の神龍が描かれていた。

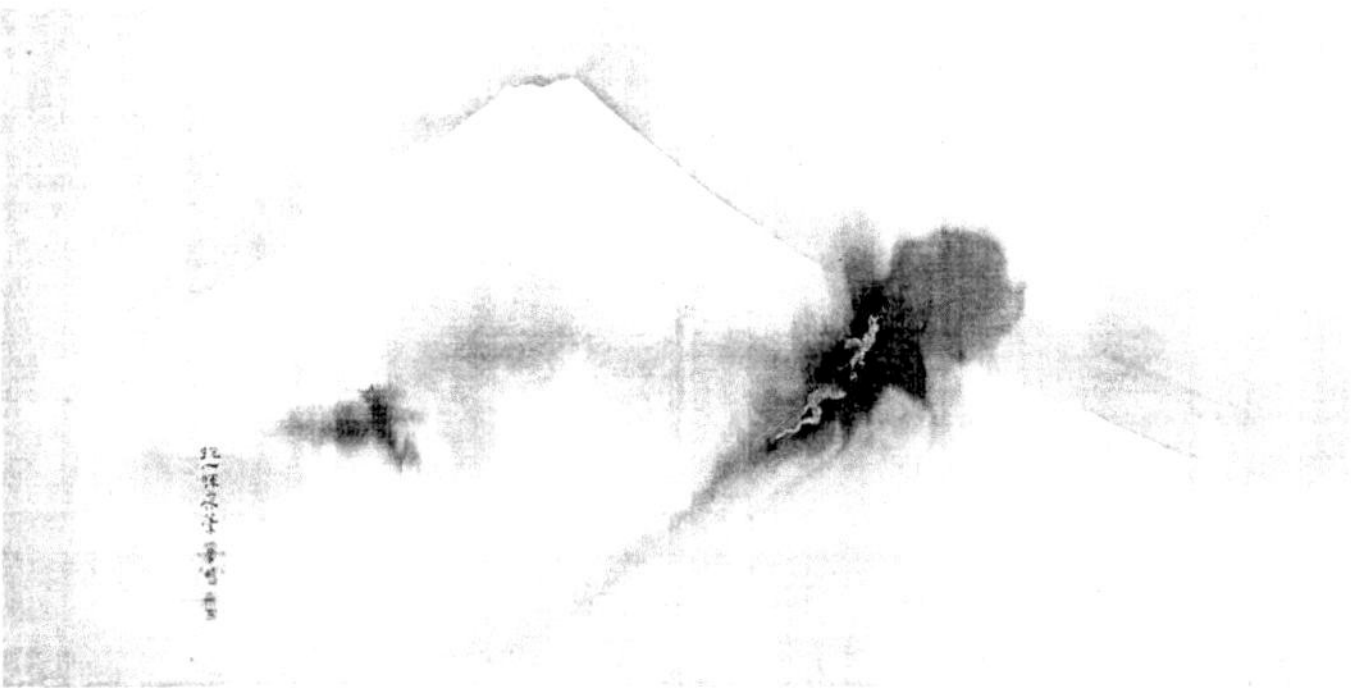

酒井抱一画『富士山に昇龍』（江戸後期・文化文政頃、江戸東京博物館蔵）

いずれにしても、江戸初期、丈山・惺梅に見られるように、霊峰富士の神秘性が、神々の化身として形象化された龍によって、一層高められようとしていたことがわかる。

〔2〕**「登龍図」の諸事例**——絵画資料から

こうして生まれた「富岳登龍図」は、二十数例に及んだとされる。そのうち、美術館の展示や図録などにより見ることのできる作品例のいくつかを、以下に掲げておきたい。

（イ）酒井抱一『富士山に昇龍』

絹本墨画・一幅（五三・八㎝×一一一・八㎝）、江戸時代、江戸東京博物館蔵。年代は「江戸時代」とのみあり特定されていないが、作者抱一の生没年（宝暦十一〜文政十一年）、および江戸を中心に活躍したその履歴等から見て、江戸後期・文化文政頃の作画と推定される。抱一は号。姫路藩主酒井忠以《ただざね》の弟で、名は忠因《ただなお》。ほかに、「杜竜」、「画華庵」などの号を持つ。

本図は、抱一の養子で画家の鶯蒲が生まれた（文化五年）、東京市ヶ谷薬王寺町・浄栄寺（築地本願寺派）に伝来した。同寺住職の話によると、江戸後期、寺には文化人が多く集まり、当時、江戸琳派の絵師・俳人として知られた抱一もしばしば訪れていたという。

平成二十五年八月、熱海・MOA美術館で開催された「描かれた富士」特別展にて実見したが、本図の富士山と龍は、画絹の素地の白さを生かして描かれているのが目を見はらせた。龍には通例、黒雲の中に風雨をもたらす水神としてのイメージがつきまとう。本図では、龍は富士山の中腹に現れた黒雲を纏《まと》って右斜め上方へ昇ろうとしている。そこには、恵みの雨を呼ぶ潤いを帯びた瑞々しさが見てとれる。だが、龍がめざしているのが富士山の頂きではなく、山の中ほどなのは、何か意味が隠されているようにも思える。（後述、一八七頁、絵図）

（ロ）葛飾北斎「登龍の不二」

本図は、江戸後期に活躍した天才浮世絵師・葛飾北斎の『富嶽百景』（一〇二図）に収録されている。同書は、風景版画の一大傑作『富嶽三十六景』と並ぶ北斎の代表作である。天保五年（一八三四）から六年にかけて刊行され、北斎七十代半ばの作品である。霊峰富士の諸相が、北斎独自の手法でさまざまな角度から描き出されている。

「登龍の不二」は、構図と画想の面白さがきわだっている。何より目につくのは、他の「登龍図」の龍が一様に小さく細身なのと比べると、頭と肢の爪がとりわけ大きく描かれており、異様である。遠近法による誇張がそこに感じとれるが、一方の霊峰富士のほうは、雪をいただいて高く聳えたち、秀麗さを静かに漂わせている。

この、不二の雄姿を遠く仰ぎ見て、渦巻く白雲の中から現れ出た龍は、頭をもたげ眼光鋭く頂きを見上げている。だが、その姿はどこかふつうではない。まるで、敵わぬ強大な相手に抗うかのように、両肢の大きな爪をいっぱいに開き、鱗《うろこ》を逆立てているのか、かなりの興奮状態のように見える。

葛飾北斎画「登龍の不二」（『富嶽百景』所収、天保５年）

　龍と不二のこの好対照な姿は何を表わしているのか。山裾あるいは海上から沸きたつ白雲を纏《まと》い、龍はたしかに不二の高峰《たかね》を目ざしていた。「登龍の不二」とあるのだから、北斎もそれを意識していたはずだ。

　ところが、神々しいまでに悠然と輝く不二の高峰に龍は畏れをいだき、その秀麗さに圧倒されてしまったのではないか。絵を見て、私にはそう思えた。風雨をもたらすという雲が、ふつうの「黒雲」ではなく、モコモコした円くて渦巻状の白雲なのも、おかし味を醸し出している。しかし、何より画想全体の奇抜さは、他には見られない北斎ならではのものといえるだろう。

ちなみに、北斎にはこれとは別に、最晩年の亡くなる年（嘉永二年）に画かれた「富士越龍図」の肉筆画があり、それとの比較も興味をそそられる。

（八）狩野永岳『富嶽登龍図』

絹本墨画一幅（一七九・〇㎝×八七・〇㎝）、嘉永五年（一八五二）、静岡県立美術館蔵。

作者・狩野永岳（寛政二《一七九〇》〜慶応三年《一八六七》）は京狩野家九代目で、上方を中心に活躍した江戸後期の絵師である。弘化三年（一八四六）、皇室絵師を仰せつかるが、紀州徳川家や彦根井伊家などの画作も行なった。本図は、後に桜田門外の変で暗殺された幕府大老・井伊直弼の面前で描かれたことが、箱と軸芯の墨書銘からわかる。注⑦

本図も、平成二十五年（二〇一三）、ＭＯＡ美術館における「描かれた富士」特別展で実見した。全体に墨の濃淡のぼかしが自在に生かされ、水墨画らしい躍動感あふれる画面を作り出している。幕末の政情不安がそこに投影されているとの印象は、直弼の目の前で描かれたことにもよろうか。（一八三頁絵図参照）

主題の富士山を目ざす龍は淡いタッチで小さく描かれ、わかりづらいが、目を凝らしてよく見ると、まさしく龍の姿だ。頭には尖った二本の角が生え、口元から長い髭が伸びている。S字状にくねらせた躰からは四肢が出ており、爪も描かれているようだ。目は決して鋭いとはいえないが、静然と屹立する富士の頂きを真っすぐに見上げている。

前景へ眼を落とすと、逆巻く波が勢いよく水しぶきを上げ、荒れ狂っている。そして、大海原から立ち昇る風と波によって潤いを帯びた雨雲がいよいよ勢いを増して富士山へ向かっているのが見える。その中を瑞々しい力をいっぱいに蓄えた龍が、今まさに霊峰富士の高みへと急登しようとしている。

この、富岳と龍の〝競演〟によって醸し出された力強さ溢れる神秘の情景は、いったい何を表わしているのだろう。そこには、幕末の時代背景も重ね合わさって、他の「登龍図」にはみられない霊《あや》しげなる緊迫感を漂わせている。

（二）横山大観『或る日の太平洋』

紙本墨画彩色（一三五㎝×六八・五㎝）、昭和二十七年（一九五二）、東京国立近代美術館蔵。

本図は、近代日本画の巨匠・横山大観の戦後における富士山図の一大傑作とされる。前景より画面いっぱいに描かれた、怒濤のような冬の海から冷たい季節風が吹き上げ、荒波が凄まじさを増して押し寄せている。暗い雨雲の帯の間に、稲妻が走っているのも見える。

横山大観画「或る日の太平洋」（昭和27年、東京国立近代美術館蔵）

その中に、風雨と大

波とで勢いづいた龍が、富士山頂を目がけて上昇しようとしている姿が眼にとまる。だが、見る者をさらに圧倒するのは、画面上方遥か遠く、荒涼たる大海原とはまるで別世界のように、神々しく超然と聳え立つ霊峰富士の姿である。

この、動と静の描写に見られるみごとなコントラストの妙は、大観ならではのものだろう。絵は、富士山、龍、波（海）が主題となっており、「富岳登龍図」の伝統が踏まえられているといえる。しかし、年代的ズレとも相まって、信仰的な意味合いが薄れており、江戸期の「登龍図」とは一線が画されよう。大観が絵に表わそうとしたものは、「登龍図」という〝かたち〟（形）を借りながらも、あくまで霊峰富士そのものであった。そこには、龍に仮託された大観自身の、理想（富岳）を追い求め続ける姿が変わらずにあったといえよう。

なお、本図は前出・狩野永岳の作品との類似が問題とされるが、真相はいまだ明らかとはいえない。本作品が発表されたとき、その奇抜さが注目されたが、しかし、絵の発想（画想）は必ずしも大観独自のものであったとはいえないのではなかろうか。

〔3〕**工芸品に見る「富岳登龍図」**

「富士越えの龍」は、絵画資料だけでなく、工芸品などの中にも、デザインとしてとりいれられた作品がいくつか知られる。限られた資料に拠った数例にすぎないが、次のようなものが挙げられる。注⑧

（イ）富士山型絵皿

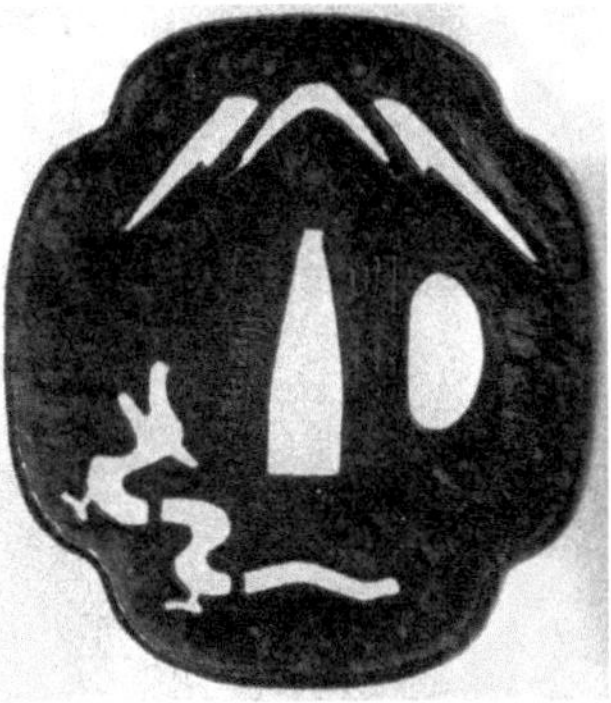

富岳龍透鐔　刀の鐔に富士山と龍を合わせて透かし彫りしたもの（江戸後期）

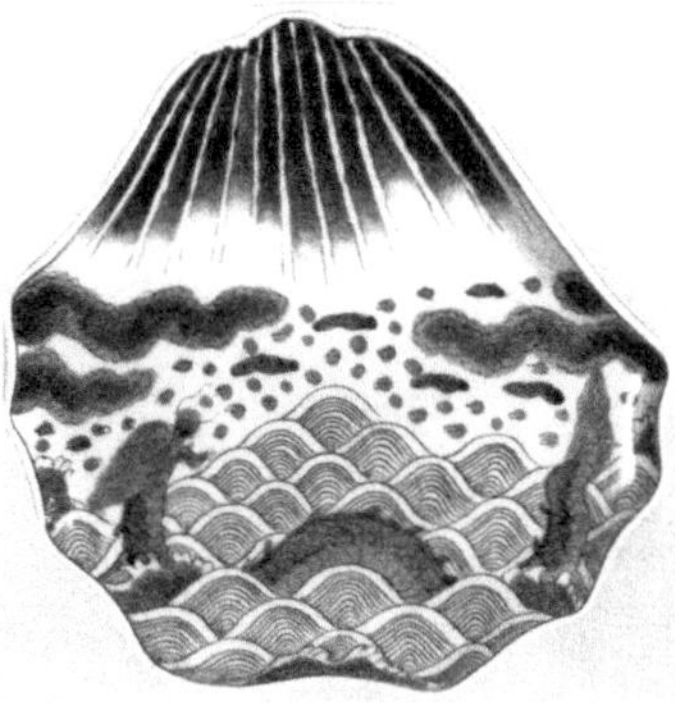

富士山の山形に龍と青海波をあしらった絵皿（江戸後期）

三峰形富士山の山型と、その前景に龍と青海波を図案化して表わした絵皿である。江戸後期の作と伝えるが、作者の名は不明である。

龍は、ヤマ型の青い大波の上に横たわり、富士山の頂き目がけて叫んでいるかのようだ。富士山と大波の龍の間には、横長のにょろっとした黒い帯と、そのあいだにちりばめられた黒点が描かれている。これは、大海原から立ち昇った龍が黒雲を呼び、雨を降らせている状景を表わしたものだろう。いうまでもないが、龍は恵みの雨をもたらす水神の化神（化現）である。

（ロ）「富岳龍透《すかし》鐔」

刀の鐔《つば》に富士山をあしらったものは江戸中・後期にいくつか知られるが、龍を組み合わせたこの「富岳龍」の鐔は珍しいものではなかろうか。鞘を止め金で装着する穴が二つ空けられ、その上に三峰型の富士山を、左下に龍が透かし彫りされる。龍が上方の富士山を見上げた構図から、「富岳登龍図」を表わしたものと見てよかろう。鉄製だが黒ずんだ鐔の金具に空けられた絵模様の透《すか》し（穴）が、まるで影絵のようで美しく趣きがある。

中央の徳利型の穴の左右に、作者と見られる「明珍宗朝」の名が刻まれている。この「明珍」なる工人の来歴などは定かでないが、おそらく鋳物師として江戸へ出て、そこそこ名を知られていたのではなかろうか。年号もないが、江戸中期以降のものと見られよう。

（八）小柄《こづか》の富士山と龍

小柄の持ち手に、富士山を浮彫り（象嵌《ぞうがん》）したものである。富士山のみをあしらったシンプルなもののほか、龍と組み合わせて、より豪華さを際立たせたものもある。銀象嵌《ぞうがん》らしき雪を頂く富岳の右側に、青黒味を帯びた金銅色に輝く龍が横たわり、重厚さを漂わせている。横並びの細長い形状だが、「富士越えの龍」があしらわれていることはまちがいない。

2 富士山の「龍」が語るもの――「富岳登龍図」の信仰的性格

絵画資料などに見られるような、富士山と龍を組み合わせた「富岳登龍図」は何を表わし、本来どのような意味を持っていたのだろう。

江戸中期以降などの場合、吉祥の画題としてもてはやされるようになったといわれるが、もともとは富士山という山の自然とその歴史から生み出された、山岳信仰的な性格が秘められていたといえるのではなかろうか。

次に、そうしたいにしえよりの富士山と龍の関係に基づいた「登龍図」の信仰的性格について見てみようと思う。

〔1〕水神としての「龍」と富士山

「龍」が海辺や湖水、池沼や河川など水辺に多く棲んでいたことはよく知られるが、それは水神として表徴されたものであったことはいうまでもない。同様に、霊山といわれる聖なる山にも必ずといってよいほど龍がいたのは、そこが雨や雪をもたらす天空により近い場所であったからだろう。そこにも水神としての性格が色濃く見られたのである。

とりわけ、霊山の最高峰たる富士山においては、顕著にみられた。『富岳登龍図』の起源たる江戸初期の狩野探幽筆『富士に龍図』（寛文二年〈一六六二〉）の基とされる、漢詩人・石川丈山の「富士山」と題する一節には、次のように詠われている。注⑨

「仙客来たり遊ぶ雲外の巓《いただき》、神龍栖《す》み老《あら》す洞中の淵、雪紈《がん》素《そ》の如く、煙は柄《え》の如し、白扇倒《さかさま》に懸る、東海の天」（原漢詩文）

富士山の頂きにある岩穴（龍穴か）に溜まった池中の淵に神龍が棲んでいるというのである。後半部に見える「煙は柄《え》の如し」とは、富士山の噴火を裏づけるもので、次項「火神としての龍」に関わるものである。

また、同じく漢詩人の藤惺梅《とうせいばい》が、寛文十二年（一六七二）、自らの『東海紀行』注⑩の中で、

「日月出る時、半腰に輝く、此山素《もと》より神龍の住めるあり、雲行雨施して磨を旋《めぐら》すに似たり、疑い見る天樞富士の峯」（原漢詩文）

と記している。江戸初期、丈山の詠んだ山頂の淵にいついた神龍、惺梅の描いた行雲により雨施す龍、いずれも富士山に棲む神龍の水神としての姿を表わしたものといってよいだろう。

こうした、古来よりの富士山との関係における龍の水神としての性格は、その後、江戸中・後期を中心に展開した「富岳登龍図」の中で、どのように描かれていたのであろうか。先の四人の画家の絵の事例で、その一端をかいま見てみよう。

〈登龍図の水神的性格〉

（イ）抱一「昇龍図」

絹地に銀箔をほどこしたような気高さをたたえた龍が、富士山の中腹に現れた黒雲の中を右斜め上方へ昇ろうとしている。それは、水神の化身である龍が富士山を天空に仰ぎ、黒雲から恵みの雨をもたらそうとする姿を描いているといえよう。その場所が中腹であるのはどこか不自然に見えるが、それは後で改めてふれる。（一七三頁、絵図参照）

（ロ）北斎「登龍の不二」

海上からわき立つ渦巻き状の白雲を纏《まと》い、龍は神々しく輝く富士の高峰を目ざそうとしている。しかし、大きな頭を真上にあげ、肢の爪をいっぱいに開いたその姿は、かなりの興奮状態に見える。それは、円い渦巻模様の雲と相まって、ダイナミックに吹き荒れる、より強力な雨風をもたらそうと、水神たる龍が聖なる富士（＝山神）に祈っている（懇願している）状景を表わしたものであろう。（一七五頁、絵図参照）

（ハ）永岳「登龍図」

力強さに溢れるこの絵には、幕末の時代背景が投影され、不穏な緊迫感が漂っていた。しかし、永岳がここで最も描きたかったのは、富岳（＝山神）と龍（＝水神）の競演によって生み出された、神聖なる瑞々しいエネルギーではなかったろうか。とりわけ、恵みの雨をもたらす龍の水神的性格からすれば、永岳の海、波しぶき、風、雲といった自然の事象を巧みに操るその術《すべ》は、まさに神業《かみわざ》的だったといってもよかろう。（左絵図参照）

（二）大観「或る日の太平洋」

本図では、怒濤のような大海原から吹き上げる荒波と風雨によって勢いづいた龍が、まさに黒雲の中から超然と聳え立つ富士山をめざして、上昇しようとしている。それは、風雨をもたらす水神としての龍そのものの姿である。しかし、そうした「登龍図」という〝かたち〟を借りながらも、大観がそこに描いたのは、あくまでも霊峰富士そのものだった。富岳を目ざす龍は、おそらく理想（＝富士）を追い求めつづける大観自身だったろう。（一七七頁、絵図参照）

狩野永岳画『富嶽登龍図』（嘉永5年、静岡県立美術館蔵）

〈龍図の特色〉

右の四つの「富岳登龍図」にみられる水神としての龍を特徴づけると、（1）海や波しぶき、風などによって勢いを得、山の高みへ向かおうとしていること、（2）そして、潤いをいっぱいに蓄わえ、激しく吹き荒れる風雨をともないながら、雲の中を富士山目がけて上昇している。その際、水神たる龍が山頂を目ざしたのは、富士山神を水分神《みくまりのかみ》と見なしていたからではなかろうか。（抱一「富士山に昇龍」を除く）

なかでも、共通して見られる一番の特徴は、雲の存在であろう。黒雲が現われると、そこには必ず龍がおり、恵みの雨と風がもたらされた。〝黒雲〟がふつうだが、北斎「登龍の不二」のように、渦巻状の〝白雲〟もあった。この恵みの雨をもたらす雲の瑞々しさは、龍が雨乞いの神、農耕神ともいわれる由縁であろう。

『一遍聖絵』巻八（第二段）「丹後国久美の浜にて海中より龍現わる」（『新修日本絵巻物全集』第11巻、昭和50年、角川書店）

ちなみに、有名な『一遍聖絵』巻八（第二段）の中にも、龍が海中から現れ、黒雲を纏って力強く上昇する場面が描かれている。龍はどこを目ざしているのか。昇天するその姿は瑞々しさに溢れ、迫力はきわだっている。

詞書および図版解説（宮次男）によると、右の状景は、弘安八年（一二八五）五月、山陽道を遡る一遍ら一行が、天の橋立にほど近い久美の浜で念仏を唱えている最中に遭遇したこととされる。その後、但馬の「くみ」というところにも龍は現れた。人々は、海中より昇天したこの龍を、腰まで水に浸って供養したという。その時語った一遍のことばが、「詞書」の一節に見える。

「（前略）たゞいまの龍の供養をなさむとするぞ、供養には水を用る事也、たゞぬれよとの給ければ、やがて雨ふり雷なりて人みなぬれにけり。」

まこと、瑞々しさ溢れる龍の本性を心得し尽くしたかのような一遍の教説に、感応させられる。時代は中世鎌倉期に遡るが、江戸期の絵師らによる「富岳登龍図」の原点は、案外、このあたりにあったといえるかもしれない。

〔2〕**火神（火雷神）としての「龍」と富士山**

このように、「富岳登龍図」における龍の性格は、いずれも水神としてのものであった。しかし、龍の〝神格〟は、はたしてそれだけだったのだろうか。

いうまでもなく富士山は、現在は活動休止期だが、まぎれもない活火山である。すでに詳述したように、とりわけ八世紀末から十一世紀末にかけての火山活動期にはしばしば噴火をくり返し、大きな被害をもたらした。それは、『万葉集』にも歌われたことは見てきたとおりである。

その後近世期に至ると、先に取り上げた石川丈山の『富士山』と題する漢詩文の中にも、「（前略）煙は柄《え》の如し、白扇倒《さかさま》に懸る、東海の天」などと見え、火の山としての描写は、記

葛飾北斎画『富士越龍図』
嘉永元年、北斎館収蔵

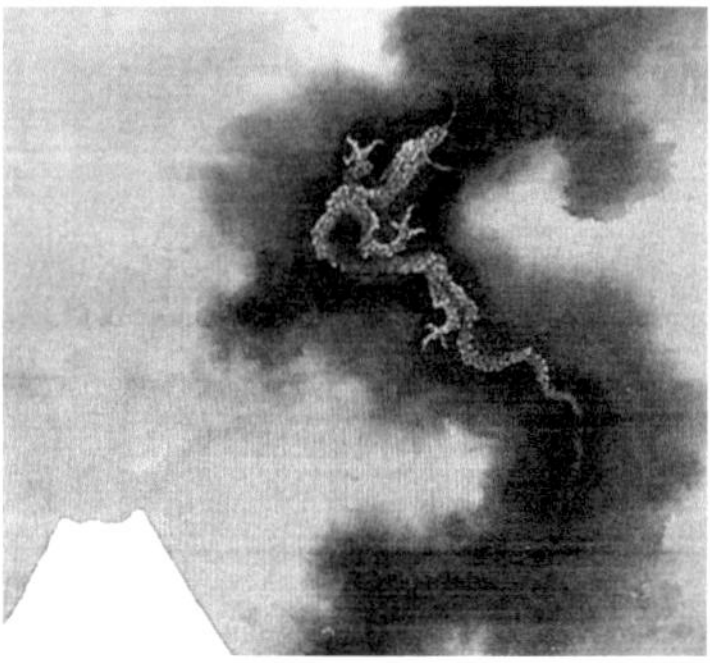

同右・拡大図

録からは知ることができるが、なぜか絵画資料には見いだせなかった。

ところが、例外が一つあった。十一世紀後半から富士山は活動休止期に入り、その後中世をまたいで江戸中期（十八世紀初め）の宝永大噴火まで目立った火山活動はなかった。それが、鎌倉期・元亨三年（一三二三）の『遊行上人縁起絵』巻八・富士山図の場面を見ると、山頂から棚引く黒い噴煙がまちがいなく画きこまれている。これは、噴火する富士山を描いた唯一の絵画とされている。（一五七頁、絵図参照。現在、最後の裏富士とも）

では、「富岳登龍図」はどうなのか改めて見直してみると、先の四事例以外に火山神と関わると思われるものが一つあった。

葛飾北斎には、すでに見た『富嶽百景』中の「登龍の不二」のほか、最晩年に「富士越龍図」の肉筆画がある。嘉永二年（一八四九）正月、九十歳で亡くなる数カ月前のものだが、創造性に溢れたエネルギッシュな作品とされ、ここに噴火する富士山が描かれているのだ。

本図は、平成二十六年（二〇一四）一月にBSフジTVで取り上げられたが、筆者はあいにく番組を直かに見られなかった。そのため、テレビ局へ問合わせて、内容の照会をもとめたが、返答を得られなかった。

ただ、番組の紹介文などによると、〝北斎の見た富士山の真実〟とあって、絵図は雪の富士山から立ち昇る、黒い噴煙の中に龍が登る姿を描いたものとされている。これが間違いないとすれば、北斎のこの「富士越龍図」は、まさしく火山神（火神）としての龍を描いたものであることになる。それは、〝荒ぶる富士〟にもっともふさわしい姿ではなかろうか。

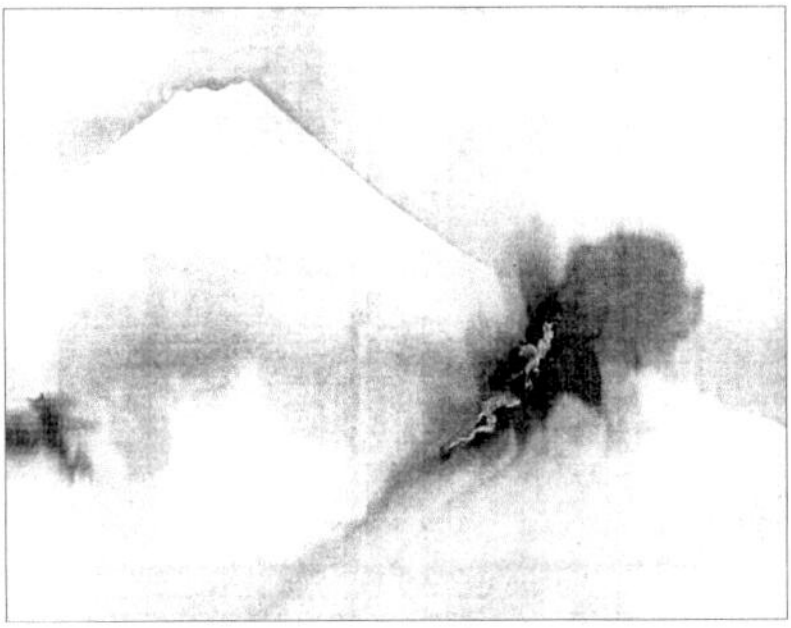
前掲・酒井抱一画『富士山に昇龍』部分図

なお、この「富士越龍図」の原図は、長野県小布施町の北斎館所蔵品とされる。その後、平成二十九年（二〇一七）五月、同館ホームページよりダウンロードされたものをたまま見る機会を得たが、本図の解説文には、次のようにあった。

「雄大な富士に、黒雲とともに龍が昇天する図柄である。全体に墨絵の筆致で描かれ、北斎独特の幾何学的山容の富士、雲を呼び昇天する龍に自らをなぞらえる、北斎最晩年の心象と見ることも可能な一幅である。（後略）」

富士山から立ち昇る黒い噴煙の中に龍が昇天する構図は、富士火山が龍のマグマ活動によって生成されたことを象徴的に表わしたものと思われる。

宝永噴火を起こした火口が南東斜面に見える（沼津市・狩野川沿いより）

富士山が東麓に積もらせた宝永噴火の火山灰。縞の一枚一枚が一回の大噴火に相当する（御殿場市上柴怒田より）

北斎の「富士越龍図」だけでなく、先述の四つの事例中の酒井抱一画『富士山に昇龍』でも、火神のイメージを喚起する一点に目がとまる。本図は江戸中期の代表的な「富岳登龍図」のひとつだが、龍が右斜め上方の中腹を目ざしているのは、どうしても不自然に見えるからである。なぜ山頂ではなかったのだろう。

思い当たるのは、その場所が宝永山の位置に重なることだ。いうまでもなく、宝永山は江戸中期、宝永四年（一七〇七）の宝永大噴火によって出来たものだ。むろん偶然もあるだろうが、抱一が比較的間近かに起きている宝永噴火の場所（宝永山）を意識して画いたとすれば、龍（龍神）の性格は水神ではなく、火神としてのものと見なしてもよいのではなかろうか。

そして、右に見た北斎『富士越龍図』および抱一『富士山に昇龍』の二図が、火山である富士山の噴火に関わるもの、つまり火神（火山神）としての龍の姿を描いたものと見なすとき、その有力な拠りどころとなる先行例があったことに、思いいたる。

『聖徳太子絵伝』第三面、延久元年（1069）、東博蔵。現存最古の富士山絵図

それは、現存する最古の富士山図といわれる、『聖徳太子絵伝』第三面（一〇六九年）である。絵そのものには、噴火する場面は描かれていないが、これが火山活動休止期に入る直前に描かれたところに大きな意味がある。ここではたびたび噴火を繰り返し、霊峰富士として畏怖される存在となったことからか、富士山は特別巨大に描かれている。その霊峰富士を、神格化された聖徳太子が黒駒に乗って飛び越えるという画想が、そこに生まれた。いいかえれば、富士山の聖性によって、太子の超人性が一層高められているのであり、それは、富岳を越える龍の姿そのものであったといえまいか。

〔3〕出世・繁栄の象徴として

見てきたごとく、「富岳登龍図」は、もともと、山岳信仰的な意味あいから、水分神《みくまり》（水神）あるいは火山神（火神）的な性格を持っていた。主として雨乞い（請雨）祈願など、農耕儀礼的側面が色濃いものであったといえるが、江戸後期以降になると、そうした信仰の意味あいが次第にうすれてゆく。

しかし、富岳と龍の異色の取り合わせは、そのまま衰退はしなかった。やがて、出世・繁栄の象徴として、江戸を中心にもてはやされるようになる。ちなみに、「登龍」は「～昇龍」、「～越龍」とも表わされる。龍が最高峰へ登（昇）り、世界を眼下に見下ろすという意味を持つことから、昇級やお目出たに重ね合わせた吉祥の画題となってゆくのである。

また、似たような言葉で一般によく知られる「登龍門」という語句がある。辞書で見ると、「立身出世・入学などの関門」とあり、中国・黄河上流の急流である「竜門」を鯉などが登れば龍になる、と伝えられる中国の故事にちなんだものとされる。

龍には「君子」とか「皇帝・王」といった位の高い、より高貴な人という意味もあり、それから派生して、出世・昇進につながるとされた。「富岳登龍」「～越龍」も同様に考えられたと見なされよう。

このほか、音通《おんつう》によるものも生まれた。すなわち、「富士」は「不時《ふじ》」に通じ、「時ならざること」＝「不幸」を意味した。一方、「龍」を「たつ」と読めば、「断つ」に通じる。したがって、これを合わせると、「不時を断つ」となり、「不幸を断ち切る」という意味になる。

このように、「富岳登龍図」が本来の意味から離れて、吉祥図様化していったのは何故だろう。その背景には、幕末・維新にいたる激動の社会変革期の中で、その対極により安定した社会の繁栄や平穏、さらには高貴なもの、神聖なるものを人々が求めたということではなかろうか。それが、畏怖されるもの（聖的なるもの）としての富士山と龍に形象化され、その組み合わせによる吉祥画題として「富岳登龍図」は生み出されていったのである。

さらに付け加えるならば、その原点には、先に〝火神としての龍〟で取り上げた、現存最古の富士図たる『聖徳太子絵伝』に描かれる、あの場面があった。甲斐の黒駒にまたがり、霊峰富士を飛び越えてゆく姿には太子の超人性が象徴化され、そこに最高峰をも眼下に見下ろす〝富士越えの龍〟の姿が重ね合わされた。やがてそれは、出世・繁栄の吉祥図様として人気を博してゆくことにつながるのである。

3　走湯山の「神龍」と富士山——むすびに

江戸期「富岳登龍図」の諸相を中心に、富士山と龍の関係について見てきたが、その背景には古来より結びつきの深かった走湯山（伊豆山、日金山）の影響があったことは見逃せないだろう。以下、相互の交流が顕著に見られるようになる、古代平安期から中世・鎌倉期にかけての富士山と走湯山について簡単にふり返り、まとめとしたい。

富士山は、山部赤人の万葉時代（七世紀後半〜八世紀半ば）から、およそ三百年にわたる火山活動期を経て、十一世紀初め（平安後期）にいたり、ようやく鎮静化へと向かった。

宋紫石画『富士山図』一幅、宝暦10年（1760）頃、東博蔵。「写於豆州日金山上」（日金山山頂から眺めた富士山）と画中にあり。

そして十二世紀初め以降、富士山へ登拝する修験山伏や山岳修行者が次第に現われるようになる。なかでも、駿河国の末代上人は〝富士上人〟と称され、数回にわたり山頂をきわめた、いわば歴史上の開祖者といってよい存在であった。上人はもともと、走湯山出身の僧で、若きころより日金山に修行した山岳仏教者であった。この末代上人の行蹟からは、走湯山と富士山がかねてより密接な関係にあったことがうかがえる。たとえば、富士浅間《せんげん》大菩薩＝浅《あさ》間《まの》大神《おおかみ》は走湯権現の本地仏・千手千眼《せんげん》菩薩に由来するとされる。

また、走湯山（日金山、伊豆山）は古来より温泉霊場として知られ、そこに祭祀された温泉神・伊豆山権現（古く火牟須比命）は、化身である「神龍」（赤白二龍）によって形象化されてきた。そのことは、第二章で見てきた『走湯山縁起』巻五の興味深い描写によって明らかなとおりである。

しかも、「縁起」に見られる龍伝承には、末代上人（富士上人）に連なる走湯山の山岳仏教徒（または走湯修験）や、走湯山ゆかりの富士村山修験など、末流の関与もうかがえる。それらを考え合わせると、走湯山と結びつきの深かった富士山が、「龍」（龍神）によって彩られたとしても不思議はないのではなかろうか。

こうした密接な関係を裏付けする双方の共通性も見逃せない。いうまでもないことだが、富士山も走湯山も、双方とも火山であったということである。

富士山が〝荒ぶる不尽〟と称されたのは、まさに火山であることを象徴的に表わしたものである。万葉の時代に山部赤人や高橋虫磨呂が歌ったのは、まさしく噴火する富士山だった。その後、中世鎌倉期の『遊行上人縁起絵』には、絵画資料の中で唯一噴煙たなびく富士山が描かれている。こうして、五百年余の休止期を経て、長き眠りから覚めたかのように、江戸中期・宝永二年の大噴火が起き、人々を驚かせたのである。それは、今から三百年足らず前のことだ。

いっぽう、走湯山（伊豆山、日金山）のほうはどうか。祭神の走湯権現（伊豆山権現）は、古く火牟須比命《ほむすびのみこと》と称された火ノ神（火山神）であった（現在、荒ぶる神といわれる瓊々杵命に比定）。したがって、火ノ神＝火牟須比命を山頂に祭った日金山が火山であったことは明らかだろう。それは、『増訂豆州志稿』に見える日金山の古名「火ケ峰《ひがね》」が「火ノ山」を意味していたことからも裏づけられる。

そこで、『走湯山縁起』巻五の冒頭部分に改めて注目してみると、火山である日金山の地底に「赤白二龍」が臥していたというのは、何を意味していたのか。まずは、火山の地下（地底）といえば、高温のマグマが溜めこまれていたことが想像される。このマグマによって

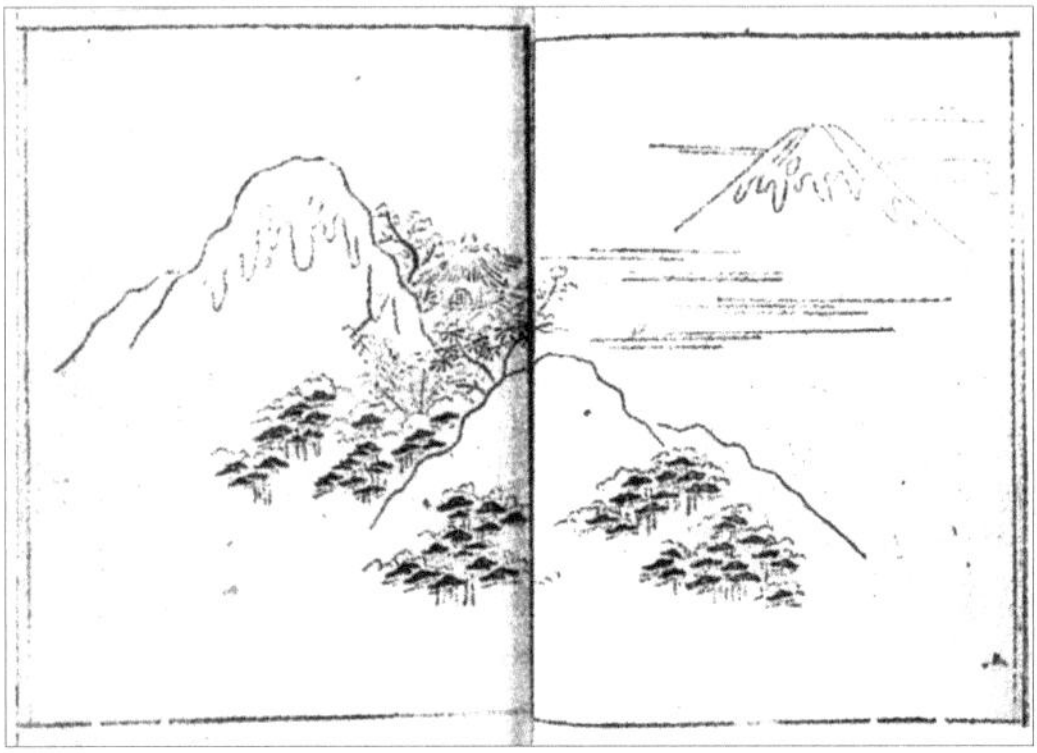

『豆州熱海十景』一册之内「日金暮雪」元禄16年（1703）、東京都立中央図書館蔵。「かきくもる白かねの山はふしに似て　木すゑにふかく見ゆるしら雪」と詠まれる

地下水が熱せられたものが、温泉の源にほかならない。

走湯山の地底に臥していた「赤白二龍」（神龍）とは、温泉神たる走湯権現（火牟須比命）の化身として形象化されたものであったことは明らかであろう。すなわち、『走湯山縁起』巻五に描かれた「神龍」の地下世界の解析で見たように、温泉湧出にまつわる「赤白二龍」のうち「赤」は高温の熱泉を、「白」は水を指していた。そして、「〜交和」とは「交わってほどよいものに変わる」意とみなされることから、「赤白二龍交和して臥す」とは、高温の熱泉と水とが交わり、ほどよい湯加減の「温泉」が得られるという意味になる。

さらには、これを赤＝火神、白＝水神と置きかえれば、走湯山（日金山）の神龍（赤白二龍）は火神であり、水神であったということになろう。

そこで、再び富士山に立ち返ると、富士山にも古来より神龍が棲んでいた。それを絵画化して象徴的に表わしたものが、近世期の「富岳登龍図」であったといってよい。しかも、そこには水神的、火神的なる二つの性格が顕著に見られた。
それは、『走湯山縁起』に描かれた走湯山（日金山）の神龍（赤白二龍）の姿をそのまま投影したものであったといえるのではなかろうか。

注

① 『静岡県史』別編2 自然災害誌〈付録〉平成元年、静岡県
② 『常陸風土記』和銅六年（七一三）成立、大日本文庫・地誌編『風土記集』所収、昭和十年
③ 大岡信「富士の歌―文化としての富士」、『富士山』所収、一九八七年、新潮社
④ 大岡信、前掲・注③に同じ。
⑤ 山下善也「富士の絵、その展開と諸相」、『富士山と日本人』第3章所収、二〇〇二年、青弓社
⑥ 山下善也、前掲・注⑤に同じ。
⑦ 山下善也「狩野永岳筆 富嶽登龍図」、『國華』第一一八四号所収、平成六年七月
⑧ 別冊『太陽』No44「富士」一九八三年十二月、平凡社
⑨ 山下善也、前掲・注⑤に同じ。
⑩ 藤悝梅『東海紀行』寛文十二年（一六七二）

第六章　「火牟須比命」と火ノ神伝承

――日金山「雷電権現」の分祀と主祭神の性格

日金山と火ノ神伝承――プロローグ

筆者はこれまで奥武蔵畑井の伊豆大神（伊豆権現）に熱い思いを寄せてきた。その最大の理由は、奥武蔵伊豆大神が太平洋岸（相模湾）に突き出た伊豆半島の付け根部分にある伊豆山（現、熱海市）から伝えられたという、その〝発信元〟の神々の存在に魅せられたからにほかならない。

伊豆山はかつては「走湯山」とよばれ、古来より高温の湯が豊かに湧き出る温泉霊場として知られていた。正確にいえば、現在の伊豆山神社周辺一帯の峰々と、その後方高くにつらなる日金山（丸山）とから成り立っており、なかでも、伊豆山神社奥宮にあたる「日金山」の名称に注目をしてきたのである。

『万葉集』に「伊豆之高峰」と詠まれた「日金」という名称は「火《ひ》ケ峰《がね》」を指すもので、

「火の山」（火山）とみなされてきた。そのことからも、そこに、「火ノ神」（火山神）が祭神（守護神）として祀られてきたことはまちがいない。それは現在、伊豆山神社の「社伝」の中に御神徳の一つとして記されていることからも知られよう。

このように、奥武蔵伊豆大神の勧請由来をたどると、本社である伊豆山神社が、かつて火ノ神（火山神）を祭神として祀ってきたことは明らかで、筆者はそのことに、いい知れぬ胸のときめきを抱いてきたのである。それは、火山からもたらされた鉱産物に関わる鉱山神や鍛冶神、鋳物師明神など、いわゆる金属伝承との繋がりがそこに輝いて見えてくるからである。

まずは、伊豆権現の祭神の性格をめぐって、火ノ神の伝承を中心に、その痕跡をたどってみようと思う。

一　日金山主祭神の謎――式内「火牟須比命神社」と雷電権現

伊豆山神社は、かつては「火牟須比命《ほむすび》」を主祭神とし、奥宮の日金山山頂に祭られていたとされる。それは、すでに見てきたように「日金」が「火ケ峰」（火の山）を指し、そこに祭られた「火牟須比命」が火ノ神（火山神）であったことを物語っていた。それらは、『増訂豆州志稿』その他の史料によって裏づけられるが、現在の伊豆山神社「社伝」中にも火神としての存在が明記されている。

しかしその後、祭神が日金山から本宮を経て現在地の新宮（伊豆山神社）へ遷移されたため、日金山の旧社地には主祭神たる「火牟須比命」の痕跡は何も残されていない。この遷移の複雑な経緯が、伊豆山の祭神の性格をわかりにくいものにしたといえよう。

1　若宮社の遷移をめぐって

そこで注目されるのは、現在も伊豆山神社境内に摂社として祭られる、雷電宮（若宮社）の存在だ。とりわけ重要なのは、その祭神の性格と移祀の経緯である。雷電社に関しては、すでに第一章において龍との関係を見てきたが、祭神として改めてふれておこうと思う。

伊豆山神社社殿

『増訂豆州志稿』によると、雷電権現は「若宮」とも称され[注①]、かつて「火牟須比命」（走湯権現）が日金山山上に鎮座していたとき、小祠として傍らに祀られていた。その後、走湯権現（伊豆権現）が本宮を経て現在地の新宮へ遷移されたあとも、しばらくの間は日金山の山上にあったと推察される。それがやがて時を経て、新宮（現、伊豆山神社）の地に、摂社・雷電宮として祀られるようになったものと思われる。

また、「雷電」の名称について前掲書では、「火牟須比神ノ一名、火雷神ヨリ起レル称ナラム」としているが、「火雷神」は近在に小社名として現存もするので、のちに改めてふれようと思う。

謎として残されるのは、「式内火牟須比命神社」がそのいずれであるかということだ。『増訂豆州志稿』（巻九上・神祠三）では、「県社伊豆山神社」（伊豆権現）に比定されていると判断されるが、そのすぐあとを見ると、「神名帳考證ニ雷電宮ヲ火牟須比命神社ニ当テタルハ卓見ト謂可シ」とある。[注②] これをどう解釈すべきだろうか。

摂社・雷電宮（伊豆山神社境内）

「式内火牟須比命神社」は本社（現、伊豆山神社）そのものなのか、あるいは摂社（雷電宮）の方か、そのいずれかをめぐって江戸期より議論が続いているという。ちなみに、伊豆山神社境内にある由緒書説明によると、若宮社でもある雷電宮には祭神として、「伊豆大神 荒魂《あらみたま》・雷電童子」および「瓊々杵尊《ににぎ》」が祀られるとされる。若宮社であったという祭神の性格からすると、式内社・火牟須比命神社はやはり本社（伊豆山神社）の方かと思われるが、断言はできない。火ノ神「火牟須比命」の祭神をめぐって、両社には同体ないしは一体的側面があったのかもしれない。そこには、伊邪那岐・伊邪那美二神（相殿）との関係も重なり、探究課題として残される。

2　二つの設問——祭神の実在と検証

右の謎解きまでを含め、「火牟須比命」（および雷電宮）についてここまで書いてきて、心の奥深くに澱むもどかしさを感じる。わだかまりの根因は、おそらく、「火牟須比命」の山上（日金山）鎮座の実在性と、火ノ神としての性格の検証に未だ確信が持てていないことにあるのではないか。

そこで、次に二つの設問を自らに課し、それぞれ具体的に検証作業を試みることとした。

①日金山、伊豆山に「火牟須比命」（および雷電宮）は本当に祭られていたのか。鎮座を裏づける痕跡や伝承を、傍証として探り出す。

②「火牟須比命」が〝火ノ神〟であることは間違いないか。関係資料の手助けも借りながら、「記紀」による検証を行なう。

まず、①については実際に鎮座地を訪れ、民俗調査を行なった（文献資料も参考）。②については『古事記』、『日本書紀』の古典を繙《ひもと》き、その記述を手がかりに火ノ神（火山神・金属神）としての性格について検証を試みた。

二 「火牟須比命」の分祀と雷電神社――日金山西麓の鎮座地

筆者は、つい先ごろ(平成二十八年五月)、地元紙の『伊豆新聞』に掲載された「火雷神社」の記事を偶然目にした。静岡県東部、伊豆権現のある熱海市に隣接した田方郡函南町に、日金山、伊豆山からの分祀を伝える小社が残されていることを報じたもので、その紙面にことのほか魅きつけられた。かねてより、日金山の〝火ノ神〟伝承に関心を寄せてきたことから、「火雷神」という刺激的名称に、胸が高鳴るのを抑えきれなかったのである。

さっそく、現在の鎮座地を探し求めて、函南町周辺へ足を伸ばしてみることにした。地図を広げて見ると、函南町には「火雷神社」を含め三ヵ所に雷電神社のあることがわかった。このうち、まず市街地に接した大土肥地区の雷電神社を訪ねてみた。

1 大土肥《おおどい》・雷電神社

近くにあった函南の町役場に立ち寄り、町の案内地図などを手に入れ、目ざすお宮さんへ向かった。

大土肥区の雷電神社は、熱函道路と一般道とが坂上で交叉する、通称「岐《わか》れ道」のすぐ手前にあった。付近は車がはげしく行き交い、まさしく街の中のお宮さんであった。

熱函道路沿いの南側入口から境内に入ると、あっけらかんとした光景が目の前に拡がり、

熱函道路沿いにある大土肥の雷電神社（函南町街中のお宮さん）

驚かされた。樹々の緑や草花の彩りがほとんど見られず、鎮守の杜《もり》のイメージとはおよそかけ離れた、殺風景な空間がそこにあった。四百坪近くの広さがあるというが、社殿は敷地の左隅にかたまって祀られていた。社前には、石鳥居、石燈籠（文政三年建立）、狛犬と、一通り集められて配置されている。ただ、どこか不自然さを感じるのは、近年、神社境内の移設改修が、町道の拡幅工事に伴って行なわれたからのようだ（平成二十二年「境内整備記念」石碑より）。樹木の伐採もその折に、災害から住民を守るためになされたと見られる。

北側入口にある案内板を見ると、本社は、「慶長十六年（一六一一）四月廿四日」創建とある。それは同社再興にあたり、当地の地頭井出志摩守が願主（造営主）として納めた棟札に誌された年季のようで（棟札写による）、以来、同社は江戸期を通して井出家代々により造営されてきたと伝えられる。

案内板には「創建者・芹澤藤右ヱ門」なる人物の名があるが、それは井出家の後を継いだ名主・組頭など在地の支配層に連なる有力者であろう。また、本社の正確な創建年月は詳らかでないが、境内には昔、朽ちた古樹が残されていたとも伝えられ、かなり古くに遡るものと見られる。

しかし、筆者が何より心ときめかされたのは、祭神に「火牟須比命」が祀られていたことであった。その伝播経路が気になるが、『増訂豆州志稿』には次のように記されている。注③

「村社雷電神社祭神火牟須比命ナル可シ、日金山上雷電ノ宮ヲ分祀セルナル可シ」

大土肥・雷電神社社殿

想像した通りであったが、注目されるのは、同社が伊豆山（新宮）の摂社ではなく、日金山上の火牟須比命のかたわらに祀られた「雷電ノ宮」から分祀されたとしていることだ。そのことからも、本社がより古い創建を伝えるものだということがわかる。

いまひとつ見落とせないのは、同社雷電神社が祭神として火牟須比命を祀っているということで、勧請元の日金山の主神・伊豆権現と雷電宮の双方ともが火牟須比命を祭神としていたこと、つまり両神同躰であったことである。

それにしても、他の雷電宮二社が日金山により近い山麓部に祭られていたのに対し、同社が丘陵地に接した平野部の街中の一角に鎮座していたのは、いかなる理由によるのだろうか。考えられるのは、日金山から移祀されたという祭神・火牟須比命が、火ノ神と見なされていたこととの関係だ。すなわち、火ノ神がここに祀られていたのは、太古の昔に起きた火ヶ峰（日金山）の噴火により、熔岩流など火山の噴出物がここまで押し寄せていたことを物語っているのではなかろうか。（後述参照）

一方、また、同社へ寄せる村人たちのかつての祈りや願いはどのようなものであったのか。今日の人々の信仰からはかんたんには想像できないが、おそらくそれは、〝火の災い〟を鎮めるという祈りが込められたものであったにちがいない。ちなみに、同社の氏子数は現在一五〇戸、例祭日が二月十五日、境内社として諏訪神社、山神社が祀られている。

2　軽井沢・雷電神社

雷電神社の残りの二社は、日金山により近い、函南町の東部山地にある二つの集落に祭られている。

一つは、丹那盆地から北へ二キロほど行った軽井沢地区にあった。ゆるい上り坂の山路（里道か）をしばらく行くと、道の両側に沿って家並みが点々と現われはじめる。やがて、左手に公民館があり、そのすぐ先、道路から七、八十メートル下りたところに、雷電神社の鳥居が見えてくる。

「雷電神社」の扁額が懸かる石鳥居をくぐり、石段を十数段ほど上ると社殿が建っている。檜造りの比較的新しいたたずまいで、平成二十七年夏に建て直されたとのことだ。鳥居の左傍らに建つ石柱に、「軽井沢鎮座雷電神社／明治二十三年三月建之／当所氏子中」と刻印されている。

ちなみに、棟札等によって略歴を辿ると、明治六年、雷電権現から雷電神社となり、軽井沢村の村社に列せられたが、明治二十二年、町村制施行により函南村に編入。さらに昭和三十八年函南町となり、現在に至る。

鳥居の左手奥に同社の案内板が建つが、かなり古そうで、文字が半ば欠け落ちている。幸い、鳥居のすぐ前に住まわれるAさん（七十歳代）にお話をうかがうことができ、その助けを借りて何とか判読できた。（左の通り）

雷電神社

鎮座地	函南町軽井沢「大沢里」
祭　神	火牟須比命
祭　日	例祭三月十四日　感謝祭十一月十日
氏　子	四十二戸
創　建	不詳
境内社	八坂社　琴平社　山神社　天神社　稲荷社　床浦社
社　地	四九四坪

創建は「不詳」とあり、古い歴史はわからないようだ。ただ、Aさんの話によると、四百年前ごろの史料が残されているという。それがどのようなものなのか気になるので、当たってみた。

関連文献である『田方郡神社誌[注④]』（昭和六十年刊）を見ると、そこに誌された「軽井沢雷電神社」の項に同社の「棟札写」が収載されており、寛文六年（一六六六）十二月、鎮守の社殿が暴風雨によって破壊され

軽井沢の雷電神社社殿

てしまったため、氏子の渡辺常治、鈴木権左ヱ門が「本願」（願主、または発起人か）となり、再建をはかったとある。そのことを、同社別当寺と見られる泉龍寺が「二代忿松欽記」として、認《したた》めている。「本願」なる氏子二名の身分は明記されていないが、おそらく村の指導者的立場（里正＝名主など）にあった者ではなかろうか。

ちなみに、泉龍寺は神社より道を隔てた向かい側にある曹洞宗の寺である。当地に伝わる「猫踊り」の昔話との縁由で知られるが（猫塚がある）、雷電神社との結びつきなど寺の古い由緒はわからない。唯一、境内の片隅に「西国」（享保年代）、「百番」（文化三年）の二基の巡礼供養塔が建っているのが目を引いた。

ともあれ、右に見た棟札の年紀である寛文六年（一六六六）はちょうど三百五十年前にあたるので、件《くだん》の古い史料というのはおそらく、この棟札を指していたと判断される。したがって、それが再興時のものであったことから、同社の創建年代はさらに遡るということになる。そのことは、同社の御霊代《みたましろ》の古いこと、境内の巨きな古木が朽ちた状態で数多く残されていることなどからもうかがい知れる。ちなみに、一説に、神社には元和年間（一六一五〜二四）以来の棟札があるともいわれ、また寛永十四年奉納の「金鼓」（鰐口）を所蔵するという。（『増訂豆州志稿』）

このほか、祭日のうち三月十四日の例祭は、近年、五月四日に変更された。また、境内社六社のうち八坂社は、祇園さんの祭りが今でも行なわれているという（A氏談）。「床浦社」というのもあり、初めて耳にしたが、近隣の狭い地域に限られた民俗神であろうか。

残りの境内社の由来についても詳細はわからないが、棟札が比較的多く残されているようだ。これを丹念に調べてゆけば、同雷電神社の主祭神・火牟須比命との関係が、いくらかは見えてくるかもしれない。

雷電神社の向かい側にある泉龍寺（曹洞宗）

日金山からの分祀

何より注目されるのは、同社の祭神に「火牟須比命」が祀られていたことであった。しかも、その伝播経路が大土肥の場合とまったく同じであったことだ。すなわち、『増訂豆州志稿』巻八には、注⑤

「村社雷電神社祭神火牟須比命ナル可シ、日金山上雷電ノ宮ヲ分祀セルナル可シ」

軽井沢の墓地近くにある〝駒形さん〟の石像

と見える。これにより、火ノ神「火牟須比命」を日金山から勧請したことはまちがいないと言える。この、日金山から分祀されたということも、同社の歴史の古さを物語るものだろう。ちなみに、日金山は当社から東北東二・五キロの距離にあり、かなり近いことがわかる。

ところで、お宮前のAさんは、おもしろい言い方をされた。

「何の神様かわからないが、本社は箱根や伊豆山で、ここはその末社に過ぎない」

と、格下なのだと多少へり下り気味ではあったが、箱根との結びつきがとくに強いのだということを誇らしげに語っているようにも思えた。しかし、Aさんは大事なことに気づかせてくれたのである。

私が、箱根へ本社参りのようなことをするのかと訊《たず》ねると、Aさんはあっさり否定された。けれども、筆者が伊豆山（日金山）との結びつきばかり考えていたことも事実で、今後「二所詣で」のもう一方たる箱根（駒ヶ岳）との関係を調べてみる必要があることを教えられた。そういえば、Aさんが話されていた近くの墓地の前にある頼朝伝説を伴った「駒形像」とい

うのも、箱根駒ヶ岳との縁由があるのかもしれない。そもそも、「函南」の地名は、箱（函）根の南を意味していたのだから。頼朝との関わりでいえば、伊豆山（日金山）との結びつきも勿論あるのだろうが。

もう一つ、当地の雷電神社についても最後にふれておかねばならないことがある。いうまでもなく、ここの在所名「軽井沢」についてだ。その名前から、どうしても信州浅間山のある「軽井沢」を想起してしまうのはきわめて自然のことではなかろうか。

浅間山といえば、今も噴火している活火山である。ということは、ここの「軽井沢」も火山との深い関わりをもっているのではなかろうか。それは、地名伝承として魅力にあふれた謎を秘めているということであり、いずれ他地域の事例とも比較しながら、改めて考察してみたいと思う[注⑥]。

3　田代・火雷神社

函南町東部、日金山西麓にあるという二ヵ所の雷電神社のうち、残りの一社は田代地区にあった。

田代は、丹那盆地から北へ二キロの距離にある軽井沢集落よりさらに一キロ入った山間地にある。江戸後期の『伊豆の国懐紀行』[注⑦]に、

「山道を登りつ下りつ行く程に、やがて田代の地に入れば、……（中略）……この地は村口に民戸を構え、奥の方谷間《たにあい》に田畑ありて縦に南北長き村なり」

田代の火雷神社社殿

と見えるが、今もなおその面影をとどめている。里道に沿った南側五百メートルほどの間に家並みがかたまっており、北側は一キロほどにわたって平地が拡がり、畑となっている。

火雷神社は、集落から畑地への南面の道を西北に五百メートルほど行ったところにある。やや広めのもう一本の道（熱海道・箱根道へ通ずる道か）とぶつかったあたりだ。鳥居のすぐ手前には炭焼小屋もあって、山里のお宮さんらしさを漂わせている。

神社の概観と由来

同社は標高三百五十四メートルの高所にあるが、タブノキの巨木をはじめ古樹がうっそうと生い茂り、境内はうす暗い。石段を登った奥に建つ社殿は見えにくいが、かなりの古さを感じさせる。ちなみに、「火雷神社の社叢」が平成六年、函南町天然記念物に指定されている。

なお、「火雷神社の断層」も町天然記念物となっている。昭和五年に起きた北伊豆地震の際にできた、丹那断層による神社の階段と鳥居のズレが、〝生きた標本〟として観察できるからである。見学者も多く訪れるという。

さて、境内を一通り巡ってから、神社の由来を知りたいと思い、案内板（史跡の説明板）などを探したが、見あたらなかった。軽井沢地区のAさんの話では、元の名は「雷電権現」だったという。「火雷神社」と社名を変えたのは、明治六年九月以降と伝えられる。

創建はつまびらかでないとされるが、『田方郡神社誌』注⑧（昭和六十年）によると、元禄十二年（一六七二）奉納の「金鼓（鰐口）」、および宝永元年奉納の「走湯山般若院法印」銘の棟札が残されている。いずれも社殿再建時のものであることは明らかだが、創建はより古く、江戸期以前にまで遡るのではなかろうか。

火雷神社の鳥居と社叢

そこで注目したいのは、すでに見てきた大土肥と軽井沢両社の祭神とも関わって、この神社の祭神に何が祀られているかであるが、『増訂豆州志稿』（巻八下）注⑨を見ると、

「村社火雷神社祭神火雷神ナル可シ相殿子安神」

とあって、「火雷神」を祭神としていたことがわかる。この「火雷神」とはなにものなのだろうか。他の二ヵ所（軽井沢・大土肥）の雷電神社の祭神は「火牟須比命」であったから、田代村のみ異なることになるが、はたしてそうだろうか。

ところが、同書巻九・上、「伊豆権現」のところを見ると、「雷電ハ火牟須比神ノ一名火雷神ヨリ起レル称ナラム」とあって、火雷神は火牟須比神の別名となっている。つまり、両者は同一神を表わし、したがって、田代村も合わせ三社はいずれも火牟須比命を祭神としていたといってよい。

しかも、その伝播経路は他の二社と同じであった。火雷神社の移祀については『増訂豆州志稿』の説明はわかりにくいが、軽井沢村・大土肥村の二社はいずれも、「日金山上雷電ノ宮ヲ分祀セルナル可シ（田代村火雷神社ノ例ノ如シ）」としており、田代村と同一だとわざわざ注記している。田代村・火雷神社（雷電権現）の祭神・火牟須比命が、日金山上から移祀されたことは間違いないだろう。

このように、田代村の火雷神社（雷電権現）が伊豆山ではなく日金山から移祀されたということは、当地への勧請がそれだけ古くに遡るということを示していると思われる。

火山神勧請の要因

となると、日金山の火山神（火牟須比命）が何故、田代村へ勧請されたのだろうかということだが、日金山は、当地から東へ約二・五キロの至近距離にあり、城山の背後にその山並みを望見できる。太古の昔、日金火山の噴火が起きた際、甚大なる影響をまともに受け、おそらく、溶岩や降灰など火山噴出物が当地にまでもたらされたにちがいない。軽井沢同様、西の山麓に位置する当地に日金山の火山神が祭られたのは、その名ごりを物語るものではなかろうか。

また、歴史的要因もあったと考えられる。田代村は、軽井沢村とともに江戸期を通じて幕府領であったが、それ以前の古代・中世期には走湯山（伊豆山、日金山）の影響を受けていた形跡が見られ、注目される。

田代の神社前より東へ日金山方面を遠望する

すなわち、中世南北朝・室町期に目をやると、たとえば貞治四年（一三六五）の「伊豆山密厳院領年貢米銭・田畑注文」に、「田代田」の記載が見られるのである。また、応永五年（一三九八）六月二十五日、「密厳院領関東知行地注文案」（醍醐寺文書）には、「田代郷」と見えている。いずれの史料も、中世期に走湯山の別当寺であった密厳院の所領が田代の地に置かれていたことを示している。注⑩

社寺の所領に、本社の守護神や守護仏が分祀されることは、ごく一般的に見られることである。走湯山（伊豆山、日金山）の守護神・伊豆山権現（火牟須比命）、あるいは日金山の雷電権現（瓊々杵命）が、走湯山の所領である「田代郷」に分祀されたとしても何ら不思議ではない。当地の「火雷神社」（雷電権現）はまさしく、そうした経緯のもとに本社から勧請されたと見なされるのである。したがって、当社の創建年代は南北朝・室町期を下らないと判断される。

その後、江戸期に入ると当地方はみな幕府領となるが、走湯山（伊豆山）との結びつきはそのまま継続されていたとみられる。同社に残された左記の棟札が、それを裏づけている。注⑪すなわち、

「宝永元甲申年二月吉辰日／上棟奉勧請走湯山若宮雷電大権現社修復畢／走湯山権現執事般若院法印英周老」

右に、走湯山若宮雷電権現の修復にあたり執事として名を認《したため》めた法印英周は、別当寺の般若院先代に当たる。見られるように、江戸中期の宝永元年（一七〇四）、日金山山頂にあった伊豆山権現の摂社・雷電権現は、すでに伊豆山（新宮）に下りていたことがわかる。

その修復の棟札が当火雷神社に奉納されたのであり、伊豆山と当社との関係が継続されていたことを裏づけている。そして、その関係はおそらく、田代村が幕府の支配下に置かれ続けた江戸末期にまで及んだのであろう。さらには、明治六年（一八七三）社名が雷電権現から火雷神社に変わって以降も、同様に推移したものと見られる。

ちなみに、この「火雷神社」の社名に改称された理由については明らかにされていないが、以下のように推測される。すなわち、先に祭神のところでふれた「火雷神」が「火牟須比命」

（火山神）の別名であることから、火山神の祭神としてよりふさわしい社名に変え、あえて他の「雷電宮」二社との〝差別化〟をはかったのではなかろうか。

なお、同社に祀られるその他の神々についても簡単にふれておくと、相殿として祀られる子安神は、産婦がお参りすれば必ず安産の御加護が得られると方々から参拝客がやって来るという。そのほか、境内社として八坂神社、神明社、山神社、八幡社の四社が祭られている。境内の坪数は六十一坪と狭く、氏子数は四十戸である。（例祭日・四月一日）

4　「日金道」と火山神――雷電社勧請の意味

以上、函南町東部の大土肥、軽井沢、田代の三地区に鎮座する雷電神社三社について見てきたが、このように、比較的近接した地域に火山神（火牟須比命）が集中しているのは何故なのだろうか。

三社とも火山神である「火牟須比命」を祭神として祀り、しかも、いずれも日金山の雷電宮から移祀されたという共通性があった。その最大の理由は、日金山

日金道の道標石（東光寺周辺）

三島大社（中世期以降、箱根、伊豆山と合せ、二所詣でにぎわった）

麓にある伊豆山権現の信仰域にあったことがあげられよう。田代の火雷神社のところで見たように、それは、走湯山（伊豆山）密厳院の所領が中世南北朝～室町期、当地に置かれていたこととも関わっていると考えられる。

ちなみに、中世鎌倉期にまで遡る二所詣《にしょもうで》（実際は三所）隆盛の伝統を受け継ぎ、三島大明神と走湯権現、箱根権現を結ぶ街道筋は、信仰の道として近世以降も大いに利用されてきた。このうち、「熱海道」を主に通る三島から間宮を経て日金山に至る道筋（「日金道」）に当たっていたのが、大土肥であり、軽井沢・田代であった。そして、田代からは北へ桑原、箱根にいたる「箱根道」へと通じていた。

重要なのは、「日金道」入口の要所にあたる大土肥の存在であろう。大土肥の雷電宮は、日金山西麓間近かにある軽井沢・田代とは異なる特別の役割を担わされてきたのではなかろうか。

古老の口碑によると、中古、走湯山の神領が二万一千石余にも及んだ頃、その西の境が大土肥だったという。『田方郡誌』（大正七年）を見ると、「往古此地に本社の大鳥居ありし故に後人訛りて大土肥と云ふ由云へり」と注記されている。[注⑫]

つまり、大土肥はもとは「大鳥居」であり、走湯山神領の西のはずれに当たる当地に、日金山詣りの入口として大鳥居（西門）が建っていたというのだ。それは、中世期以来の「二所詣」の歴史をふまえれば、むろん箱根権現への参詣をも合わせた入口であり、両社のための大鳥居であったと見るのが妥当であろう。

平井の天地神社（火の神・天津彦々火瓊々杵尊を祭る）

柏谷の天降神社（同上・瓊々杵尊を祭る）

このほか、雷電神社という社名ではないが、大土肥のすぐ近くにある平井の「天地神社」と、柏谷《かしや》の「天降《あまふり》神社」も日金山雷電宮と関係がありそうだ。両社とも「日金道」近くにあり、祭神にいずれも「天津彦々火瓊々杵尊」を祭っていた。長たらしい名前の神様だが、要するに「瓊々杵命《ににぎ》」のことであり、火の神と見なされよう。伊豆山の摂社「雷電神社」（若宮）は「瓊々杵命」を祭神としており（日金山山頂に祭る）、そこからの分祀であることが棟札などからわかる。

いいかえれば、右の天地神社、天降神社は、かつて日金山山頂の雷電宮を移祀したとされる軽井沢ほか三社の雷電神社と同様の存在であったと言ってもよかろう。前述のように、「日金道」入口（西門）にあたる大土肥が、走湯山神領の西の関門として特別重要視されたことから、その周辺にある平井や柏谷にも雷電宮の分祀がなされたと見なされよう。

三　記紀に見る火の神々――「火牟須比命」の性格とその検証

1　火の神「迦具土神」の誕生

走湯山の祭神をめぐって、かつて日金山山頂に主神・火牟須比命とともに、相殿として伊邪那岐・伊邪那美二神が祭られていたことを忘れてはならない。火ノ神とされる火牟須比命と伊邪那岐・伊邪那美二神は、いかなる関係にあったのであろうか。

記紀神話において、天地開闢以来、高天原の天つ神五柱を経て、神世七代の七番目に成らせられた伊邪那岐・伊邪那美二神は、国造りを始め、さまざまな神々を生むことになる。その一番最後に生み出された御子《みこ》神が、火神・「迦具土《かぐつち》神」であった。『古事記』本文には、

「火之《ほの》迦具土神」と書かれているが、これは実は別名で、この神には三つの名前があった。すなわち、最初に記されるのが「火之夜芸速男神《ひのやぎはやおのかみ》」、二番目に「火之《ひの》炫《かが》毘古神《ひこのかみ》」が別名としてあげられる。「火之迦具土神」は三番目ということになるが、にもかかわらず、「迦具土神」が火の神の代名詞のように、記紀の記述の中で最もよく知られるようになったのは、何故なのだろう。

注記によると、「火之夜芸速男神」は「焼くことの速やかな意で、火の威力を表わした名」とあり、「火之炫毘古神」は「火が輝く意で、火光をたたえた神名」とある。一方、三番目の「火之迦具土神」については、「迦具はカグワシイこと、物が火に焼けるとにおいを発するからこの名がある」としている。三神とも明らかに火の神を表わしていよう。一方、『日本書紀』では「軻遇突智神」と書かれている。

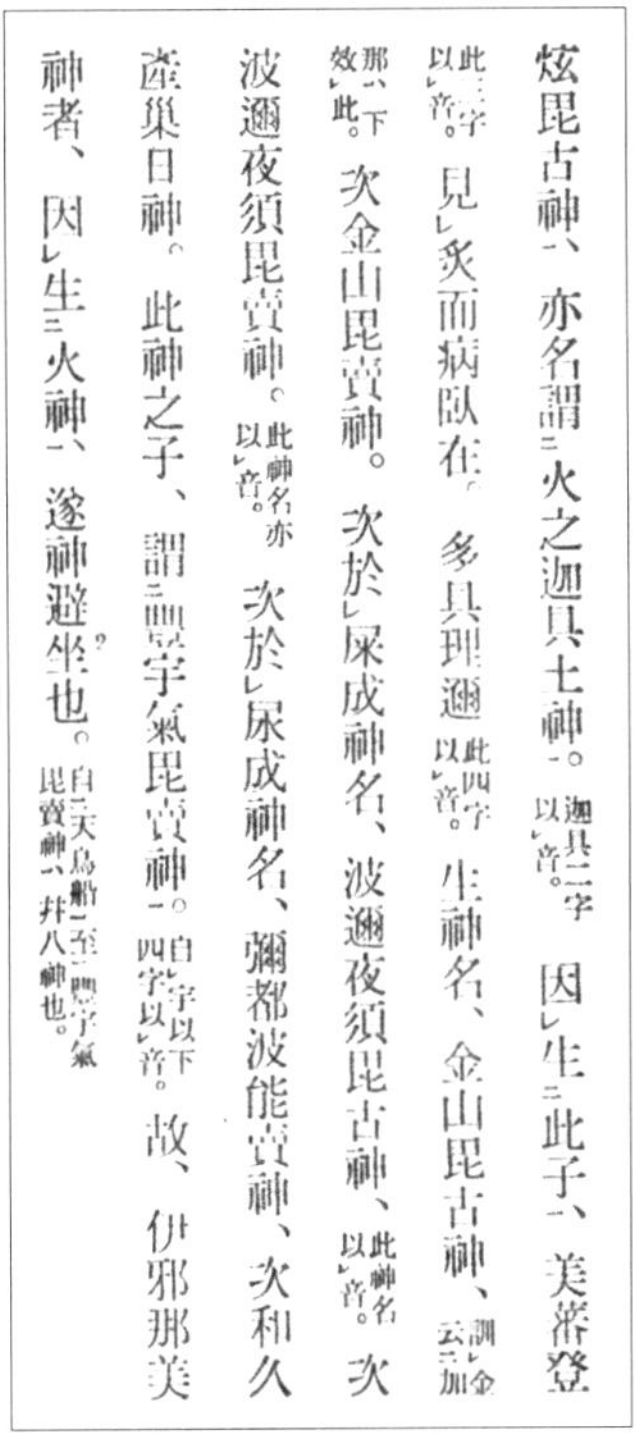
炫毘古神一、亦名謂二火之迦具土神一。（迦具二字以レ音。）因レ生二此子一、美蕃登（此三字以レ音。）見レ炙而病臥在。多具理邇（此四字以レ音。）生神名、金山毘古神、（訓レ金云二加那一、下效レ此。）次金山毘賣神。次於レ屎成神名、波邇夜須毘古神、（此神名以レ音。）次波邇夜須毘賣神。（此神名亦以レ音。）次於レ尿成神名、彌都波能賣神、次和久産巣日神。此神之子、謂二豊宇氣毘賣神一。（自レ宇以下四字以レ音。）故、伊邪那美神者、因レ生二火神一、遂神避坐也。（自二天鳥船一至二豊宇氣毘賣神一、幷八神也。）

『古事記』（原文）に見られる「迦具土神」ほか、火の神々の叙述部分

伊邪那美命はこの火神「迦具土神」を産んだことにより御陰《みほと》（女陰）を焼かれ、それがもとで死に、黄泉国へと旅立つ。最愛の妻を失った伊

邪那岐命は深く嘆き哀しみ、怒りのあまり十拳剱を抜いてわが子「迦具土神」を斬り殺してしまう。

こうして、火の神の生成譚は思わぬ展開となるが、これにより多くの神々が出現する。そこで見過ごせないのは、右の火神「迦具土神」の神話に「火牟須比命」の名前が一字一句記されていないことである。「ホムスビ」は火神ではなかったのだろうか？ 否、そうではないはずである。いま一度、神話の記述に目を凝らしてみよう。

2 「火産霊神」と「火牟須比命」

見てきたように、火神「迦具土神」は『古事記』本文には三通りに書き表わされており、『日本書紀』では「軻遇突智」と書かれていた。そのことはすでにふれたところだが、一つ書き落としていたことがある。

書紀本文で、「軻遇突智」の記述の後、第三の一書に「伊奘冉尊、火産霊《ほむすひ》を生む時に、子の為に焦《や》かれて神退《かむさ》りましぬ」と記されているのである。文中の「火産霊」（傍点筆者、単に「火神」とも）が「軻遇突智」に相当することは、前後の文脈から明らかだが、なぜ「軻遇突智」でなく「火産霊」としたのだろうか。理由は定かでないが、要するに、書紀においても火神として二通りの名前があったことになる。目を見張るのは、この「火産霊」の表記に「ほむすひ」という読みがながふられていることである。

『日本書紀』に付された注記によると、「火産霊」は、火神が火のほか水・土・食料、金など多くのものを生むので、「火（ホ）ムスヒ」と名づけられたとされる。ちなみに、国語辞典類では多く見られないが、『広辞苑』には、「ほむすびのかみ（火結神・火産霊）＝火の神、かぐつちのかみ」と記載されている。

そして、「むすび」（産霊）についても見ると国語辞典類にも広く記載があり、万物を生み出す霊妙な神の意とされている。その背景にうかがえるのは、農耕的生産力の神格化にほかならない。おそらく、「火産霊」という表記には、〝火の霊力〟にとどまらない、神世における根源的エネルギーのすべてが、集約されていたのではなかろうか。

次に、「火産霊《ほむすひ》神」を祭神として祀る事例を、伊豆周辺に見ておこうと思う。

筆者の住む伊豆東岸沿いの伊東市には、「火産霊神」が二ヵ所に確認される。一つは、鎌田地区の火牟須比神社で、主神として「火産霊神」が祀られている。元は愛宕神であったと

一書曰、伊奘冉尊、生㆓火産靈㆒時、爲㆑子所焦、而神退矣。亦云、神避。其且㆓神退㆒之時、則生㆓水神罔象女及土神埴山姫㆒、又生㆓天吉葛㆒。天吉葛、此云㆓阿摩能與佐圖羅㆒。一云、與曾豆羅。
一書曰、伊奘冉尊、且㆑生㆓火神軻遇突智㆒之時、悶熱懊惱。因爲㆑吐。此化㆓爲神㆒。名曰㆓金山彦㆒。次小便。化㆓爲神㆒。名曰㆓罔象女㆒。次大便。化㆓爲神㆒。名曰㆓埴山媛㆒。
一書曰、伊奘冉尊、生㆓火神㆒時、被㆑灼而神退去矣。故葬㆓於紀伊國熊野之有馬村㆒焉。土俗祭㆓此神之魂㆒者、花時亦以㆑花祭。又用㆓鼓吹幡旗㆒、歌舞而祭矣。

『日本書紀』（原文）の「軻遇突智」と「火産霊」の記述部分

「火産霊神」を祭る火牟須比神社（伊東市鎌田）

小室山山頂の小室神社（「火産霊神」を祭る　伊東市川奈）

いう。もう一つ、海沿いの川奈地区、小室山《こむろやま》（火山）山頂にある小室神社にも祭神として「火産霊神」が祭られる。

また、伊東市内には「火牟須比神」が松原神社、奥野神社にも祀られている。このほか、北伊豆地区韮山町南條の竃神社は江戸期まで「荒神社」と称し、「火産霊命」を主祭神としていた。いずれも、火山との関わりが推定される。

さて、そこで日金山山頂に主神として祭られる「火牟須比命」であるが、おそらく火ノ神の別名として、よりふさわしい表記を考えるにあたって、右に見た「火産霊神」の強力な神格に走湯山の神人ら（修験など）が魅せられてしまったということではなかろうか。つまり、「ホムスビ」という呼称だけでなく、「火産霊神」の火神としての存在を超えた根源的エネルギーのすべてを、「火牟須比命」は受け継いだものと想像されよう。

しかし、右に見てきたように、「火牟須比」の表記は『古事記』、『日本書紀』のどこにも見当たらない。記紀の時代には存在しなかったことになるが、ならば、この名称はいつごろ、誰によってもたらされたのだろうか。詳細はわからないが、『増訂豆州志稿』によると、延喜式内社「火牟須比命神社」の記載があり、現在の伊豆山神社に比定されている。注⑬したがって、「火牟須比神」は遅くも平安中期（延長年間《九二三〜三一》）には、走湯山の修験、神人らにより祭神として祀られていたものと考えられる。

「火産霊命」を主祭神とする竈神社（韮山町南條）

3　「火牟須比神」と「熊野牟須美神」

見てきたように『古事記』において三つの名前を持っていた火の神「迦具土」は、『日本書紀』では一書にのみ「軻遇突智」と書かれている。しかるに、その別名である「火産霊」（単に「火神」とも）の表記が「ほ

本宮「牟須夫峰」の登り口（むすぶ平）に祭られた結明神本社

むすひ」と読まれたことから、「火牟須比」の名称は「火産霊」から生まれたと考えられる。

では、なぜ火の神「火産霊」が「火牟須比」と書かれるようになったのか、また、その意味するところは何だったのか、その謎を探究するにあたって、思いあたることがあった。それは、日金山から伊豆山へ祭神が遷移される経緯の中に秘められていた。

時代が多少前後するかもしれないが、初め日金山山頂に祭られていた走湯権現（火牟須比命）は、その後現在の本宮の地へ降り、移祀された。そこは「牟須夫峯《むすぶ》」とよばれ、その登り口（むすぶ平）に結明神《むすびみょうじん》本社が祀られた。現在見られる石宮は、文化九年（一八一二）に般若院九代別当・周道によって造建されたものである。そして、さらに現在、伊豆山神社のある新宮へ下り、「伊豆山権現」として祀られていることは、すでに見てきた通りである。

問題は、右に見られる本宮の地「牟須夫峰」の名称についてである。『増訂豆州志稿』に、「〈牟須夫＝結〉ノ称ハ神名火牟須比ノ遺レルナラン」とあるように、注⑭「牟須夫」は日金山祭神「火牟須比」に由来すると一応は考えることができる。では、「火牟須比命」の神名そのものは、どこから来たのだろう。そのことについては、未だ謎のままだ。

　そこで注目されるのが、走湯山（走湯修験）に直接大きな影響を与えてきた紀州熊野修験の存在である。その熊野三山の御祭神の中で、「火牟須比神」の出自に有力な手がかりを与えてくれるのが、那智山に祭られる「熊野夫須美神」だ。これが「熊野牟須美神」と見なされるのは、「牟須美」が万物の生成を意味する「産霊（むすぶ）」から派生したと考えられるからである。

伊豆山神社入口・石段下の大鳥居前に熊野信仰のシンボル梛《なぎ》の樹が左右にあり、注連が張られている（『熱海温泉図考』文化３年より）

　走湯山の「火牟須比神」は、この「熊野牟須美神」から出ていると見て、まちがいないのではなかろうか。ちなみに、熊野那智山の本地仏は、走湯山と同じ千手観音である。

　したがって、先ほど見た日金山から遷移された本宮「牟須夫峰」は、「火牟須比神」の日金山祭神名からというよりも、「熊野牟須美」の神名に直接拠ったと見たほうがより正確といえるのではなかろうか。しかも、「牟須美神」は那智山の祭神と一般には見なされるが、本宮説もあるとのことであり、「牟須夫峰」は伊豆山本宮の名称として、必ずしもおかしくはなかったといえそうである。

結明神社・里宮（伊豆山神社境内、正面石段中ほど左手）

4 「火結神」と結びの神

ところで、火牟須比命が日金山より遷移された結明神本宮・牟須夫峰の登り口（むすぶ平）に祀られた結明神本社との関連で、もう一つふれておきたいことがある。それは、「火牟須比神」の祭神が生まれたと伝えられる平安中期の同時期（延長五年《九二七》）、『延喜式』の「鎮火祭祝詞」の中に、火神として「火結神《ほむすびのかみ》」の名称が見られることである。そのことから、「ムスビ（産霊）」が「結び」と認識されるようになったことがわかるが、「ムスビ（産霊）」は後世「結びの神」として一般にも知られてゆく。

たとえば、「結実」とか「結成」などの言葉があるように、「結（むすぶ）」には、あるものを生じさせるとか、一つのものを作り上げるという意味があった。そこには、万物を生成するという意味を本来持つ「産霊《むすぶ》」との共通性が見てとれるのである。

その後、「結ぶ神」は主として、縁結びの神に転じてもてはやされてゆく。伊豆山においても、頼朝・政子夫婦にあやかり、そのご利益が人気を集め今日に至っていることは、広く

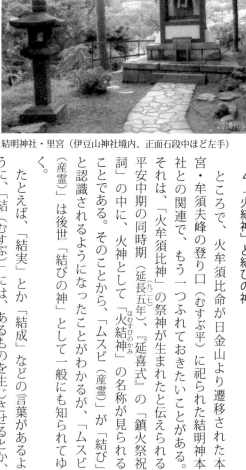

知られる通りである。

しかし、その根底には書紀に記された「火産霊」より伝わる「産霊神《むすぶ》」本来の意味合いが込められていたと想像される。文化九年（一八一二）、本宮山入口（むすぶ平）に「結明神本社」の石ぶみを建立した周道法印の〝本願〟も、単なる縁結びの御利徳などではなく、もともとそこにあったのではなかろうか。

そして、記紀に拠る「火産霊《ほむすび》」の神名を「火牟須比神」と表わしたのには、「熊野牟須美神」を祭神に祀った熊野三山の本社に繋がる走湯修験のアイデンティティーが込められていたにちがいない。

5「金山毘古・金山毘売」と鉱山神

記紀には、右に見てきた「迦具土（軻遇突智）」のほかにも、火に関わる神々の記述が見られる。

「美蕃登炙《みほとや》かえて病《や》み臥《こや》せり」と『古事記』にあるように、伊邪那美神は、火神「迦具土」を生んだことで、「みほと（御陰）」すなわち女陰を焼かれ、病いに臥してしまう。そして、「多具理《たぐり》に生《な》れる神の名は、金山毘古神《かなやまびこの》、次に金山毘売神《かなやまひめの》」と記述は続く。

ここに見える「たぐり」は、「嘔吐物」のこととされ、「筑前では、咳のことをタグリという」と注記される。一方、『書紀』一書には「吐《たぐり》す」とあって、注では、「嘔吐の様子が、物を手繰り寄せる様と共通な感じがあるによってタグルというか」と、まったく異なる見方を

金屋子社（金山彦・金山姫を祭る）〈播磨・穴粟郡岩野辺〉
内海家の田んぼの畦道に祀る

金山彦・金山比咩を祭神とする御嶽《みたけ》神社（韮山町金谷）

している。しかし筆者には、ここは別の解釈に読みとれる。

　すなわち、伊邪那美は火神「迦具土」を生んでホトを焼かれたために苦しみ、嘔吐する。そして、その嘔吐物（「たぐり」）から金属神（鉱山神）たる「金山毘古・金山毘売」が生まれた。それは、その嘔吐物（ヘド）が鉱産物を高熱で溶解したあとに残る屑である「カナクソ」（金屎）によく似ていたからだろう。鉄滓など「カナクソ」（鉱滓《こうさい》）の原物をこれまでたびたび眼にしてきた筆者の印象では、へどにそっくりである。あるいは、火山の噴火による溶岩流のことを思わせるともいえようか。『古事記』注記にも「へどが鉱石を火で溶かした有様に似ている所からの連想であろうか」とある。

ちなみに、「金山毘古・金山毘売」二神を祀る神社を北伊豆・東伊豆周辺に探ると、韮山町金谷に「御嶽《みたけ》神社」があり、祭神が「金山彦命・金山比咩命」となっている。韮山代官・江川家先祖および家臣のものが、旧地の大和国奥郡宇智村から勧請したと伝えられる。

もう一つ、熱海市上多賀にある多賀神社の境内社として、「金山社」が祀られている。由来その他の詳細は不明だが、多賀神社は延喜式内社に比定される古社で、近江多賀大社の祭神伊邪那岐・伊邪那美二神を勧請したと伝える。美神の嘔吐物から生まれたという「金山毘古・金山毘売」（金山社）が祀られた由縁ともいえようか。

6　「八色雷公《やくさのいかづち》」と「火雷神《ほのいかづち》」

へど（嘔吐物）から生まれる神あれば、腐った屍《しかばね》よりも神が生《な》れる。一般に穢らわしいとして避けられそうなものから神々が生まれるというのは痛快だが、それは何を表わしていたのだろうか。その背景には、記紀における神々の再生観念が伏在しているように思える。

伊邪那美神は、火の神・迦具土神を

多賀神社境内社の金山社（熱海市上多賀）

白而、還㆓入其殿内㆒之間、甚久難㆑待。故、刺㆓左之御美豆良㆒
三字以㆑音。下效㆑此。湯津津間櫛之男柱一箇取闕而、燭㆓一火㆒入見之時、宇
士多加禮[2]許呂呂岐弖、此十字以㆑音。於㆑頭者大雷居、於㆑胸者火雷居、於
㆑腹者黒雷居、於㆑陰者拆雷居、於㆓左手㆒者若雷居、於㆓右手㆒者
土雷居、於㆓左足㆒者鳴雷居、於㆓右足㆒者伏雷居、幷八雷神成居。
於㆑是伊邪那岐命、見畏而逃還之時、其妹伊邪那美命、言㆑令
㆑見㆑辱㆑吾、即遣㆓豫母都志許賣㆒此六字以㆑音。令㆑追。爾伊邪那岐命、

『古事記』原文中の「火雷神」の叙述部分

生んだために御陰（女陰）を焼かれて死んでしまい、黄泉国《よみのくに》へ旅立つ。哀しみに暮れる伊邪那岐神が妻の後《あと》を追ってゆくと、伊邪那美神の遺体はすでに腐っており、蛆《うじ》が涌いていた。そして、その遺体から八柱《やはしら》の雷神が生まれる。

なぜ、美神の遺体から雷神が生まれたのか。謎も多いが、美神を追ってやって来た伊邪那岐神が桃の実を雷神に投げつける件《くだり》が『書紀』には見える。桃が邪鬼を払う呪力を持つという中国古来の言い伝えを借りれば、伊邪那美神の死霊の祟りに対する畏れを雷神に形象化し、伊邪那岐神が呪力によってそれを鎮めようとしたことを描いたものといえようか。

そこで、雷神が伊邪那美の屍から化生するその経緯《いきさつ》を『古事記』本文に見ると、次のように記される。

「頭には大雷《おおいかづち》居り、胸には火雷《ほのいかづち》居り、腹には黒雷《くろいかづち》居り、陰《ほと》には析《さき》雷居り、左の手には若雷居り、右の手には土雷居り、左の足には鳴《なり》雷居り、右の足には伏《ふし》雷居り、幷せて八《や》はしらの雷神が成り居りき」

すなわち、伊邪那美神の屍から、大雷、火雷、黒雷、拆雷、若雷、土雷、鳴雷、伏雷、合わせて八柱の雷神が生まれたとされる。ちなみに、『書紀』には「八色雷公《やくさのいかづち》」とあり、雷神の名前、順番が多少ちがっている。八柱の雷神すべてに興味が持たれるが、ここではとくに二番目の「火雷神」に注目してみたい。

「大雷」は頭（首）から生まれたので最重要視され、一番目に置かれたものと考えられよう。「大年神・若年神」の例のごとく、五番目の「若雷」と対になって用いられていると注記には見える。

次いで、胸に現れた「火雷」は、「電光から来た名であろうか」と注記されているように、「稲妻、稲光り」のことが頭にひらめく。「大雷」に次いで二番目におかれたのは、やはり「火」が万物を生成する根源的力の象徴として、重要視されたからだろう。ちなみに、火は「秀・穂」にも通じ、尊いことを意味するとされる。

7　「火雷神」と「火牟須比神」

ところで、「火雷神」といえば、すでに別項で見てきたことが思い起こされよう。一つは、日金山の主神・火牟須比神の摂社・雷電権現に関してである。すなわち、『増訂豆州志稿』巻九上に、「雷電ハ火牟須比神ノ一名、火雷神ヨリ起レル称ナラム」とあり、「火雷神」は火牟須比神の別名とされていた。[注⑮] それが何時《いつ》ごろからのことなのか、確かなことはわからない。「火牟須比命神社」が式内社で間違いなければ、平安中期・延長年間頃（九二三～三一）まで遡れることになるが、より後世になってという可能性もなくはない。

　一方また、日金山西麓の函南町田代には、日金山山頂の雷電宮から分祀されたと伝える「火雷神社」が鎮座している（二一一頁、写真参照）。祭神として火牟須比命が祀られるが、「火雷」は「からい」と読みならわされている。同社の来歴によると、「火雷神社」の社名は明治に入ってからのようで、江戸末期までは隣村の軽井沢と同じく、「雷電神社」とよばれていたようだ。

『増訂豆州志稿』に見える「火雷神」が、「ほのいかづち」、「からい」のいずれに読まれていたのか即座には断じられないが、「火牟須比《ほむすび》命」を指していたことはまちがいない。ということは、記紀における火の神伝承からみて、「火雷神」は「火産霊《ほむすび》神」、つまり「迦具土神」そのものであったということになる。

　ところが、見てきたように「火雷神」は記紀の中で八柱の雷神（または、八色雷公《やくさのいかづち》）の一柱として、すでに登場しているのである。年代的ズレと相まって、そこにある矛盾が見えてくるが、これをどう解釈するか、である。

　そこで、いまいちど、記紀に見る火の神の神話伝承を整理してみよう。

「火雷神《ほのいかづち》」を含む八柱の雷神は、伊邪那美の遺体より生《な》らせられた。これに対し、火神「迦具土神」（火産霊神）は、伊邪那美神の国造りにおいて最後に生まれた御子神であり、御陰《みほと》を焼いたことがもとで母神は死に、黄泉国へ旅立つ。つまり、記紀の中では「火雷神」と「迦具土神」とはあくまで別の神格として表わされている。

したがって、火雷神を火牟須比命の別名とした『増訂豆州志稿』の説は明らかにこれと異なる。そうすると、見てきたように、火牟須比命＝火産霊神＝迦具土神だったから、これを「火雷神」とイコール（＝）で結ぶのはおかしいことになる。この〝矛盾〟は、『増訂豆州志稿』編者の誤まった解釈から生まれたものなのだろうか。

しかし、必ずしもそうとはいえないかもしれない。それは、右に見てきた記紀における火の神の神話を再生譚として見直した場合、どうなのかである。すなわち、伊邪那美神から生まれた火の神「迦具土神」（火産霊神）は、妻を失った哀しみと怒りにふるえる父・伊邪那岐によって殺されてしまう。一方、伊邪那美神のヘド（嘔吐物）からは「金山毘古・金山比売」が生まれ、また、その遺体から「火雷神」が化生しているのである。

ここに、再生した火の神をそのまま「迦具土神」に重ねることは無理としても、「迦具土神」と「火雷神」とは、擬死再生の如く互いに結び合って甦らされたと見ることはできないだろうか。

8　むすびに――火牟須比神と伊邪那岐・伊邪那美神

最後に、冒頭にふれた日金山山頂に祀られてきた主神・火牟須比命と、相殿として祀られた伊邪那岐・伊邪那美二神との関係について、改めてふれておこうと思う。

まず、記紀によって三者の血縁関係について見ると、伊邪那岐・伊邪那美が夫婦神であることはいうまでもない。一方、火牟須比神という名前は記紀には登場しないが、これまで見てきたことから明らかなように、同一神の迦具土《かぐつち》（古事記）あるいは火産霊《ほむすび》神（書紀）に置き変えてみると、火牟須比神は伊邪那岐・伊邪那美二神の最後の御子神ということになる。つまり、三者は親子関係にあったのである。

　しかし、天上界の親子であっても親密で清らかな関係とばかりは限らない。見てきたように、記紀における三者の関係は血腥《ちなまぐさ》く、必ずしも良好な関係とはいえなかった。母神・伊邪那美は、火の神である御子の迦具土を生んだために亡くなり、さらに、妻の死に哀しみ怒る父神・伊邪那岐は、子の迦具土を殺してしまうのだから……。

「伊邪那岐・伊邪那美」二神を祭る多賀神社（上多賀）　境内社に「金山社」を祀る

　しかしながら、そうした関係にあった火牟須比命と伊邪那岐・伊邪那美二神の三者が、日金山山頂および伊豆山神域の同一空間に祭られてきたのである。それは何を意味しているのだろうか。その関係はきわめて不安定な状態を表わしているが、そのために、先に見たような転生への蘇りが創出されたといえるのかもしれない。

終わりに——二つの設問に答える

筆者は、伊豆山権現と火ノ神伝承について、「火牟須比命」の分祀の現況と、火の神（火山神）としてのその性格を検証するという、二つの設問に答えようとしてきた。

前者については、日金山西麓における函南町東部山地の三ヵ所に鎮座する雷電神社に現地採訪を試みた。それによって、大土肥、軽井沢、田代の三地区に分布する雷電神社が、いずれも日金山（または伊豆山）より分祀された火牟須比命を現在も祭神として祀っていることが確認できた。

このほか、三社以外にも伊豆山摂社瓊々杵命の分祀を伝える神社が二社見られた（うち、平井の天地神社は延喜式内社を伝える）。創建年代は多く不詳とされるが、社殿および社叢の古さとあいまって、江戸期を遡ることは確かなようだ。ちなみに、これらの分布地が歴史的には中世・室町期における走湯山の神領域に重なることも見落とせない。

そこには、鎌倉期にまで遡った三島明神、走湯権現、箱根権現を巡る、かつての二所詣《にしょもうで》の隆盛に繋がる日金道・熱海道の巡礼道に沿って、これら三社が鎮座していたことが見えてくる。日金山山頂の旧社地には、今は何も残されていないが、右のようにかつての二所詣隆盛に繋がる〝信仰の道〟沿いに数社の雷電神社が現存し、それらに日金山から分祀された火ノ神・火牟須比命が祭神として今なお祀られていることがはっきり確かめられたのである。

もう一つ、後者については、日金山山頂に祀られていた「火牟須比命」が火ノ神であったかどうかについて、記紀本文に直接に当たることによって検証を試みてきた。その結果、「火牟須比命」の名称そのものは記紀に登場しないが、『古事記』に出てくる「火ノ迦具土神」、『日本書紀』に見える「軻遇突智神」および「火産霊神」の火の神に、いずれも比定されることが確かめられたと思う。

とりわけ、『書紀』の「火産霊神」が「ほむすびのかみ」と読まれたことから、「火牟須比命」の神名（音読み）は、これによったものと考えられる。そして、このような漢字表記に書かれたのは、走湯山に少なからぬ影響を与えてきた紀州熊野修験の祭神の一つである「熊野牟須美神」（那智山）に繋がるものと見なされた。

このほか、迦具土神（火産霊神）以外に記紀に登場する火の神についても合わせてふれた。すなわち、伊邪那美神は迦具土を生んで御陰《みほと》を焼かれて死んでしまうが、その際、美神の嘔吐物（ヘド）から生まれたのが金山毘古・金山比売二神で、これは鉱山神とされること、鉱産物・金属もまた火山の生成物であり、この二神も火の神であったことはいうまでもない。

一方また、死んだ伊邪那美神の遺体はすでに腐っており、その屍から八柱の雷神（八色雷公《やくさのいかづち》）が化生した。うち大雷に次いで二番目に、遺体の胸の上から生まれたのが火雷神《ほのいかづち》で、これも火の神であった。この火雷神は迦具土神（火産霊神）とは別の〝神格〟として描かれるが、『増訂豆州志稿』では「火牟須比命」の別名としている。

見てきたように、「金山毘古・金山比売」、および「火雷神」は、いずれも伊邪那美神の嘔吐物あるいは腐った屍から生まれたこと、そして日金山山頂には御子神・火牟須比命（迦具土神）とともに、相殿として伊邪那岐・伊邪那美の父母二神が祀られていたことから、親子三神がともども祭祀されていたことに、改めて注視しておきたいと思う。

注

① 『増訂豆州志稿』巻之九上〈神祠三〉賀茂郡（復刻版）、昭和四十二年、長倉書店
② 同右、三四七頁
③ 前掲『増訂豆州志稿』巻之八下〈神祠二〉田方郡、三三六頁
④ 『田方郡神社誌』同編纂委員会編、昭和六十年、七二頁
⑤ 前掲・注③に同じ。
⑥ 拙稿「『軽井沢』は火山・金属地名か」、『あしなか』三一一輯、平成三十年二月
⑦ 「伊豆の国懐紀行」（箕川墨江）天保五年（一八三四）、『江戸時代の伊豆紀行文集』中田祝夫編、昭和六十三年、長倉書店
⑧ 前掲・注④に同じ、七四頁
⑨ 前掲・注③に同じ。
⑩ 「密厳院領関東知行地注文案」（醍醐寺文書）ほか
⑪ 前掲・注⑧に同じ。
⑫ 『田方郡誌』大正七年、田方郡役所
⑬ 前掲・注①に同じ。

⑭　同右、五四七頁

⑮　同右

第七章　伊豆権現と金属伝承
――伊豆山より遠野来内へ

伊豆山より遠野来内へ――プロローグ

縁結びの御利益で一般に知られる伊豆の伊豆山神社は、かつて「走湯権現」（伊豆権現）とよばれ、古来より温泉の守り神とされてきた。そして、奥宮たる日金山山頂に祭られた伊豆山神が古くは「火牟須比命《ほむすび》」を祭神としてきたことに、何より注目しないわけにはいかなかった。それがもともと火の神であったことは、日金《ひがね》が「火ヶ峰《ひね》」を指していたことからも知られるが、それらについては、前稿第六章で見てきた通りである。

そこで明らかになったのは、一つには日金山山頂から移祀された火ノ神「火牟須比命」が、山麓周辺の山里に今なお息づいていたことである。そしてまた、この火牟須比命が、記紀に登場する火神「迦具土神《かぐつち》」や「火産霊神《ほむすび》」と同一神であり、まさしく火の神（火山神）にほかならないことが裏づけられた。

このように、古来〝火ノ神〟とされてきた伊豆権現（走湯権現）は、どのようにして伊豆山から周囲へ伝えられていったのであろうか、そのことが次に問われてくる。だが、火ノ神（火山神）といっても、そのままの〝形〟で伝えられることはむしろ少なかった。通例、〝火山の恵み〟によってもたらされた鉱産物（金属）や温泉の守護神として勧請される場合がしばしばだったからである。

そのことは、伊豆山自身、かねてより温泉霊場として広く聞こえてきたことからも知られる。『走湯山縁起』には、「神龍」によって形象化された走湯権現（伊豆権現）が温泉神として現われる、日金山地底世界の〝物語〟が興味深く描かれている。それらについては、第二章ほかで詳しく解析してきたところである。

伊豆山からの勧請を伝える「伊豆権現」が鉱山神、金属神として具体的に現われる事例は伊豆半島周辺に限らない。本章ではそのうち、伝承や資料が比較的多く残された東北・岩手県の遠野地方を取り上げ、そこに伝えられた来内伊豆権現と金山伝承との関係を中心に見ていきたいと思う。

一　柳田・伊能の見た遠野伊豆権現――『遠野物語』第二話と『遠野のくさぐさ』

1　『遠野物語』と三姉妹神話

わが国民俗学の夜明けを告げたとされる柳田国男の『遠野物語』冒頭を飾る第二話には、早池峯、六角牛、石神の遠野三山の景観が点描されたあと、古来から伝わるという女神たちの美しい物語が記されている。後に伊能嘉矩の『遠野のくさぐさ』と対比して考察するために、その冒頭部分を除く全文を掲げておく。注①

「(前略) 大昔に女神あり、三人の娘を伴ないてこの高原に来たり、今の来内村の伊豆権現の社あるところに宿りし夜、今夜よき夢を見たらん娘によき山を与うべしと母の神の語りて寝たりしに、夜深く天より霊華《れいか》降りて姉の胸の上に止りしを、末の姫眼覚めて窃《ひそか》にこれを取り、わが胸の上に載せたりしかば、ついに最も美しき早池峯の山を得、姉たちは六角牛と石神とを得たり。若き三人の女神おのおの三の山に住し今もこれを領したもう故に、遠野の女どもはその妬《ねたみ》を畏れて今もこの山には遊ばずといえり。」

右の文中に見える「来内村の伊豆権現の社」という記述は、その存在に筆者が関心を寄せた最初のものである。だが、後述するように、そこには謎がはらまれていた。

その文体はまことに美しく思えたが、しかし話の中味は必ずしも清らかなものとはいえな

遠野盆地と早池峯山

来内・伊豆権現の鳥居（撮影・鳳気至一廣）

い。伝説の筋書きは、母親神が三人の姫神それぞれに遠野三山の早池峯、六角牛、石神を分かち与えるというものであるが、語りの最大の関心の眼《まなこ》は、一番高く美しい早池峯をだれが取るかに注がれていたといっても過言ではない。

　通例なら、年齢の順に一番上の姉がその権利を与えられるところであり、事実、話の途中まではそうなりかけていた。ところが、ひそかに〝悪知恵〟をめぐらせた末の妹が、結果的に早池峯を得ることとなるのである。この話の展開は、何を意味していたのだろうか。

　末の妹に対する姉たちの妬《ねたみ》を畏れて、遠野の女たちは三山へ入山しなかったというこの話は、霊山への女人禁制の恰好の〝喧伝材料〟として利用されたらしい。しかし、その権利を誰が取ろう（盗もう）と、早池峯が一番秀いでたる山であったことに少しも変わりはなかった。まさに早池峯が遠野の象徴であることを、こうした〝反面教師〟的手法をあえてとることによって、第二話は強調していたのではなかろうか。それは、来内村伊豆権現と早池峯開山との結びつきの深さを暗示するものでもあったと言えるだろう。

さらに、もう一つ大切なことがある。それは、早池峯はじめ遠野三山を三人の姫神に分け与えた母親神（女神）の存在である。この物語では、早池峯を得た末の妹にどうしても目が行きがちだが、母神こそが話の中心に在るべきだったことを見落としてはならない。何より、この女神こそが、来内「伊豆権現」と見なされていたからである。

六角牛山（撮影・福田八郎）

しかし、「見なされていた」とあえて記したのは、通例そうであったということであって、『遠野物語』の作者は必ずしもそうは言っていないと思われるからだ。この第二話の中に引かれた当該個所の記述を、もうすこしよく見てみよう。

母親の女神は三人の娘らを連れて、この高原（遠野盆地）へやって来た。そして、「来内村の伊豆権現の社のあるところに宿りし夜…」とあるように、その夜、女神たちは「伊豆権現の社《やしろ》」に宿をとった。つまり、「伊豆権現」は宿泊場所として描かれているに過ぎないのである。

端的にいえば、「伊豆権現」は母親神のことを指していたのではなく、女神たちがやって来る以前から来内村に祀られていたということになる。それは、いつごろからのことで、どのような神さまだったのか、そして、そのことは何を意味していたのだろうか。

2 『遠野のくさぐさ』と来内伊豆権現——人類学者・伊能嘉矩の考説とアイヌ語地名

『台湾文化志』の大著で夙《つと》に知られる人類学者の伊能嘉矩は、柳田国男をして〝遠野の大人〟と言わしめた遠野の卓越した郷土史家でもあった。来内伊豆権現についても、柳田（喜善を含め）が伊能の考説に多く依っていたことは、すでに見てきた通りである。一方また、逆に伊能が『遠野物語』に刺激を受け、その影響を少なからず与えられた形跡がうかがえることも、事実だった。

注目すべきことは、伊能がアイヌ研究に精通していたこともあり、伊豆権現の認識について両者には明らかに違いがあったことである。ここで、『遠野物語』と同時期に刊行された伊能による郷土誌の代表作『遠野のくさぐさ』（明治四十～大正三年頃）を主な手がかりに、柳田との違いを意識しながら、見ていこうと思う。注②

三姉妹神の神話をめぐって――『遠野物語』第二話との比較

『遠野物語』冒頭を彩る第二話には、遠野三山の姫神たちの物語が綴られている。そして、この三姉妹の姫神たちの母親神が、物語の舞台となった来内に鎮座する伊豆権現であることを教えたのが、伊能嘉矩であった。その伊能が、柳田や喜善に語ったという話はどのようなものであったのか、『遠野のくさぐさ』の該当部分を取り上げ、『遠野物語』と比べてみよう。『遠野のくさぐさ』第一六話、「来内村の神跡」の冒頭には、以下のような記述が見られる。（原文はカッコを付して注記が挿入されているが、ここでは引用を省略し、次節でまとめてふれることにする）

「里老相伝ふ、昔伊豆大権現飛び来りて来内村に降臨し、此処に鎮座ましましぬ。後三女神を生み給ひしが、此の姉妹の三女神を早池峯・六角牛・石上の三山に鎮めまゐらす事となり、長嶺七日路に水なしといふ野山を越えられて、今の附馬牛村に到られ、其の長嶺の一部と見なさるゝ附馬牛の山路中に古き栗の木ありて、件の神々の憩ひたまひし跡と伝ひ、其のために葉は縮みつゝあるといふ。母神の宣ふまゝに約すらく、「三女神の寝ね《（ママ）》ます腹の上に蓮花の下りぬる方を、いと高き早池峯の山に鎮め申さん」と。斯くて三女神各々眠りに就かせ給ふ。

其の夜、姉神の腹に蓮花の降りけるを、季の妹神目を覚まし、窃かに取りて己の腹の上に載せられける。軈て三女神共に起きまゐらせて之を見そなはし、約の如く三山に分かれ

神遣神社の三姉妹神石像（遠野市附馬牛　撮影・鳳気至一廣）

給へぬ。附馬牛の神遣《カミヤリ》の地其の址なりと。」

右に見られるように、この神話は伊豆大権現の女神が来内村に天下って鎮座し、やがてそこで三人の姫神を生むという女神降臨譚、及び三姉妹姫神産生譚となっている。

一方、先に見た『遠野物語』では、三姉妹の姫神はすでにいずこかで生まれており、母神と一緒に来内へやってきて、その夜女神たちが泊まった場所が、伊豆権現社として描かれているに過ぎない。これは大きな違いといえよう。

さらに、もう一つ重要なことがある。その夜母神から、三姉妹に遠野三山を分け与えるという話（〝蓮花の約〟）がなされることは双方共通しているが、しかし、『遠野のくさぐさ』では、それは三姫神が「長嶺七日路に水なし」という、険しい山路を越えて早池峯のふもとの附馬牛に至ってからとしている。ところが、『遠野物語』の方では、泊まり場所は来内伊豆権現社のままで変わりがない。これもまた、大きな違いではなかろうか。

このほか、使われている用語など細かい点に目を配っても、違いが見られる。たとえば、

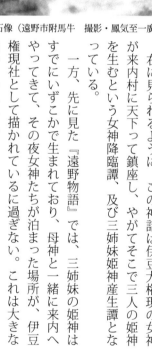

「伊豆大権現」（くさぐさ）と「伊豆権現」（物語）、姫神の「腹の上」が「胸の上」、「蓮花が降りる」が「霊華降りて」、などとなっている。これらの違いは大差ないように見えるが、受け取る側のイメージ、たとえば「腹の上」と「胸の上」とでは、ニュアンスに大分違いがあるのではなかろうか。「姉神の腹の上に蓮花の降りる」より、「天より霊華降りて姉の姫の胸に止りし」とした方が、より美しい清らかな表現に思えてしまう。問題は、どうしてこの違いが生まれたのかである。

いずれにしても、〝母神の約〟に従い蓮花（または霊華）が腹（または胸）の上に結果的に降りた末の姫が、最も高く美しい早池峯を得たのである。『遠野のくさぐさ』では、三山に姫たちが分かれたところが「附馬牛の神遣《カミヤリ》の地其の址なり」とされていることも注目されよう。

伝承の拡がり

さて、先にふれた『遠野のくさぐさ』の〔　〕内に記された注記について、あらためて見ておこうと思う。その内容は以下の通り、二つに分けられよう。（右肩の傍線は引用者による）

〈1〉女神の産生に関して

「社地のふもとに御産畠と呼ぶ地あり。是れ其の誕生の址なり。同じく少しく隔てゝ鍋田と呼ぶ水田あり。元と泉の湧きたる処、こゝにて産湯を奉れる址なりと。故に一に産洗田ともいふ。」

「産湯を奉りしてふ泉は後に水田となし〔即ち鍋田〕今も苗三把を限りて植え、之を刈るとき必ず六把の小束に作り、且つ肥料を施さず、女人の耕耘を禁ずとぞ〔現在田の広さ約一坪〕。之を早池峯の神饌に供するを例とす。或は云ふ、此の田に苗植うる日は、晴天の時にも必ず雨ふると。」

右の注記でまず注目されるのは、伊豆大権現が鎮座する来内の社地周辺に女神の産生に因んだ地名がいくつも見られることである。「御産畠」は女神が三人の姫神を産んだ跡地とされる。また、そのすぐ近くには「鍋田」という水田があり、ここは元は泉が湧き、女神が産湯をつかった跡地だという。（一名「産洗田」とも）

さらに後段を見ると、この「鍋田」という水田は、今も（明治末年頃）耕作が行われ、苗三把を植え付け、刈り取るときは倍の六把にして小束を作ったという。また、この田（約一坪）は肥料を施さず、女性の耕作が禁じられていた。さらに目を見張らせられるのは、ここから収穫された稲が早池峯の神饌として供されるのを常としたということである。

来内・伊豆権現社（撮影・鳳気至一廣）

それが何を意味したのか、詳細は後に改めてふれることにするが、いずれにしろ、伊豆権現とされる女神が三人の姫神を産んだ場所に因むこの神話伝承は、たいへん示唆に富んだものだといえよう。

〈2〉伊豆権現社の地形的特徴

「稗貫郡大迫上町一丁許東方の山岳に在る伊豆権現社址、伊豆国田方郡熱海町に属する伊豆山の同権現皆地形の同似を示し、現代アイヌ語の岬鼻に照応す。」

右の注記は短い記述ではあるが、ここにも重要なことが記されている。一つは、伊豆権現社が遠野来内のほか、稗貫郡大迫《おおはざま》町の山中にもあり、早池峯山麓には少なくとも二ヵ所鎮座していたことである。

もう一つは、伊豆権現社が分布する鎮座地の地形的特徴の共通性についてふれていることである。すなわち、当権現社の本元（本社）と見られている伊豆国伊豆山の伊豆権現を含め、鎮座地は皆、〝山の鼻〟〝先端〟を表す類似の地形をしているというのである。しかも、これがアイヌ語の「岬鼻に照応する」としていることはたいへん注目される。（後述参照）

〈補記〉なお、『遠野のくさぐさ』第一束に、「三七　駒木村伊豆権現の棟札」の項があり、明和七年、寛政十一年、安政三年造立の三枚の棟札が記されている。この「駒木村」がどの辺りを指していたのかわからないが、伊豆権現が鎮座する地形的特徴が当地の場合にも共通するのかどうか、またこの伊豆権現が何を祀っているのか、興味深い。

神話の発生由来と早池峯開山

以上、この神話の内容について見てきたが、それがいずれに由来するものであったのか、伊能の述べるところを紹介しながら、考察を加えてゆきたい。

附馬牛より早池峯山を遥拝する（撮影・福田八郎）

伊能によれば、この神話は、来内村が遠野の主峰・早池峯山の開祖（大同元年）である始閣藤蔵の生地（住処地のこと）とされていたことから生まれたという。すなわち、藤蔵は早池峯を開山するにあたり、来内の伊豆大権現（女神）をその守護神としたというのである。

神話におけるストーリーの展開も、全体として伊豆権現である女神（母神）が三姉妹の姫神を産み、遠野三山をそれぞれに分け与えるという話が中心となっており、そのため、「お産畠」あるいは産湯《うぶゆ》を遣った泉が湧く水田の「鍋田」（産洗田とも）など、女神（母神）のお産に因んだ〝神跡〟（神話的古跡）が数多く見られるのだという。

しかし、もう少し突っこんでこれを見ると、この神話が早池峯開山に、より一層重きを置いたものとなっていることが理解されてくる。すなわち、藤蔵の開山にあたり、早池峯奉斎の神饌として産湯に因んだ「鍋田」から収穫された稲が供されていることは、それを如実に物語っているといえよう。

しかもその際、稲の刈り取りに苗植え時の倍量を供せられたこと、施肥をしないこと、女人の耕作が禁じられたこと、などの定《き》めごとがあった。それらは、早池峯がそれだけ特別の存在として神聖視されていたことを表しているといってよい。

さらに、早池峯山へのこの神聖化が、開祖・藤蔵の住処たる来内村に関しても見られることは、注目される。早池峯登拝には通例、七日間の精進潔斎、女人の手に成れる衣服を一切身に着けないこととされたが、来内村の者のみは、伊豆権現の発祥地であることから、そうした禁制を受けないとされているのである。

伊能は、藤蔵による早池峯開山について、富士山など他地方の事例を引きながら、いかにその神秘性が高められようとしていたかを説き明かそうとしている。それは同時に、来内伊豆権現が特別視されていたことを強調していることにほかならない。つまり来内の地は、まさに聖地といってもよい存在だったのである。それは何を意味していたのか。

「早池峯開祖・始閣藤蔵碑」（来内　撮影・鳳気至一廣）

早池峯開山の守護神たる「伊豆権現」の神話が来内の地にいかにして生まれたのか、その由来について見てきたが、伊能が、女神（母神）から生まれた三姉妹の姫神らに、〝蓮花の約〟によって三山が分け与えられるというこの神話を、「由来を神秘にせんが為にせる潤飾なるべく」としていることは、『遠野のくさぐさ』と筋書きが食い違う『遠野物語』の叙述とも相まって、たいへん興味をそそられる。

「伊豆大権現」の起源とアイヌ語地名

そこで問題となるのが、この伊豆大権現なる神はそもそも何ものだったのかということである。伊能はそれを、「原《も》と此の地の土神（おそらく蝦夷の神）」としている。つまり、来内村という土地に古来から祭られてきた土神（地神）であり、それはおそらく、古代の「蝦夷の神」であろうと注記している。「蝦夷」＝エゾまたはエミシ（古称）は、関東以北、とくに北東北・北海道に居住した先住民族で、今日のアイヌ民族と考えられている。「蝦夷の神」とは、ここでは「アイヌの神」と見なしておくことにしよう。（後述参照）

伊能はまた、伊豆大権現が鎮座する神社（社祠）の地形的特徴についても述べ、アイヌ語の「岬鼻」に対応するとしている。つまり、これは「山の鼻」という意味に当たるアイヌ語の「エツ」（ETU）からきており、したがって、「エツ、カムイ」と言えば「山の鼻に鎮座する神」を称したのである。

そして、「エツ」は「イツ」に転訛するところから、後に「伊豆」の字が当てられ、「伊豆ノ神」と呼ばれるようになった。かくして、「伊豆より飛来したりとの神話を付会するに至りしならん。」と推定している。しかし、このアイヌ語「イツ」に何故、「伊豆」の字を当てるようになったのかについては、必ずしも明らかにされたとはいえないだろう。

以上に見た、地形上の特徴よりする「伊豆大権現は、原《も》とアイヌの神なりしなり」という伊能の説は、不明な点がなくもないが、傾聴に値すると言えるのではなかろうか。伊能はわが国における蝦夷神（アイヌ神）祭祀の先例を挙げ、これを次のように裏付けしている。

「日本にても夷神を祭りしこと、斉明天皇七年に阿倍比羅夫の粛慎《ミシハセ》を討ち蝦夷を征したる後蝦夷神を祭れり。」

この、伊豆権現が元は蝦夷の神であったというのは、おそらく相当に古い時代のことであったと思われる。一方、本山と見られている伊豆国伊豆山の「伊豆権現」が、火山神あるいは温泉神（または鉱山神）として広く知られるようになったのは、古代平安期頃のことと考えられている。

伊豆国・伊豆山の図（谷文晁画『公余探勝図』寛政５年）

やがてそれは、平安末期から中世にかけ、蝦夷の地でもあった北上《きたかみ》山地にまで北上伝播してゆく。それが何を目的としたものであったのか、次節で改めて見てゆくが、ここでは蝦夷の神（アイヌの神）との関係にしぼって、今少し推理を加えておくことにしたい。

「伊豆権現」が伊豆国伊豆山から来内の地へ伝播した際、おそらくそこにはすでに地神（土神）として先住民たる蝦夷の神々が祭られていたと想像される。その神の名が何とよばれたかはわからないが、祭られた場所は、おそらく「山の鼻」（エッ）のようなところであったに相違ない。

「伊豆権現」が来内の地へ伝えられたのには、もちろんしかるべき目的が別にあったことを忘れてはならないが（後述）、何よりもそこ（鎮座地）が故地である伊豆山の地形とそっくりだったからではなかろうか。逆に、そうしたところがあえて選ばれたのは、受け容れられ易さを考えたからかもしれない。そのように、新たに入る側と受け容れる側との〝素地〟の共通性をそこに見るのは、必ずしも誤った推理とはいえないのではなかろうか。

蝦夷の神（アイヌの神）「エツ、カムイ」が、このように「伊豆権現」にとって代わられたことを、歴史的事実として受け容れるとして、仮にそれが先住民への略奪行為によるものと解釈すると、どういうことになるのだろう。実は、この点気になることがあったのである。

『遠野物語』第二話の末尾注にもあるように、「来内」（ライナイ）はアイヌ語地名だった。すなわち、「ライ」は死のこと、「ナイ」は沢または谷のことを指す。したがって、「来内」（ライナイ）は死の沢ということになる。『遠野物語』注では、これを「水静かなるよりの名か」としているが、そんな清らかなものではなかったのではなかろうか。

そういえば、三姉妹神の神話の中で、夜更けて天から降りた「霊華」（『遠野物語』）、あるいは「蓮花」（『遠野のくさぐさ』）は「蓮華」（れんげ）のことを指していよう。それは「蓮《はす》の花」、「浄土の花」を意味し、もともとは仏に手向ける花ではなかったか。

そのことと関連づけて考えると、「死の沢」を意味した「来内川」の川面《かわも》から、なにやら不吉なものが漂ってくるのを感じる。あながちいたずらな幻想とも思えないのだが、それは何を物語っていたのだろうか。

ちなみに、江戸期以降のことと思われるが、早池峯登拝に際しては、死装束の白の浄衣のまま来内川に入り、水垢離を取ったといわれている。

3　『遠野物語』と『遠野のくさぐさ』――むすびに代えて

三姉妹神の神話の中に登場する来内の伊豆権現は、地元遠野にどのように伝えられてきたのか。柳田『遠野物語』と伊能『遠野のくさぐさ』を比較しながら見てきたが、二つの著作には明らかに筋書きの違いが存在した。

すなわち、『遠野物語』では、来内の伊豆権現社は母親の女神が三姉妹の姫神たちにその夜、〝霊華の約束事〟（蓮花の約）を語った泊まり宿として描かれる。一方、『遠野のくさぐさ』のほうは、三人の姫神たちを産んだ女神そのものを伊豆権現としている。しかも後者では、女神が姫神たちに〝蓮花の約〟（花占いとも）を語ったのは来内ではなく、〝長峰七日路に水なし〟の険しい野山を越えてやって来た、附馬牛の神遣《かみやり》の地に至ってからであった。

この違いが生まれたのは何故なのか。これまで見てきたところから大方想像もされようが、その優劣について一概に判断することはできない。遠野地方には古くより、三姉妹神の神話の下地となる民間の説話譚や昔話・伝説などが、数多く語り継がれてきていると見られるからである。

そうした土壌に、外部から遊行の宗教者（聖や山伏など）や漂泊芸人らが異質の文化を携えて新たに入り込んで来たらどうなるか。当然、双方の間に摩擦や融合が起こって土着の譚にさまざまな〝改変〟が加えられよう。その結果、似たような話がいくつも語られるようになることが考えられる。三姉妹神の神話のバリエーションが生まれたのは、その好例ではなかろうか。

いずれの話がより古かったか（あるいは原話に近かったか）、そのことについて遠野出身の秀れた民俗研究家として知られる菊池照雄氏（故人）が、その著書の中で述べている。注③いま、双方の叙述表記を比べて見ると、ある程度予測がつけられそうな気もする。

見てきたように、『遠野のくさぐさ』に記された話は、より泥臭く、素朴さに溢れているのに対し、『遠野物語』のほうは洗練された美しい表現が目立ち、新たに手が加えられた創作性を強く感じさせる。より古くて原話に近かったのは、『遠野のくさぐさ』に伝えられた話のほうではなかろうかと思える。

二　早池峯開山伝承と来内伊豆権現――伊豆国より北上山地・遠野へ

前節では、柳田国男の『遠野物語』と伊能嘉矩の『遠野のくさぐさ』が取り上げる三姉妹神の神話の中で、その舞台となった来内の伊豆権現がどのように描かれていたかを見てきた。そこで注目されたのは、来内伊豆権現が遠野の象徴である早池峯山と密接な関わりを持っていたことである。

そもそも、遠く離れた伊豆国の伊豆山に本拠を置く伊豆権現が何故、遠野の南の入口にある来内の地へ伝えられたのだろう。そのことが何より明らかにされなければならない。

1　伊豆山から遠野への北上――藤蔵の足跡をたどる

そこで、登場してくるのが早池峯開山伝承の主役たる「猟師藤蔵」の存在である。来内伊豆権現の謎を解き明かすために、この藤蔵のたどった足跡を、まず見ておきたいと思う。

藤蔵は元々、遠野に生まれた人ではなかった。藤蔵が他所からやって来たこと、それを裏付けるのが来内伊豆権現の存在であった。その足取りをとりあえず辿ってみよう。

見てきたように、伊豆権現の本社は伊豆国伊豆山にある。古来より「走湯山」とよばれ、温泉の守護神としてその名は聞こえていた。来内伊豆権現はおそらく、そこから直接伝えられたものと見られよう。その伝播の道筋《ルート》を、いま遠野出身のすぐれた民俗研究家として知ら

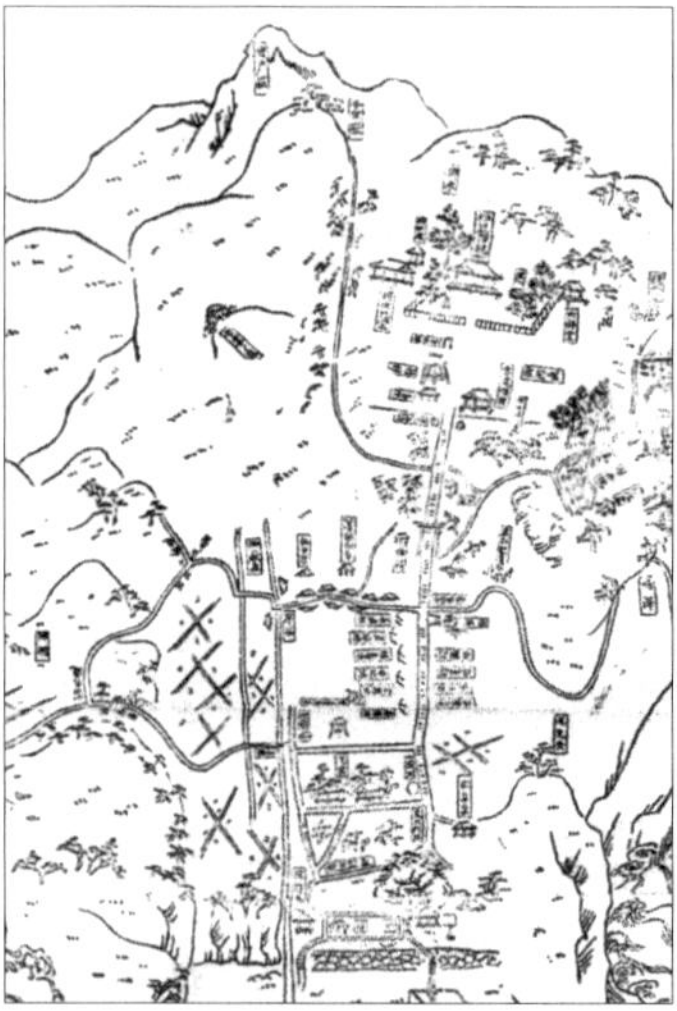

伊豆山の山内図（『熱海之絵図』宝暦８年）

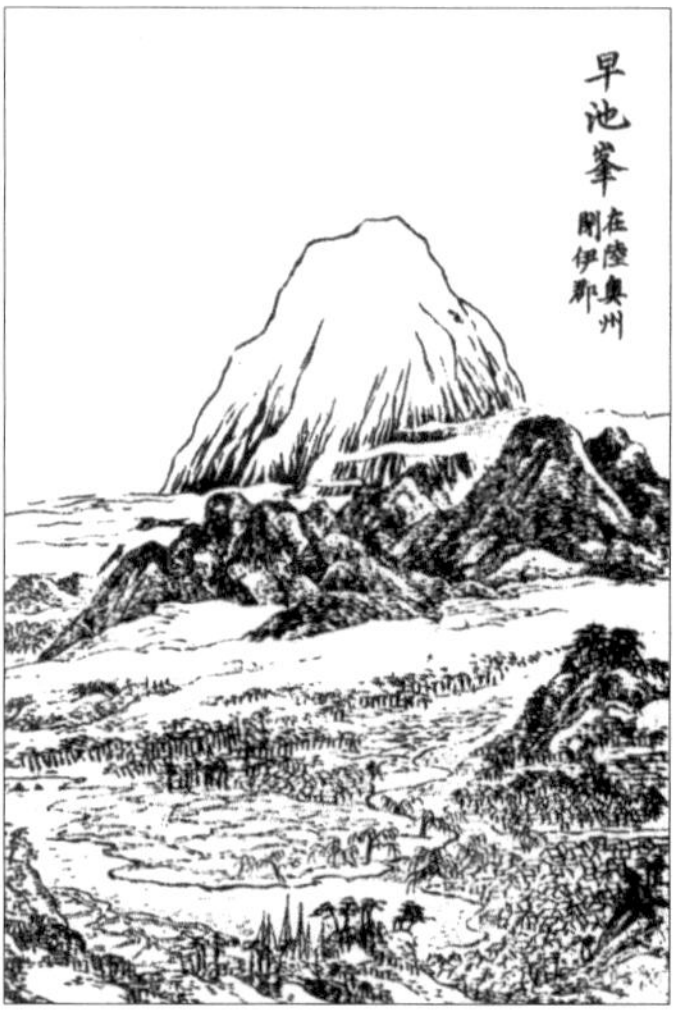

閉伊郡・早池峯の図（谷文晁画『日本名山図会』文化元年）

れる、菊池照雄氏（故人）の著作に導かれながら見てゆきたい[注④]。

昭和二十二年（一九四七）、早池峯山麓大出にある早池峯神社祭礼の夜、菊池さんは藤蔵の末裔にあたる始閣家のおばあさんから、ご先祖のことなどについて話を聞いた。藤蔵は、生まれ故郷の伊豆から伊豆権現を携え、狩猟をしながらはるばる太平洋岸沿いを北上し、遠野の地へとやって来たという。生地伊豆のどこに住み、何をしていたか、詳しいことはわからないが、次節とも関わる重要なことなので、改めて取り上げたいと思う。

さらに、当主の三十九代目・始閣 実さんの語ったところによると、藤蔵の辿ったルートは、海に面した気仙郡から蕨峠を越えて来内村に入り、そこで猟師をしていたとされる。なぜこのルートが選ばれたのか、後述でもふれるが、そこには見逃せない理由が隠されていた。
始閣 実さんには、昭和五十二年八～九月、筆者が遠野を訪れた際に初めてお目にかかり（当時七十歳）、三山神話や早池峯山内の行場のことなど、貴重なお話をいろいろうかがった。大出の早池峯神社を長く護ってこられたが、神職らしくない、その素朴で控え目な話しぶりが、深く印象に残っている。注⑤ しかし、筆者のほうに今ほど伊豆権現への関心がなく、詳しくお聞きできなかったことが悔やまれる。

2　猟師藤蔵と早池峯開山――金色の十一面観音感得と来内新山宮創建

ところで、藤蔵が伊豆から持ち伝えた来内の伊豆権現は、先の三姉妹神の神話にも見られたように、遠野の主峰・早池峯山と深く関わっていた。早池峯の開山伝承として伝えられるものは、別当寺であった遠野妙泉寺の五十二世法印宥盛が、元禄十一年（一六九八）に認《したた》めた『奥州南部早池峯山縁起』注⑥にほとんどみな基づいているといってもよい。

藤蔵の末裔・始閣実さんの住まい（旧妙泉寺庫裏）

　ここでは、この『縁起』と内容がほぼ同じであることから、やはり同法印の誌した

『奥州南部早池峯山縁起』の所蔵者・佐々木重太家（附馬牛大出）

『遠野妙泉寺由緒』書上[注⑦]に載る、「開山普賢坊（四角藤蔵）」の略歴から、その冒頭部分を掲げておく。

「早池峯大権現ノ開基者、平城帝ノ御宇遠野来内村ニ四角藤蔵ト云フ猟師アリ。多年当山ニ攀登《ハントウ》シテ諸犹ヲ猟ス。時ニ大同元年（八〇六）丙戌年三月八日風雪ヲ避ケテ山ニ入ル、日既ニ暮レ山嶺ノ一岩窟《ガンクツ》ニ入ル。五更（午前四時）ニ及ブ頃奇ナルカナ光耀赫然《コウエウカクゼン》トシテアダカモ日中ノ如シ。是ニ於テ藤蔵恍惚《クワウコツ》トシテ心魂悶絶《モンぜツ》シ四体輾転スルコト少時ニシテ醒《サ》メル如ク、漸ク開眼スレバ即チ光耀《コエヨウ》風雪倶ニ散シ青天トナリ、相好微笑シ金色ノ荘《サウ》末代救世ノ大士十一面ノ尊像ヲ見出ス。希代ノ霊感殊勝ノ奇瑞心肝ニ銘ジ随喜屡《シバシバ》涙ヲ催シ、身心自ラ丹誠ヲ発シ恭シク礼拝シテ名号ヲ唱フ。…（後略）」

この記述をふまえ、以下、開山のあらましを辿ってみよう。その際、とりわけ来内伊豆権現及び藤蔵が創建したとされる新山宮との関わりに留意したい。

風雪の登山、金色の尊像との出会い

——平城帝の頃、遠野来内村の「四角藤蔵」という猟師が、毎年早池峯に登って猟をしていた。時に大同元年（八〇六）三月八日、荒天の中を山へ登り、風雪を避けて岩窟にこもっていた。朝方になり頂上を見上げると、昼間の如く明るく光り輝いている。藤蔵は恍惚としてしばし悶絶していたが、やがて辺りは元のようにおさまり晴天となると、そこに金色の十一面観音が現れた（早池峯大権現の御姿か）。ここに、藤蔵は早池峯権現に相見《あいまみ》えたのである。

藤蔵は、尊像を礼拝して名号を唱えてから、やがて心に誓った。「仲夏ニ至リ必ス登山シテ、宝殿ヲ建テ御神体ヲ遷シ奉ン」と。こうして恭しく礼拝すると、藤蔵は下山した。

十一面観音金銅仏小像（早池峯三尊のうち　遠野市内・宮本家蔵）

来内新山宮の創祀

目を見張らされるのは、そのすぐあと、『早池峯山縁起』に見える次の記述である。

「既ニ来内村ノ私亭ニ帰リ、信心愈肝ニ銘ジ随喜屡《シバシバ》涙ヲ催ス尊仰ノ餘一草堂ヲ居宅ノ後ニ構ヘ幣帛ヲ安置シ以テ新山宮ト号ス。」

これは、先の早池峯開山の際に藤蔵が山頂で金色の十一面観音像を感得したあと、（奥宮の）宝殿建立のために再登山を誓って下山した、その直後

早池峯山頂・御嶺宮（奥宮）

におけることである。藤蔵は山頂での感応そのままに、信心いよいよ深まり、権現への尊仰から居宅の後ろに草堂を構えた。そして、幣帛（供物）を安置して、そこを「新山宮」と号したのである。

「新山宮」というのは、早池峯山頂の「御嶺宮」（奥宮）に対して、麓の村里に祀られ日常より祭祀を行なう「里宮」と考えてよいだろう。里宮たるその「新山宮」が、開山と同じ日に、下山してすぐ来内村の居宅近くに創建されたのである。しかもそれは、山頂の「御嶺宮社」（奥宮）が造建されるより前のことだった。

「早池峯御嶺宮社開基」

その「御嶺宮」（奥宮）の造営について、『縁起』にはすぐあとに次のように記されている。

「大同元年丙戌五月四日宮本（藤蔵）早池峯絶頂ニ登リテ、同日宮地ヲ卜《ボク》ス。霊泉有リ其ノ側ニ七尺有余ノ神宮ヲ草始シテ、同六月十八日造営ヲ畢《オワ》ル同日遷宮慶讃ス。（後略）」

これを見ると、開山の三月八日の登山の際に誓った仲夏の再登頂時における宝殿造営・御遷宮を、藤蔵が約束どおり果たしたことがわかる。この山頂の「御嶺宮」は奥宮と見なされるが、遷宮が成し遂げられた六月十八日を記念して、この日に早池峯山の大祭が大出新山宮で行われるようになった。

3　妙泉寺創建と大出新山宮

その後、弘仁年中（八一〇〜八二四）、宮本（始閣）藤蔵は、来内の旧宅を次男に任せ、長子と共に早池峯山麓の大出村に移り住む。そして、父子ともにそれぞれ薙髪《チハツ》して名を普賢坊、長円坊と改めた。普賢坊（藤蔵）は、それからまもなくの承和元年（八三四）、七十有余歳で亡くなったが、その後を継いだ二世長円坊は、腐朽した山頂の御嶺宮を復旧するなど再興につとめた。

こうして、斉衡年中（八五四〜八五七）、円仁（慈覚大師）が来山して山麓大出村に一宇を建立、妙泉寺を開創して（大黒坊とも）、自らの高弟持福院を住職に就かせることになる。一方また、山内の一角に三間四面の神殿を造立し、ここに早池峯権現（十一面観音）を勧請して中央に安置。さらに薬師、虚空蔵を脇侍として加え、これを新山宮と称した。（早池峯三尊か）

また、『縁起』には「当山ノ鎮護トシテ二十末社ヲ社辺及ビ村落ニ安置ス。就中神遣権現ヲ以テ末社ノ上首トナス。」とあるように、大出早池峯新山宮の末社の中で、附馬牛の神遣権現がとりわけ重要視されていたことがわかる。

そこで見落とせないのは、円仁が長円坊に語った（命じた）という、次の言葉である。

遠野・早池峯神社入口の鳥居（附馬牛大出）

早池峯神社・神門（旧妙泉寺の山門）

「汝社人トナリテ子々孫々永ク神ニ事《ツカ》ヘ可キ者ナリ。」

これは、長円坊以降、始閣家代々の子孫が新山宮の社人（禰宜）として仕え、円仁の直弟子による妙泉寺支配下に組み込まれていくことを意味したといえよう。

右に見た『早池峯山縁起』、『妙泉寺由緒』に記される、大出山内での妙泉寺・新山宮建立の経緯は、もとよりそのまま史実とは認めがたい。円仁（慈覚大師）の名声から、その来山を伝えるなど、本山の権威を後ろ盾に、東北地方における天台（および本山修験）の教線拡大をはからんとした意図が、そこに見え隠れしている。

その背景には、信者の獲得その他をめぐる在地勢力との争いごともしばしば起こったにちがいない。それは何時《いつ》ごろのことで、その最大の原因は何であったのかは深い闇に包まれているが、一方、そこには来内伊豆権現を当地にもたらしたと見られる熊野修験（走湯修験）の動向も気になるところだ。

4　来内伊豆権現と新山宮――「三姉妹神の神話」再考

右に、『奥州南部早池峯山縁起』及び『遠野妙泉寺由緒』の史料から、来内村猟師藤蔵による早池峯開山と山麓大出村の妙泉寺並びに早池峯新山宮造営について、概略を見てきた。その経緯からとくに注目されるのは、藤蔵による早池峯開山が、来内村を基点としてなされていることである。

そこで思い起こされるのは、先に取り上げた「三姉妹神の神話」のことである。最も秀でた早池峯をはじめ、遠野三山を姫神たちに分け与えるというこの神話は、来内村がやはり主たる舞台となっている。すでに内容は紹介済みであるが、右の開山縁起とも重なる相互の関係性という側面から、これを改めて取り上げてみようと思う。

伊豆権現は早池峯の〝親神〟

神話の中では、来内村で三人の姫神を産んだ女神が伊豆権現となっている（『遠野のくさぐさ』）。最も高くて美しい早池峯は末の姫に与えられることになったが、伊豆権現がその「親神」として崇められたことを見落としてはならない。（ただし『遠野物語』では、伊豆権現を花

占いをした夜の泊まり宿としている）

さらに、伊能の『遠野のくさぐさ』に顕著に見られるように、来内村周辺には伊豆権現たる女神のお産に因んだ地名（神跡）が多く目につく。「鍋田」や「お産畠」などの地名跡には女神が産湯《うぶゆ》をつかったという泉が湧いていたと伝える。藤蔵が早池峯を開山してからは、それらの地で水田耕作が行われ、そこで収穫された稲が早池峯への「神饌」として供されるのを常としたという。また、伊豆権現へ供える稲穂を育てる「神田」もあったと伝えられる。

このように、地元に伝わる神話から、遠野地方（さらには北上山地一帯）において、早池峯がいかに神聖な存在と見られていたかがよくわかる。そしてそのことは、さらに早池峯の〝親神〟とされた来内の伊豆権現が特別に崇められるところともなっていったのである。

そのことを如実に物語るのが、次の言い伝えである。来内の「神田」で作られた米は、餅にして伊豆権現と早池峯新山宮に献上された。そして、大出の早池峯新山宮大祭（六月十八日か）は、来内の伊豆権現の別当（禰宜）が、この餅を持参してやって来ないうちは、開催できないとまでいわれたのである。注⑧

「三姉妹神の神話」は何ゆえに生まれたか

このように早池峯山を神聖化し、そのために伊豆権現を〝親神〟として崇め特別扱いする、こうした「三姉妹神の神話」がそもそも来内村を舞台に生まれたのはどうしてだったのか。

そのことについて、この神話を主に紹介する『遠野のくさぐさ』の中で、作者の伊能嘉矩は、次のように語っている。

「来内村は大同元年初めて早池峯山を開ける始角藤蔵の生地なるに因み、此の神話を生ぜしなるべく、（後略）」

これは、当を得た卓見といえよう。ただし、来内村を「生地」とするのは誤りで、すでに見てきたように、藤蔵は伊豆国伊豆山から来内村に移住し、猟師としてそこで暮らしてきたとされている。

さらに、いまひとつ重要なことがある。それは、伊豆権現が藤蔵の故地である伊豆山から守護神として移し伝えられ、来内村に祭祀されたということである。

以上が、「三姉妹神の神話」が来内村に生まれた要因として、『奥州南部早池峯山縁起』及び『遠野妙泉寺由緒』をはじめとした歴史資料やその他の民俗伝承などから推察されることである。

こうしてみると、北上山地の主峰・早池峯山を開いた藤蔵が暮らす拠点として、来内村がいかに重要視されてきたかがよくわかる。先に『早池峯山縁起』の中で藤蔵が早池峯を開山したあと、来内村に下山して直ちに住居近くに新山宮を構えていることからも、それは知られる。しかも、それが山頂に御嶺宮（奥宮）を造営するよりも前のことであったことに、とりわけ注目すべきだろう。

新山宮とはいわゆる里宮であり、本社（または奥宮）の造営者が最も身近な祭祀場として、どこよりも大切にする空間といえる。藤蔵が山頂より下山後、早池峯新山宮を来内村の居宅

神遣神社（附馬牛）（撮影・鳳気至一廣）

近くに真っ先に構えたのは、ごく自然になせることだったのではなかろうか。

「神話」と「縁起」の作者

そこで、もう一つ気になるのは、来内村を舞台とした「三姉妹神の神話」の中に出てくる、伊豆権現と新山宮との関係についてである。来内村が早池峯を開山した藤蔵の居住地であったことが、神話の生まれた要因であるとすると、『縁起』と「神話」との間には相互に共有し合う部分があったことが推測される。

たとえば、「神話」の中で附馬牛村の神遣峠は、三姉妹神が早池峯、六角牛、石神の三山にわかれた場所として重きを置かれている。これは、『縁起』の中で大出新山宮の末社について記述されていたことと、大いに関係するのではなかろうか。すなわち、

「当山ノ鎮護トシテ二十末社ヲ社辺及ビ村落ニ安置ス。就中神遣権現ヲ以テ末社ノ上首トナス。」

とあることを見落としてはならない。要するに、神遣権現が大出に在る早池峯新山宮の末社として、最上位にランク付けされているのだ。

こうした実例をもふまえ、来内伊豆権現と早池峯新山宮との関係を改めて考えなおしてみると、相互に密接な結びつきのあったことが見えてくるように思われる。ちなみに、先述した菊池照雄氏も、著書の中で次のように述べている[注⑨]。

「あるいはここ（伊豆権現）が、来内新山宮というべき早池峯の里宮の役割を担った場所なのかも知れない。」

さりげなくふれているだけだが、これは注目すべき指摘といえるのではなかろうか。

以上、来内伊豆権現と早池峯新山宮について相互の関係をさぐってきたが、その典拠となる「三姉妹神の神話」と『早池峯山縁起』とは、双方とも熊野修験と見なされる天台系の山岳宗教集団に連なった、同一の作者により創作された可能性がある。もとより、主役たる「猟師藤蔵」は、その象徴的存在に過ぎなかったのかも知れない。

はたして、伊豆からやって来たと伝える早池峯開山の藤蔵のそもそもの目的は何であったのか、次節で改めて見ていこうと思う。

神遺権現石碑（「早池峯新山宮二十末社最上位」とある）（撮影・鳳気至一廣）

三　遠野の金山師と伊豆権現

見てきたように、遠野来内の伊豆権現は、早池峯を開山した猟師藤蔵によってもたらされたが、それはいかなる目的からだったのか。また、伊豆権現は伊豆国伊豆山を本社とし、古く温泉の守護神とされてきたが、そもそも祭神には何が祀られてきたのだろう。

そこでまず、藤蔵は遠野へやって来る前には、何処で何を生業《なりわい》とし、伊豆権現とどのように関わってきたのかを見てゆくことにしたい。

1　先進地・伊豆の金山師——猟師藤蔵の前歴

藤蔵の生まれ故郷は伊豆国とされている。しかし、伊豆の何処で生まれたのかは明らかでない。それを具体的に裏づける資料が見つからないというより、もともと藤蔵の履歴を証するものなど存在しなかったのではないか。

それは、先にもふれたように、遠野に伊豆権現を実際に持ち伝えた山岳宗教者（山伏）集団の、象徴的存在が「藤蔵」であったと考えられるからだ。だが、伊豆で何をしていたかは、突きとめることができそうである。

藤蔵は遠野へ移り住んだ際、自らの守護神として伊豆山から伊豆権現を携え、移し伝えた。後に、資料をもとに改めてふれるが、見落としてならないのは、来内伊豆権現は藤蔵の家近くにあった金山（火石沢金山）の守護神として祀られたということである。つまり、藤蔵は伊豆で金山師の経験があり、それをもとにして火石沢金山と何らかの関わりを持ったのではなかろうか。

　菊池照雄氏によれば、藤蔵は当時の金山の先進地・伊豆の産金技術を持って来内へ乗り込んで来たという。古代からその存在が知られ、中世最大の産金量を誇った「伊豆金山」が急速に衰退し、金山師たちは新天地を求めて北上山地に入り込み、遠野へとやってきた。[注⑩] その一人が藤蔵だったというわけである。

　藤蔵が気仙郡から蕨峠を越えて来内村へ入ったというのに

伊豆金山① 天城湯ヶ島「金山《かなやま》」の説明板（伊豆市湯ヶ島）

伊豆金山② 修善寺町瓜生野《うりゅうの》・熊野神社　近世初期、金山があり、傍らに祀られていた（伊豆市修善寺）

は、理由《わけ》があった。日本最古の産金地、遠田郡黄金沢を基点に、本吉郡、東磐井郡、気仙郡伊達の四大金山を北上するコースが選ばれたと考えられるからだ。

ただし、右に菊池氏が述べる「伊豆金山」という呼称は、伊豆の金山の総称と理解したほうがよい。主な鉱山としては、東伊豆の縄地《なわち》金山（河津町）、中伊豆の修善寺・瓜生野《うりゅうの》及び大仁《おおひと》、湯ケ島地区、西伊豆の土肥金山（天正五年発見）などが挙げられる。中世後半から近世初頭にかけて稼行が見られたが、最盛期は慶長十一～十二年（一六〇六～〇七）のごく短期間であったとされる。

藤蔵が伊豆の金山で金山師として関わっていたのは確かだとして、伊豆のどの金山だったかは特定できない。しかし、守護神としていた伊豆権現とのかねあいでいえば、本社のある伊豆山により近い東海岸沿いの縄地金山であった可能性が高いのではなかろうか。同金山は、文禄頃から稼行したとされるが、慶長期末以降衰退傾向に入ったと見られる。ちなみに、遠野市の民俗芸能研究家・類家英一郎氏（故人）によると、藤蔵は伊豆・箱根の修験道で修行した修験者（走湯修験か）だったとしている。注⑪

2　伊豆権現の金属神的性格――再び「火ノ神」について

こうして藤蔵は、衰退を余儀なくされた伊豆の金山をあとに、北上山地の金山地帯を目ざす。そして、気仙郡から蕨峠を越え、遠野来内の地へとやってきた。見落としてならないのは、その際、藤蔵が故郷伊豆から、本社・伊豆山の伊豆権現を携えてやってきたことである。

護符を肌身に付けてきたのは、藤蔵が伊豆権現を自身の守り神としていたからだろう。

そして、この「藤蔵の守り神」という表現を注意深く見直してみると、それは「金山師の守り神」と置き替えることができるように思う。藤蔵は、伊豆金山で働いていたと伝えられるからである。さらに、藤蔵が遠野に移住すると、それは「来内伊豆権現」という、地名を冠した表記に変わる。そのことは、『遠野物語』や『遠野のくさぐさ』に描かれる「三姉妹神の神話」の中で、これまで見てきたとおりである。

ところが、神話の中では「来内伊豆権現」は三姉妹を生んだ「女神《めがみ》」、あるいは「伊豆権現の社祠」としてのみ描かれていて、金山との関わりについては説明されていない。だが、藤蔵が伊豆から遠野へ移り住む経緯を辿ってみると、この「来内伊豆権現」は、「金山師藤蔵」あるいは「金山」の守り神とするのが、より正確な表現なのではなかろうか。

日金山の火ノ神「火牟須比命」を祭る火雷神社（函南町田代）

　では何故、伊豆権現は金山の守り神と見るのが相応しいのだろう。それは「第六章　火牟須比命と火ノ神伝承」で見てきたように、伊豆権現は祭神として古く火ノ神を祀ってきたからである。本社・

早池峯神社に奉納された〝熔融絵馬〟（内藤正敏「もう一つの遠野物語」、『あるくみるきく』129号、1977年）

伊豆山の奥宮がある日金山は、「火ケ峰《ひがね》」とされ、かつて火神「火牟須比命」を祭ってきたと伝えられる。

　日金山は、富士・箱根・伊豆火山帯に属し、湯河原火山脈の西端に位置する。そこに火ノ神「火牟須比命」が祀られていたというのは、具体的にはそれが火山神と考えられるからである。伊豆山、日金山が古来、温泉神として知られてきたのは、実際に日金火山の恵みとして、「走り湯」はじめ山内に豊かな熱泉の湧出が見られたからだろう。

　だが、火山の恵みはそれだけではなかった。高温の熱泉湧出とともに、数々の鉱産物・金属が生成されることを見落としてはならない。火の神（火山神）は、温泉神であり金属神でもあったのである。この点、日金山山頂には主神・伊豆権現（火牟須比命）とともに、相殿として「伊邪那岐・伊邪那美」二神が祀られていたことに注目しなければならない。

　とりわけ伊邪那美神は、最後の御子神である火神・迦具土（軻遇土）を生んだために御陰《みほと》を焼かれて、病いに臥してしまう。その時、伊邪那美神の嘔吐物（へど）から生まれたのが金山彦・金山姫とされている。この二神は鉱山神（金属神）と見なされているが、それは嘔吐した「へど」が、鉱物を高熱で熔かした後に出る屑の金屎《かなくそ》とそっくりだったからだろう。

ちなみに、「金屎」といえば、藤蔵の子孫ゆかりの遠野大出にある早池峯神社に、おびただしい数の鉄剣に混じって奉納された「熔融《ようゆう》絵馬」のことが思い起こされる。注⑫ 明らかに「かなくそ」をあしらったもので、鍛冶屋など金属関係の職人が納めたものとされる。社殿内部の薄暗がりのなか、不気味さがただよう異様な光景だ。（前頁写真、参照）

伊邪那美神はやがて亡くなってしまうが、火の神「迦具土」を産んだのみならず、いわば自らの死とひきかえに、「金山彦・金山姫」の金属神がもたらされたともいえよう。火牟須比命、伊邪那岐・伊邪那美命の親子三神を祭る日金山山頂には、火ノ神・金属神が二重三重に祭りこめられていたと見ることができるのではなかろうか。

いずれにしても、「伊豆権現」は伊豆山（日金山）を本社とする火ノ神（火山神）を祭神としてきたのであり、金山師・藤蔵の守り神として、あるいは遠野来内金山の守護神として、まことに相応しかったことがあらためてわかる。

3　来内金山と早池峯山信仰

火石沢金山と来内・小黒沢の伊豆権現

このように金山師藤蔵は、金山の先進地・伊豆から伊豆権現を携えて遠野へとやってきた。

金沢村金山の坑道（上閉伊郡大槌町）（内藤正敏「もう一つの遠野物語」、『あるくみるきく』129号）

それは、早くても江戸初期頃と見られるが、菊池照雄氏によると、当時遠野の金山で最も古く、かつ最大規模を誇ったのが来内の火石沢金山であったという。藤蔵が伊豆から持ち伝えた伊豆権現は、ここに祀られたことになる。

一方、来内から山一つ隔てた小友《おとも》村も古くより有数の金山として知られ、そこの小黒沢の地にも伊豆権現が祀られていた。つまり、火石沢金山の南北の入口に伊豆権現が祭祀されていたのである。

このほか、遠野地方周辺には、佐比内金山はじめ数多くの産金地帯が知られるが、このうち早池峯山北麓の稗貫郡大迫《おおはざま》町や駒木村などにも伊豆権現が見られた。それは、北上山地周辺の金山地帯において、金属神としての伊豆権現への信仰がいかに篤かったかを物語っていよう。

その背景には、先に見たように火神・迦具土神を携えた熊野修験（または走湯修験）による古代末から中世に遡る東北地方への北上伝播の影響があったのではないかと想像される。鉱山地帯にあってはとりわけ、伊豆権現の火神的性格は金属神・鉱山神として現れることがしばしばだったと見られるからである。

来内〝金山文書〟を読み解く

ところで、伊豆権現によって守護された金山（火石沢金山）が来内村に存在し、それに藤蔵が金山師として実際に関わっていたことを裏付ける、いわば〝金山文書〟とでも呼ぶべき記録が残されている。そこには、来内金山と早池峯山（及び伊豆権現）との密接な関係が浮彫りにされていて注目される。これは、〝もうひとつの早池峯開山縁起〟と呼んでもよいかもしれない。

早池峯三尊の金銅仏小像（左より、薬師・虚空蔵・十一面）（遠野市内・宮本家蔵）

同文書は、江戸時代に「遠野妙泉寺文書」に混入したとされ、その後、子孫の家に伝えられてきた（宮本家文書）。近年（昭和五十年代前半）、「閉伊郡遠野東岳開基」と名づけられ、遠野市立博物館編『早池峯山妙泉寺文書』の中に収められた。延享二年（一七四五）頃の作成とされており[注⑬]、明らかに江戸期の文書と見てよいだろう。

次にその全文を紹介し、史料内容を読み解くことにしたい。

「其頃、当所来内村に金山あり、此金山盛ニ御守り被下度、能金ニ当給者、東岳ノ頂ニ宮を立、東岳三社ノ権現と奉貴へしと祈念仕、近村呼集め、東岳の不思議為語聞相談致し、金山掘給ひしに金沢山ニ出、心に任せ給ふ。此時近村集、祝

事仕給ひて、来内ニ萱宮を建立し、三社権現之下宮と号奉敬、此時明年に東岳神坂を切立中筈ニ約束仕候

大同元年丙戌（三月十五日）

開山人　始閤藤蔵
助　力　来内村中」

右文書を、なるべく本文に即し、丁寧に意訳してみよう。

――当時、来内村に金山があった。この来内金山が繁盛するように早池峯山（来内伊豆権現ともか）が守って下さり、鉱脈を掘り当てるようにして下さったなら、山頂にお宮を建て早池峯三社権現としてお祭り致しましょう。そして、そうしたお約束のもとに、来内村の村人たちを呼び集めて、早池峯の山の不思議（霊験譚など）を語り聞かせ、村人たち皆で相談し合い金山を掘り進めてゆくと、鉱脈に当たり（金がザクザク出て）、村中で喜び合った。このとき、近隣の村人たち皆が寄り合い、酒盛りしてお祝いした。そして、（約束通り）来内村に萱宮を建て、早池峯三社権現の下宮（新山宮＝里宮か）として敬い奉り、お祭りをした。さらに、明年には早池峯山頂への登拝路を完成することをお約束しましょう。

見られるように、右の文書は、短文ながら注目すべき内容となっていることがわかる。その年号など、一見、〝偽文書〟を思わせるところもあり、信憑性については検証が必要かもしれない。しかし、後に見るように、信頼度はかなり高く、事実に基づいた記述がなされて

いるのではなかろうかと推察される。この文書から読みとれるキーポイントと、謎として残される問題点について、以下に列挙してみる。

キーポイントは、

①、来内村に金山が実在すること。（それは、火石沢金山と見られる）

②、金山掘削に来内の村人たちが駆り出され、互いに相談し合い喜びあっている。また、末尾署名人として、藤蔵とともに連署していること。

③、来内金山の繁盛と鉱脈に当たるよう、早池峯山（東岳）にお願いしていること。

④、願いをかなえてくれた見返りとして、山頂に御宮（奥宮）を建て、早池峯三社権現をお祭りすること。

⑤、来内村に里宮（新山宮か）を建て、三社権現の下宮としてお祭りすること、などである。

早池峯神社社殿（旧妙泉寺本堂）

問題点としては、

①、鉱脈に当たるよう（早池峯山）に祈った対象は、来内伊豆権現とも考えられないか。（もともと、早池峯山と来内金山を結びつけたのが伊豆権現だった）

②、東岳三社権現とは具体的に何を指すか。

社殿右手、神木の傍らに奉納された大剣

③、年時が「大同元年」とあり、『早池峯山縁起』と同じなのは何を意味するか。

その問題点を、次項以降で検討していこうと思う。

金山師・藤蔵の実像と早池峯山

右の文書に見る来内金山（火石沢金山）の鉱脈を掘り当てるのに、村人たちを取り仕切った藤蔵の金山師としての実像はどのようなものだったのだろう。

『早池峯山縁起』によると、藤蔵は来内村で猟師を生業《なりわい》として暮らし、毎年二月下旬に早池峯山に登って猟をしていた。そしてある冬、風雪の中を登山して、山頂で光り輝く十一面観音（早池峯権現）に相見《あいまみ》え、ここに開山を成し遂げる。開山者藤蔵は、明らかに猟師として登場しているといえよう。

ところが、〝金山文書〟に見る限り、「助力　来内村中」とともに連署した「開山人　藤蔵」は、来内金山（火石沢金山）の掘削に村人たちを導いた金山の関係者（管理者あるいは経営者）と見なされよう。しかも、その前歴からわかるように、金山の先進地・伊豆で身につけた豊かな経験を携えて来内へやって来ており、藤蔵がすぐれた土木技術を持った金山師であったことは、間違いない。

猟師と金山師、藤蔵はいずれだったのか？　移動する猟師と定着している金山師は、一見したところ二律背反的な矛盾のようにも思える。一方から他方へ、すなわち猟師から金山師への転身を物語るものだったのかとも考えられるが、そうではない。おそらく双方は同じに存在したのではなかろうか。つまり、藤蔵は猟師と金山師両方の顔を持っていたと考えられる。

早池峯神社社殿に打ちつけられた奉納の剣

『縁起』の冒頭に見られるように、藤蔵は冬場を中心に猟を行なっていたが、もともとは金山師であり、生活のウエイトをそこに置いていたのではなかろうか。それは、かつて又鬼（マタギ）が狩猟を本来としながら、生活上、冬期以外は農林業に多く携わっていたことからも想像されよう。

さらに、藤蔵には猟師、金山師のほかに、もう一つの顔があった。それは、先にもふれたように、遠野へやって来る前、藤蔵は先住地伊豆の伊豆山（走湯山）で修行した山伏（山岳宗教者）だったと伝えられることである。おそらく、熊野系の走湯修験であったと見なされるが、

早池峯神社の中門（旧妙泉寺の長床）

それは、藤蔵が伊豆権現（火ノ神）を伊豆山本社から来内へ移し伝えたことからもうかがわれよう。つまり、藤蔵は三つの顔を持っていたことになり、そのことはきわめて重要な意味を持っていた。

遠野へやって来る前より、藤蔵が修験者であったことから、見えてくることがもう一つある。『縁起』によると、藤蔵は早池峯を開山したあと、弘仁年中（八一〇〜八二四）に来内の家を次男に任せて、長男と共に早池峯山麓の大出村に移り住み、薙髪《ちはつ》して普賢坊と名を改め、清僧となった。やがて普賢坊は亡くなるが、後を継いだ長円坊（長男）の時、斉衡年中（八五四〜五七）に慈覚大師（円仁）が来山して妙泉寺が創建され、高弟の持福院を住職に就かせた。その際、長円坊は新山宮（里宮）の社人となることを命じられ、以後、始閣家は子々孫々、早池峯の神へ仕える身分になったと伝えられる。

以上は、『早池峯山縁起』及び『妙泉寺由緒』に記された歴史伝承に拠っている。右に見える「社人」というのは、大出新山宮の「別当」あるいは「禰宜」（社家）などの神職を指すと見られるが、実際は神仏双方に仕える修験山伏に近い存在であったのではなかろうか。二代目・長円坊が新山宮の「社人」を受け容れたのは、初代・普賢坊（藤蔵）がもともと修験者であったこと、そのＤＮＡが自身の体内に生きづいていたからにちがいない。それは始閤家の子々孫々へ、その後、受け継がれていったものと思われる。

だが、それが金山師から神職への転身を必ずしも意味しなかったことは、猟師と金山師との関係と同様だったのではなかろうか。『縁起』に見られたように、大出村に長男とともに移ってきた藤蔵は、おそらく来内村に残して来た次男に金山師を引き継がせるとともに、伊豆権現（及び来内新山宮）を来内金山の守護神として祭祀させてきたものと思われる。つまり、始閤家代々には〝三つの顔〟が受け継がれていった。そう考えた方がむしろ自然ではなかろうか。

こうして、藤蔵に連なる始閤家の人びとは、崇高なる早池峯の頂きを仰ぎ見ながら、猟師として、また金山師として、あるいはまた山伏（神職）として、山深き遠野の里に生命《いのち》を繋いできたに違いない。

4　「大同元年」というキーワードの謎

「大同年間」と金山伝承

次に、〝金山文書〟解読の最後に、「大同元年」とある、その年代に注目しておこう。

先にもふれたが、この記録が一見〝偽文書〟のように思えるのは、「大同元年」という年号のせいだったかもしれない。いかにも私年号らしく見えるのはたしかだが、しかし「大同」は日本の歴史の中にまちがいなく登場する。年表を繙けば一目瞭然だが、「大同元年」は古代平安期の初め、桓武天皇が崩御したあと、平城天皇が即位した年で、西暦八〇六年に当たる。歴《れっき》とした公年号なのである。

それでも疑わしさが拭えないのは、古代平安初期という、「大同」のあまりの年代の古さによるのではなかろうか。遠野来内を含め、北上山地の金山地帯の開発は、伊豆権現を戴いた頼朝による東北地方への北上（いわゆる〝奥州征伐〟）などを指標に判断すると（『吾妻鏡』ほか）、中世鎌倉期以降と見るのが無理のないところだろう。伊豆山の修験者でもあった金山師・藤蔵が、新天地を求めて遠野へ実際にやってきたのは、中世末以降～近世初頭にかけてと見られ、その最盛期は慶長年代頃（一五九六～一六一五）とされている。古代平安期の初めではいかにも潤飾が過ぎるだろう。

しかしながら、先の〝金山文書〟解読の際にふれたように、来内金山（火石沢金山）の繁栄が早池峯の神のお蔭とする記述が、予想外に確《しっか》りしており、その信憑性は疑いえないものに思える。そして、「大同元年」という年号によって、それが一段と輝いて見えるのである。

実は、「大同元年」という年号は、金山はもとより、銀山や銅・鉄など、鉱山（産金）関係の文書にしばしば登場する。「大同」の年号は「～元年」だけでなく、「～二年」、「～年間」といくつかのバリエーションもある。

その事例は全国に見られ、注⑭遠野周辺では、「早池峯神楽」の由来文書の中にも記されていることで知られている。要するに、「大同」の年号が産金関係のキーワードとなっていたのである。この年号が用いられていれば、まず「産金」との関わり疑いなしといっても過言ではない。

しかし、それが誰によって何のために用いられるようになったのか、確かなところはわからない。おそらくは、金属資源の科学的知識や土木技術など、金山師の素養を身につけた修験者ら（山師集団）がもたらしたものと見てよいのではなかろうか。

この年号は、金山開発がピークとなった中世末から近世初めにかけて、より一層用いられたとも推測される。逆にいえば、比較的新しく感じられる金山開発の年代を、「大同」という古くて由緒ありげな年号を用いることによって、〝箔〟（ハク）を付けたということだろうか。ちなみに「大同」は平安京を創建した桓武天皇崩御の延暦二十五年の翌年から始まる。また、「大同」の意味を辞典に見ると、「天下が平和に栄えること」とある。

「大同」年間の由来を伝える早池峯神楽（大償）

『早池峯山縁起』の性格と「大同元年」

そこで何より注目されるのは、この金山のキーワードたる「大同元年」と早池峯山との関係である。『早池峯山縁起』の冒頭を見る

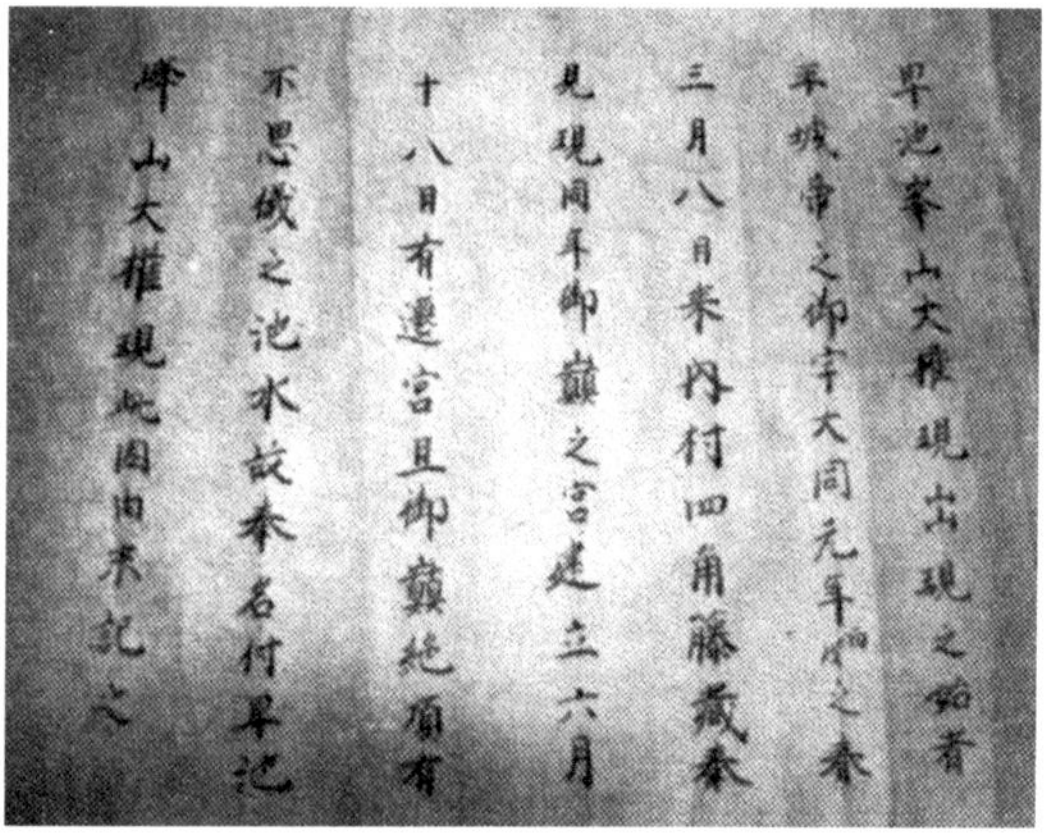
早池峯山大権現出現之始者
平城帝之御宇大同元年丙戌之春
三月八日来内付四角藤蔵奉
見現同年御嶺之宮建立六月
十八日有遷宮且御嶺絶頂有
不思儀之池水故本名付早池
峰山大権現如因由来記之

「大同元年」の早池峯開山を記す（妙泉寺文書）

と、「早池峯山大権現誕生ハ平城天皇ノ御宇大同元年丙戌三月八日ナリ。」とあり、開山はやはり「大同元年」である。その後さらに、同年五月四日、山頂に奥宮を造営もしている。

見てきたように、『早池峯山縁起』と〝金山文書〟の双方とも藤蔵を開山人としているが、これまで両者は表裏の関係にあると見なしてきた。すなわち、前者は猟師藤蔵による早池峯開山が、後者は金山師藤蔵による早池峯への来内金山繁盛の祈りと感謝が、それぞれのメイン・テーマとなっている。

だが、右に見たように、双方が同一の年代を記していること、わけても『早池峯山縁起』のほうにも、金山のキーワードたる「大同元年」の年時が記されていることは、注目すべきことではなかろうか。つまり、猟師藤蔵による早池峯開山も、来内金山繁栄への祈願を実は主目的としていたのではないか、と思えるのである。

『早池峯山縁起』の開山時に猟師・藤蔵が山頂で金色《こんじき》の十一面観音像（早池峯大権現）にまみえることができたというくだりは、そのことを象徴的に表していたと言えるのかもしれない。

さらにまた、山頂で藤蔵は、「向後殺生ノ業ヲ止メント、携ヘル所ノ弓ヲ折リテ両段ト為シ、二本ノ柱ニ准《ノット》リ箭《ヤ》ヲ其ノ上ニ渡シ、…（後略）」との所作を見せたことが記されている。ここでは、よりわかりやすい『妙泉寺由緒』の記述から引用したが、『縁起』でも同様に描写されている。

それは、猟師藤蔵が長年殺生を行なってきたことに対する贖罪、または猟師を今後一切やめるという宣誓のパフォーマンスとでもいえようか。あるいは、それは金山師や修験者への転身の布石と見なしうるかもしれない。

『早池峯山縁起』も〝金山文書〟も、そのストーリーを創作したのは、いずれも金山技術に長け、猟師のごとく山の知識にも明るい、走湯修験など熊野系の山岳宗教集団と見るのが、確かなところではなかろうか。

四　〝熊野山伏は鋳物師明神を祀る徒なり〟――むすびに代えて

遠野の象徴である早池峯を開山した猟師藤蔵は、実は金山師でもあるという二つの顔を持っていた。さらに藤蔵はもともと伊豆からやってきた修験者でもあったので、正しくは三つの顔を持っていたことになる。それは、前節までに見てきたとおりだが、最後にこの第三の顔たる、「修験山伏」に今少し目を注いでみたい。

1　金山師藤蔵と伊豆山の修験

藤蔵は、伊豆権現を戴いて伊豆から遠野へやって来たというのだから、本社のある伊豆山の修験者（山伏）とみてまちがいなかろう。伊豆山は古くは走湯山と称したから、これは「走湯修験」のことを指していたと言える。

伊豆山を訪れると、今でも、あの南国紀州の梛《なぎ》の樹が出迎えてくれる。伊豆山神社のある辺りは「新宮」と呼ばれ、少し裏山を登ったところには「本宮」の旧社地がある。また、神社から海岸近くまで下る走り湯は、かつて「浜ノ宮」とよばれた。浜宮はもともと熊野那智山を指した名称である。要するに、伊豆山（走湯山）は、本宮、新宮、那智の熊野三山そのものを形成していたということになる。

伊豆山「本宮」旧社地境内

そのことは、走湯修験であった金山師・藤蔵が、熊野山伏だったことを示唆する。それは、筆者にとって何と感動的なことであったろう。しかし、遠野に語られてきたこの言い伝えは、多分にシンボライズされていたため、そのことを裏付ける資料は唱導文芸を措いて、他には見い出せないことも事実である。

2　熊野山伏と金属神

筆者は長い間、この熊野修験、熊野信仰という存在にことのほか魅せられ、関心を寄せ続けてきた。とりわけ、本章のこのむすび部分のタイトルである〈熊野山伏は、鋳物師明神を祀る徒《やから》なり〉という衝撃的な一節――これは、『神道集』「熊野権現ノ事」注⑮の注記に見られるものだが、この〝命題〟が、筆者をずっととらえて離さないのである。それは何故なのか。

筆者は、現在までのところ「鋳物師明神」というのは象徴的な名称で、それは実は金属民（鉱山民）一般の祭神（守護神）と見たほうがよいのではないかと考えている。

鋳物師明神には、鍛冶師や金山師、その他の鉱山師、温泉掘削師など、すべての金属民、鉱山民の祭神が含まれるのではなかろうか、と。さらにいえば、温泉神、金属神（鉱山神）の本元たる火の神（火山神）もまたしかりだろう。要するに、熊野山伏（修験）は、金属民や鉱山民らと同じ祭神、さらには火の神・火山神をも祭る徒であるということではないか、と。

3　熊野神社御祭神と伊豆山の神々

いま、熊野神社の御祭神について、熊野那智大社の調査による全国御分祀一覧注⑯という記録を見ると、伊邪那岐・伊邪那美二神が圧倒的に多いことがわかる。注目されるのは、それとともに伊邪那岐・伊邪那美二神の御子神である火神・迦具土神（軻遇突智神）を一緒に、あるいは単独で祭っているところが予想外に多くあることである。それは、熊野神本来の火神

金山《かなやま》祠に祀られた「鍛冶人形」（飯能市中沢・平沼家）

金山祠内の「熊之神社」（同上）

（火山神）・鉱山神・金属神的性格を如実に物語るものであろう。

それは、身近かにある伊豆山神（伊豆権現）をもって最たる例として裏づけられる。すなわち、伊豆山の奥宮である日金山には、かつて主神として火ノ神・火牟須比命とともに、相殿として伊邪那岐・伊邪那美二神が祭られていた。火牟須比命は岐美二神の御子神たる迦具土命と同一神である。つまり、日金山山頂には火ノ神・迦具土を主神に岐美二神を合わせ、親子三神が祭られていたことになる。それは、走湯修験と熊野修験との結びつきの深さを裏付けるに十分であろう。

4　熊野山伏の生きざまにふれて

このように、長年にわたり熊野山伏の足跡を辿ってきて、筆者は一度たりと先の〝命題〟を忘れたことはなかった。彼らの奉持する神々の火神的・金属神（鉱山神）的性格がいかに色濃かったか、改めて思いを深くさせられるのである。

それは、熊野山伏に限らないかも知れないが、山岳宗教者（修験山伏）というと、これまでは、死と隣り合わせの厳しい修行や純粋な信仰に生きる、精神的な神聖さの面ばかりが語られてきたきらいがある。それらももちろん重要であろうが、しかし現実には、そうした高い精神性を求めた〝きれいごと〟よりも、もっと生身の人間に即した物質的・経済的欲求に支配されてきた存在とみるべきではなかろうか。

その顕著な例として挙げられるのが、金属資源採掘や温泉掘削に携わったと見られる「山師集団」たる山岳宗教者である。彼らは、いわば土木技術者的存在であったとともに実質的〝経営者〟でもあり、さらにまた、山の支配者たる山ノ神との〝交渉〟の最先端に立つ司祭者（祭祀者）でもあった。そうした二面性を持った存在が、山伏（あるいは神人）といわれた徒《やから》の真の姿であったと思われる。それが実際にどのような形で立ち現われたかは、これまで見てきた通りである。

すなわち、伊豆山（走湯山）の修験山伏であった藤蔵は、やがて新天地の早池峯山麓・遠野へと北上し、猟師として、あるいは金山師（山師）として、たくましく生きぬいてきた。

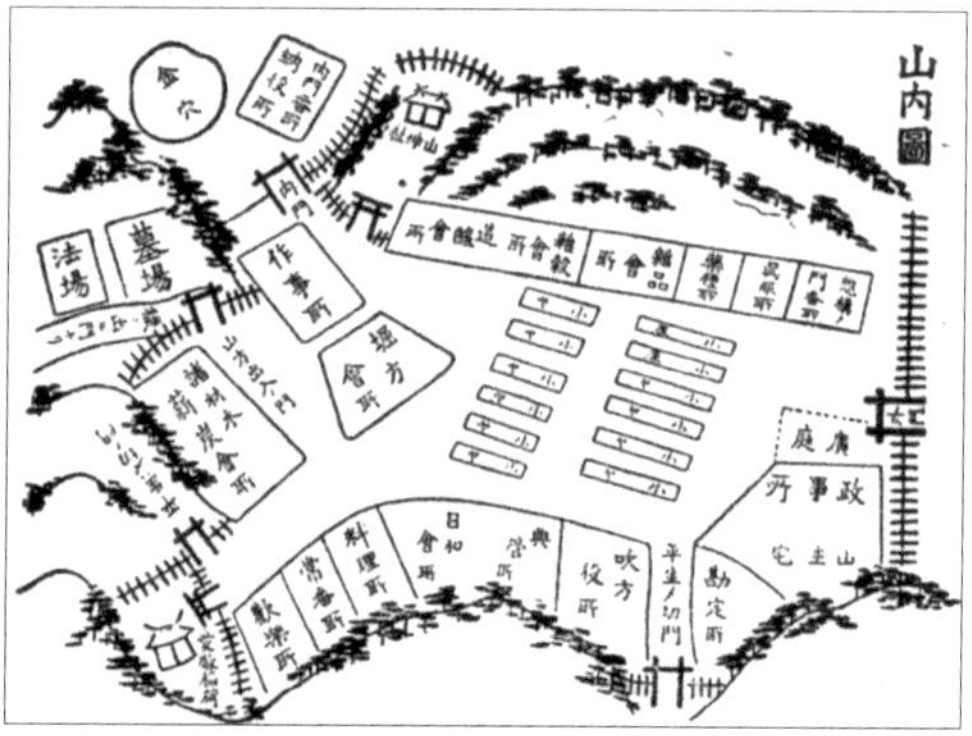

金山の山内図（佐藤信淵著『坑場法律』文政10年、所収）

いわば、藤蔵は三つの顔を持っていたことになるが、〝金山文書〟など残された痕跡から見ると、金山師（山師）としての側面が色濃かったといえるのではなかろうか。しかし、伊豆山時代の原点に立ち返ってみると、藤蔵はもともと、走湯修験（あるいは熊野山伏）であったわけだから、それは、修験山伏がそもそも、金属資源や鉱山と密接に関わった金山師的性格を色濃く持っていたと見るほうが妥当だということである。

ちなみに、この山伏藤蔵の実像と関わって、興味深い記録が残されている。

江戸後期の農学者・経済学者として名高い佐藤信淵は、一族代々鉱山開発に携わってきたが、その実体験および身近な見聞から著された『坑場法律《こうばほうりつ》』（文政十年）という書が残されている。注⑰「法律《ほうりつ》」とは、ここでは習俗のことを意味したが、その中に、鉱山内における年間の行事のことが記されている。それによると、毎月一日と十五日に山ノ神の祭礼が行なわれ、社家二人を伴い、山主が参詣する。その鉱山では主に金銀が採掘されていたので、鉱山の長たる山主は金山師であったと見なされるが、山を支配する山ノ神の司祭者でもあったことがうかがえる。

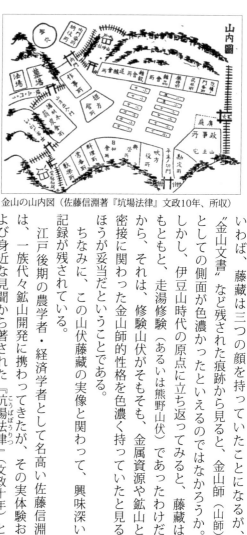

もう一つ注目されるのは、この山主（金山師）が猟師でもあったということだ。すなわち、山ノ神祭りの前日及び前々日に当たる、二十九、三十日と十三、十四日に、「山主常例の猪猟」と称して狩猟が行なわれている。これは、山内の最重要行事である「山ノ神祭り」に、鳥獣類の獲物を供物として神前へ捧げるため、山主自ら猟に出たことを示している。

上総箕輪村・熊野権現社の山内図　「前鬼墓」の名称が見える（『熊野山権現略縁起』東大史料編さん所蔵）

　このように、江戸後期における鉱山の山主が、〈金山師＝山ノ神司祭者＝猟師〉という多面性を持っていたことが見てとれる。そこには、山伏本来の姿が垣間見られるとともに、すでに見てきたように早池峯開山の走湯修験（熊野山伏）、始閣藤蔵の原像がくっきりと浮かびあがってくるのである。

　熊野山伏の生き方に魅せられた、長年にわたる筆者の探索は、きれいごとでない生身の人間の生き様《ざま》にふれる体験でもあった。それは、単なる民俗宗教の世界に留まるものではなく、ものごとの認識すべてにかかわる自己発見の旅でもあったが、ここでは、深くは立ち入らないことにする。

しかし、その想像力をさらにたしかなものとするために、熊野信仰の痕跡が色濃く残された、上総小櫃《おびつ》村箕輪の『熊野山権現略縁起』注⑱に伝える、土木技術師だったという「前鬼」なる山伏の存在について考えること（前頁、絵図参照）。もう一つは、筆者の現住地、伊豆における熊野信仰と温泉との結びつきを、「湯谷《ゆや》権現」の石ぶみを主な手がかりとして、その深層を焙り出してゆきたいと考えている。

注
① 柳田国男『遠野物語』（初版本）、明治四十三年（一九一〇）、岩波文庫、一九七六年
② 伊能嘉矩『遠野のくさぐさ』（草稿）、明治四十年～大正三年頃（一九〇七～一九一四）、谷川健一編『遠野の民俗と歴史』（日本民俗文化資料集成15）所収、三一書房、一九九四年
③ 菊池照雄『山深き遠野の里の物語せよ』梟社、平成元年（一九八九）
④ 菊池照雄『遠野物語をゆく』伝統と現代社、一九八三年、及び前掲・注③同著『山深き遠野の里の物語せよ』一九八九年
⑤ 拙稿「遠野採訪記—早池峯山麓附馬牛聞書（一）」、『あしなか』二五四輯、平成十二年三月
⑥ 『奥州南部早池峯山縁起』（佐々木重太家蔵）、五来重編『修験道史料集』Ⅰ（山岳宗教史研究叢書17）所収、名著出版、昭和五十八年
⑦ 『遠野妙泉寺由緒』書上（宮本家蔵）、同右所収
⑧ 菊池照雄、前掲・注③一六一頁
⑨ 同右、一六三頁

⑩　同右、一六四〜一六八頁
⑪　類家英一郎・解題『遠野妙泉寺由緒』、前掲・注⑥『修験道史料集』Ⅰ（解題篇）所収
⑫　内藤正敏「もう一つの遠野物語」、『あるくみるきく』一二九所収、近畿日本ツーリスト、一九七七年
⑬　菊池照雄「早池峯山と妙泉寺」、『遠野市史』第一巻所収、昭和四十九年
⑭　谷有二『日本山岳伝承の謎』未来社、一九八八年
⑮　『神道集』「熊野権現ノ事」、平凡社〈東洋文庫94〉昭和四十二年
⑯　熊野那智大社編『熊野三山とその信仰』所収、昭和四十七年
⑰　佐藤信淵『坑場法律』（文政十年）、日本科学古典全書九、朝日新聞社、昭和十九年
⑱　上総国望陀郡箕輪村『熊野山権現略縁起』東大史料編さん所蔵

終　章　奥武蔵の山里に、伊豆山の〝火ノ神〟がなぜ祀られたのか

本書では、伊豆半島の付け根部分の、富士・箱根・伊豆火山帯の真只中にある「伊豆山、日金山」（走湯山）の祭神（伊豆権現）として、かつて火ノ神「火牟須比命」が祭られてきたことに注目してきた。それは、火山のもたらした〝天与の恵み〟である温泉や鉱山（金属資源）の守護神として立ち現われ、また化神として（神龍など）さまざまに形象化されてきた。本書は、それらを具体的事例に基づいて考察したものである。

本書を閉じるにあたり、序章でふれた私の問題意識の原点である奥武蔵の山里での出会いについて、少しくふれておきたいと思う。

一　奥武蔵伊豆大神の御神体

私が「伊豆山、日金山」の謎の解明に挑もうとしたそもそものきっかけは、今から二十年以上前に遡る。当時、私は埼玉県飯能市に居住していたが、かねてより奥武蔵伊豆ヶ岳山麓

にある「伊豆大神」（伊豆権現）の存在に関心を抱いてきた。そして、平成八、九年にかけて鎮座地の畑井を訪れ、伊豆大神が祀られる山の中腹まで登り、社祠の現況をじかに調べた。また、浅見孝三郎翁をはじめ、地元・畑井の方々から話をうかがった。

その折の採訪調査および聞書き記録については、後に「伊豆大神と伊豆ヶ岳」のタイトルでまとめたが[注①]、この畑井の「伊豆大神」の存在こそが、その後数々の出会いへと繋がっていったのである。なぜ、伊豆の名を冠した神がこの地にあるのか、そして、西三キロに聳える「伊豆ヶ岳」との関係は？　等々、私はその謎に心をときめかせた。

「伊豆大神」は畑井区（飯能市大字南川）の氏神で、伊豆国伊豆山の「伊豆権現」から分祀されたと言い伝えられる。それは、地元に伝わる古書（年不明）からも裏付けられた[注②]。祭神は「天忍穂耳命《あめのおしほみみのみこと》・栲幡千々媛命《たくはたちぢひめのみこと》」の二柱で、夫婦神とされ、縁結びの信仰が中心となっていた。

しかし、それは近年における信仰で（江戸後期以降か）、古くは伊豆山（伊豆権現）の奥宮である日金山の主祭神として、火ノ神「火牟須比命」が祀られてきた。それらについては、日金山からの勧請を伝え、今も火牟須比命が祀られる伊豆山西麓の函南町・雷電宮三社の現存事例と記紀に見る火の神伝承の検証によって、本書で詳しく見てきたところである。

では、本社・伊豆山の火ノ神信仰はいつごろ畑井へもたらされたのだろうか。伊豆大神（伊豆権現）が伊豆山から畑井へ勧請された年代を裏づける確たる証拠はないが、地元に残る言い伝えなどでは江戸時代の初期（約四〇〇年前）～中期頃（享保年代）とされている[注③]。件《くだん》の〝火ノ神〟が、伊豆大神（伊豆権現）勧請の最初から畑井に祭祀されたものかどうかは定かでないが、可能性としては江戸初期以降と考えて大過ないであろう。

そこで、残された手がかりとして、畑井「伊豆大神」の御神体に実際何が祭られていたか、現地で確かめることにした。私は、平成九年一月に「伊豆大神」へ登った際に見た社祠の印象を後日、以下のようにまとめている[注④]。


「『伊豆大神』の板額が懸かる祠の内部をのぞくと、御神体と見られる鉄製の幣帛が祭られていた。

内《なか》へ顔を近づけてさらにみると、御神体は四十センチほどの細長い鉄棒に菱形（約十センチ角）の鉄の板を、左右対称に四～五枚ずつあしらった御幣状のものである。社祠の御神体というと、神鏡とか祭神名を記した木や紙製の御札が多いが、鉄の幣（ぬさ）が祭られているのは、金属神と関係があるのだろうか」


「御幣」は、ふつう細長く切った紙製または布製で、これを木の枝や竹の先に挟んで垂らしたものである。しかし、これは心棒も紙片部分もすべて鉄製である。その上、赤く錆び付いており、祠の修築年代と比べても、かなりの古さを感じさせた。

これは、畑井の「伊豆大神」（伊豆権現）が祭神として火ノ神を祀ってきた証左と見なされ、江戸初～中期ごろから伝わるものと推測される。つまり、火神から派生した金属神として、鉄製の弊帛（御幣）を御神体に祭ったものと判断してよいのではなかろうか。

ところが、先に取り上げた地元に伝わる古書には、伊豆大神について「御神体は白幣で、社も小さな祠（ほこら）である」と見える。ちなみに、この「白幣」とは、白色の幣帛（にきて）のこととされる。すなわち『和漢三才図会』に「幣帛以奏㆓神事㆒紙総也」とあるように、古来からしばしば見られ、神祭行事に用いられる白色の紙総《かみふさ》のことを指している。通例見られる紙製の弊束とほぼ同じものと見てよかろう。

これらから判断すると、「伊豆大神」（伊豆権現）は金属神（火神）の御神体として鉄製の幣帛を祭ってきたが、その後、縁結びの祭神が伊豆山から伝えられるにおよんで、御神体に「白幣」が祭られるようになったと考えられる。その時期はおそらく、江戸後期〜明治前期頃のことと推測される。そのことについて、地元畑井に書き残された右の古書というのは、それほど古い記録ではなかったということになるのではなかろうか。

二　伊豆ケ岳山頂の虚空蔵尊と金属伝承

畑井の伊豆大神と、西三キロに聳える「伊豆ケ岳」との関係はどうだったのだろう。伊豆大神の山頂に立つと伊豆ケ岳がはっきりと見え、古い時代には、頂きから伊豆ケ岳を遥拝する習俗が定着していたのではなかろうかと思われる。おそらく、伊豆大神を里宮とし、伊豆ケ岳を奥宮とする両者一体の関係が、相互に存在した可能性もあったのであろう。（「伊豆ケ岳」の山名はそこから生まれたのではないかと推察される[注⑤]）

そのように推理する最大の裏付けが、双方に見られたボンデン立ての習俗である。伊豆ケ岳山頂には、かつて大日如来、虚空蔵菩薩、山の神（大山祇神）、地蔵菩薩の神仏が祀られ、またそれら諸堂社の建物があったと伝えられる。

このうち、虚空蔵尊の祭りが四月十三日（旧三月十三日）に行われ、その際大きなボンデンが山頂に立てられた。これは、今も行なわれている伊豆大神大祭（八月十五日）のボンデン立て行事にたいへんよく似ている。このほか、山麓下久通の琴平神社大祭（七月十日）、花桐の諏訪神社大祭（八月十七日）でも行われた。これら山麓に伝わるボンデン立て習俗は、伊豆ヶ岳を中心にかつては一体のものとして行われてきた可能性が高い。注⑥

ところで、私は伊豆ヶ岳山頂に祀られていた神仏堂塔のうち、とりわけ「虚空蔵尊」のことが気にかかっていた。右に見た虚空蔵祭りの言い伝えを見ても、虚空蔵尊が村人たちの記憶に最も鮮明に息づいていると感じとれたし、山麓南側にあたる旧名栗村では、伊豆ヶ岳のことを「虚空蔵岳」とも呼んでいたといわれる。

なぜ、「虚空蔵尊」が伊豆ヶ岳山頂に祀られたのか。「虚空蔵菩薩」は深い智慧《ちえ》を授ける仏として知られるが、その背景には修験者の影が見え隠れしている。全国に「虚空蔵岳」の山名は二十二座知られるが、その大半は、この仏を守護仏として崇める修験者たちによって広められたという。注⑦奥武蔵「伊豆ヶ岳」山頂に虚空蔵尊が祀られたのは、おそらくそこに修験者の関与があったのではなかろうか。

修験者たちは、虚空蔵に何を求めたのだろう。そこで思い起こされるのは、「第七章　伊豆権現と金属伝承」で取り上げた北上山地・遠野の早池峯山のことである。詳細は本文に述べた通りだが、早池峯山には古く「早池峯三尊」として十一面観音、薬師如来とともに虚空蔵菩薩が祀られていた。

霊峰・早池峯山は、農耕神（水分神《みくまり》）、漁業神（山アテ）としての信仰が篤いが、金山地帯の拡がる北上山地にあって、かつては金属神を祀る山としても知られていた。山麓の遠野・早池峯神社（旧妙泉寺）には、鍛冶師など金属職能民らによる夥しい数の鉄製剣《つるぎ》が奉納されている。なかには、金屎《かなくそ》をあしらった熔融《ようゆう》絵馬なども見られる。さらに、ひときわ眼を引くのが、社殿右手に立つ遠野市のシンボル・櫟《いちい》（神木）の傍らに奉じられた大剣《おおつるぎ》の存在であるはなかろうか。早池峯三尊の中に虚空蔵菩薩が祀られているのは、かつて早池峯山が金属神的性格を持っていた証《あかし》で（二八〇、二八一頁、写真参照）。それらは、かつて早池峯山が金属神的性格を持っていた証《あかし》であったからにほかならない。

ちなみに、金属民俗学の立場から谷有二氏は、東日本各地の「虚空蔵岳」の事例に基づき、「虚空蔵」を金属地名のキーワードとしている。注⑧ ただ、修験者の関与をもって「虚空蔵」と金属を直接結びつけるには、本書「第七章　伊豆権現と金属伝承」の後半で見たように、修験山伏の多面的性格について触れる必要があろう。

それはさておき、早池峯神社に奉納された夥しい数の剣を見ていると、畑井の伊豆大神の御神体として祀られた鉄の幣帛が二重映しになって甦ってくる。伊豆ケ岳山麓周辺には、金属伝承にまつわる痕跡がさらに色濃く残されている可能性があるのではなかろうか。

三　伊豆ヶ岳山麓の金属地名

畑井の「伊豆大神」の祭神として、伊豆山の火ノ神（金属神）が勧請されたのは何故だろうか。伊豆ヶ岳山頂に金属神的性格の色濃い「虚空蔵尊」が祀られたことと合わせ、その謎を解き明かそうと、私は伊豆ヶ岳山麓周辺をさらに探索してみた。

1　下久通の「鍛冶屋平」

伊豆ヶ岳への吾野側登り口の一つである久通口《くづうぐち》は、伊豆ヶ岳の東二・五キロにあるが、その南三百メートルほどのところに、「鍛冶屋平《かじやだいら》」という名の地がある。久通周辺を聞き取り調査すると、鍛冶に関するものがたいへん多い。「久通」は「葛生」の転ともされるが、「くず」は「屑」で、鉱屑《こうさい》、鉄滓《てっさい》など金属地名の可能性が考えられる。そのほか、上久通の「所畑《しょはた》」は鉄滓のことを指すともいい、かつてはこの「鍛冶屋平」近辺に、鍛冶職人の集落が形成されていたことも十分考えられよう。

2　「天目指峠」

伊豆ヶ岳の東南約二・二キロのところに、吾野側と名栗側を結ぶ交通の要衝として知られる天目指峠《あまめざす》がある。この「天目指」という地名は、私が三十年ほど前に飯能市へ移住して以来、ずっと気になる存在だった。語源の謎解きは容易ではないが、次の三説が挙げられる。

①「アマメ」は「豆柿」のことを指すこの付近の言葉で、「指」は焼畑のことをいう。

②「アマメ」は「火ダコ」（火にあたって生ずる斑紋）をいう方言。指《ゆび》（サス）に火傷《やけど》をすることか。

（「天目差」の事例もある）

③「天目指」は、記紀に見える「天目一箇神《あめのまひとつのかみ》」からきているという説。鍛冶・製鉄を司る一つ目の神で、作業上、始終火を視ているため片目を失うことが多い鍛冶師ら金属職能民の守護神として信仰される。ちなみに、下名栗赤沢の星宮神社に奉納されている「鍛冶絵馬」に描かれた鍛冶師の右目は潰《つぶ》れており、片目である。

右の三つの語源説のなかで、私は③の「天目一箇神」説に最も注目している。それは、先ほど見た北東側にある下久通の「鍛冶屋平」との位置関係からの推測である。「天目指峠」は、金属地名が散見される久通から一・五キロの至近距離にあるのである。

3　上名栗・山伏峠下の「八ヶ原」

伊豆ヶ岳から西北へ一キロ少し行くと、山伏峠がある。秩父と名栗を南北に分ける峠だが、そこから名栗側へ七百、八百メートルほど下ったところに八ヶ原《はちかばら》の集落がある。昔は「かじが原」と称したといい、近くの滝を造った「かじ屋」がこの地の祖と言い伝えられる。注⑨

これを裏づけるように、八ヶ原の入口に自然石の馬頭観音石塔が建っている。摩耗した文字を読みとると、「右　大三《おおみや》や／文化九（一八一二）壬申吉日／左　稼治原講中」と刻印されている。銘文から、馬頭尊の石塔が秩父大宮と八ヶ原との二つの道を分ける道標ともなっていたことがわかる。

注目されるのは、「稼治原講中」の名称である。「稼治原」は明らかに「鍛冶原」で、江戸後期の文化年間、当地に鍛冶師が居住していたことはまちがいない。

このほか、八ヶ原よりさらに一キロほど下ったところに、上名栗の湯ノ沢の地名がある。「湯」の湧出にちなんだ鉱泉発祥伝説を伴い、興味深い。

以上、伊豆ヶ岳山麓周辺に分布する金属地名を三ヵ所見てきた。いずれも「鍛冶」にちなんだものであることが注目される。伊豆ヶ岳を中心に、山麓周辺三、四キロの比較的狭い範囲に「鍛冶」地名が多く見られるのは何を意味しているのか。もともと、山麓一帯に山砂鉄などの鉱物資源がより多く埋もれていたことは確かだろう。しかし、鍛冶師ほか金属職能民が集住し、職人集落を形成していた特別の地域であったとまではいえない。

近世以降になって、幕府や藩などお上《かみ》から〝公け〟に手がつけられるまで、どこの地方でも、山麓周辺の鉱山地帯には地下資源が豊富に存在し、比較的自由に採掘もされていた。金属地名はじめ各地に分布するその痕跡は、想像を超えるほど夥しいものであったと思われる。

伊豆ヶ岳山頂の虚空蔵尊の存在とも相まって、畑井の伊豆大神（伊豆権現）にかつて金属神にまつわる「伊豆山」の火ノ神が祭祀されたのは、山麓周辺に埋もれた天与の恵みの豊饒が一層もたらされるよう祈りをこめた、山里の人々の切なる願いがあったからではないだろうか。

注

① 拙稿「伊豆大神と伊豆ヶ岳」（その1）、『あしなか』三〇四輯、山村民俗の会、平成二十七年十月
② 畑井自治会編『ふるさと畑井』所収、平成二十年
③ 畑井・浅見孝三郎翁談、ほか
④ 前掲・注①に同じ。
⑤ 拙稿「伊豆ヶ岳山名縁由私考」、『あしなか』三〇七輯、平成二十八年十月
⑥ 拙稿「伊豆大神と伊豆ヶ岳」（その2）、『あしなか』三〇五輯、平成二十八年二月
⑦ 『コンサイス日本山名辞典』三省堂、一九八五年
⑧ 谷有二著『日本山岳伝承の謎』未来社、一九八三年
⑨ 名栗村教育委員会編『名栗之石仏』昭和五十七年

浅見孝三郎翁のこと
——あとがきに代えて

本書の出発点となった奥武蔵伊豆大神・伊豆ヶ岳の〝ものがたり〟に心を寄せてから、二十数年余が過ぎた。この歳月《としつき》は、私にとっていかなる〝旅路〟であったのだろうか。

ふり返ってみると、そもそも〝ものがたり〟の謎に挑むきっかけとなったのは、伊豆ヶ岳山麓の畑井に暮らす浅見孝三郎翁（明治四十四年生）にお会いできたことによっている。

翁に初めてお目にかかった時のことは、今でも鮮明に覚えている。平成八年（一九九六）の暮れのこと、夕闇迫る初冬の山里はさすがに冷えこんだが、それ以来、翁のもとへ足繁く通うことになったのである。

そこには、五代前の御先祖（江戸時代後期）が富士講先達、俗山伏であったという代々の系譜への強い関心があったことも事実だろう。けれども、何より私を魅きつけたのは、孝三郎翁自身のお人がらであった。

翁は、平成十六年八月に九十四歳で亡くなられたが、その存在は未だに私の心の中に生き続けている。そして生前、畑井のお宅で炬燵に温もりながらおうかがいしたたくさんの話をもとに、「伊豆大神と伊豆ヶ岳」の聞書き記録を数年前ようやくまとめることができた。（『あしなか』三〇四・三〇五輯、平成二十七年十月、二十八年二月）

右の報文でも明らかにしているように、私の関心を強く魅きつけたのは、奥武蔵伊豆大神が伊豆半島の付け根部分にある「伊豆山」の神（走湯権現）を勧請したということである。その経緯について孝三郎翁は、地元に残された言い伝えや古い史料から、畑井の浅見角太郎家の先祖が四百年前の江戸初期に伊豆へ山仕事に出かけた際に移し伝えたと語られた。（同家代々の墓地の所在とも）

かくして、私はその発信元である伊豆山への思いが深まり、探索を始めることになった。しかし、本書をまとめるための本格的取り組みは、伊豆山の奥社である日金山に火ノ神（火牟須比命）が祀られてきたことを知ってからだった。私が二十年前（平成十一年）に埼玉県飯能市から伊豆東海岸へ移住してきたのも、あるいは、そのための環境づくりだったのかもしれない。

本書は七章から成るが、その内容は「火ノ神」の伝承を中心として、さらに五つの主要テーマに集約される。いずれのテーマも興味溢れるもので、謎の解明に私自身、心躍らされ通しだった。

本書はどの章から読んでいただいてもかまわないが、私が最も心を動かされたのは、走湯山（伊豆山、日金山）の開祖・末代上人の存在である。従来、〝富士上人〟の名こそ知られていたが、上人は〝伝説と歴史の間〟をゆく謎多き人物とされてきた。今回、走湯山の歴史における最重要人物として、その経歴及び事績がかなり解明されたことは、大きな意味を持っていると思う。

とりわけ、『地蔵菩薩霊験記』（南北朝期成立）によって明らかにされた末代上人の事歴として、日金山と箱根山に跨がる「二所ノ神参り」を創始したことは注目される。これは、後に鎌倉幕府の歴代将軍らが盛んに行なってゆく伊豆・箱根の「二所詣《にしょもうで》」の基礎をなすものであった。そして中世以降、関八州総鎮守として二所権現の御神徳が高められるとともに、歴史上におけるその宗教的役割の重要性が次第に増してゆくのである。

ただ、伊豆山、日金山を中心とした本書では、「箱根」については一部を除きほとんどふれていない。一方、「二所詣」は実際には三嶋明神を加えた「三所詣」であったが、この「三嶋」についても本書では全くといってよいほど取り上げていない。箱根、三嶋についての探究は、今後の重要課題となろう。

なかでも、「三嶋神」の存在は、火の神の伝承に重きを置いた本書において、特別大きな意味を持っている。なぜなら、三嶋神（三嶋大社）は、国府のあった現在地（三島市）に伊豆国一ノ宮として祭られる以前、伊豆下田の白浜の地に妃神の「伊古奈比咩神《いこなひめ》」とともに鎮座していた。三嶋神はその名が「御島《みしま》」に通ずることから、火山列島である伊豆諸島の噴火・造島を司る神とされ、「伊古奈比咩神」と並んで火の神であることは明らかであった。

ちなみに、「三嶋神」といえば、大事なことを書きもらしていた。三年前、孝三郎翁のご子息・行雄氏より、同家で昔から「みしま様」（三嶋神）をお祀りし、生前、父親（孝三郎翁）が熱心に世話していたとのことをうかがった。

このように、残された課題はなお多く、その謎の解明に一つひとつ挑んでゆくことを自らに課してゆきたい。

ともあれ、今回本書において数多くの謎に挑み、新たな発見にも巡り合った。その中で得た感動は、言葉ではとても言い尽くせない。そしていま、あの夕闇せまる初冬の山里で初めてお会いした孝三郎さんのことが思い起こされてくる。

——この二十数年の歳月は、敬愛する孝三郎翁と、一千年の悠久の昔に衆生（苦しむ人々）を熱地獄から救済した末代上人との間を結ぶ、遥かなる〝旅路〟であったのではなかろうか。

本書を終えるにあたり、亡き浅見孝三郎翁の温かいお力添えに深い感謝の気持ちを捧げるものである。また、ご子息・行雄さんはじめ御家族の皆様にも篤く御礼申し上げたい。

本書をまとめるにあたっては、多くの方々のご支援・ご協力をいただいた。なかでも、山村民俗の会『あしなか』で結ばれた友人仲間である荒井俊昭、酒井幸光、塩野谷明夫の諸氏には、原稿の入力作業ほか多大なる助力と励ましを受けた。こうした物心両面にわたる友人らのサポートがなければ、最後まで私は行き着けなかったに違いない。

なかでも、酒井幸光氏には出版という形へとこぎつけるため、長期にわたるご支援をいただいた。そして梟社との協同のもとに、やっかいな写真や図版の挿入等も含む最後のまとめ作業まで、すべてをこなしてくださった。

最後に、梟社の林利幸氏には、劣悪なる昨今の出版状況の中で本書の出版をお引き受けいただき、さらに内容面においても貴重なご助言、ご批評を賜った。林さんの勇断と温かいご指導に対し、この上ない感謝の言葉を捧げたい。

二〇一九年十月

岡倉捷郎

著者略歴

岡倉捷郎（おかくら かつろう）

1942年、東京に生まれる。東京教育大学史学科卒業。高等学校教諭を経て、人文系出版社に勤務。『山岳宗教史研究叢書』全18巻をはじめ、主に民俗宗教・修験道関係の企画・編集を手がける。その後、山村民俗の会「あしなか」誌の編集に携わり、房総・奥武蔵を主要舞台に出羽三山・富士山を中心とした山岳信仰の民俗調査をおこなう。その成果を、採訪記録として同誌に寄稿してきたが、昨今は、調査の拠点を伊豆沿岸部の山と海に移し、現在に至っている。

著書･論稿に、『鹿野山と山岳信仰』（1979、崙書房）、『房総の庶民生活』（1984、うらべ書房）、「湯殿山信仰と供養塚」（千葉県の歴史23、1982）、「武蔵野における出羽三山信仰」（埼玉民俗14、1985）、「三山参りと札所巡礼」（講座・日本の巡礼1、1996、雄山閣出版）、『聖地への旅･大峰山』（共著、1987、佼成出版社）、その他、「あしなか」への寄稿に「上総木更津の出羽三山信仰」、「妙見・鍛冶・修験」、「奥武蔵の富士山信仰」、「伊豆大神と伊豆ヶ岳」、「熊野権現と温泉の神々」ほか多数。

神龍《しんりゅう》の棲《す》む火《ひ》の山《やま》
奥武蔵《おくむさし》より伊豆山《いずさん》、日金山《ひかねさん》、富士山《ふじさん》へ 〝熊野修験《くまのしゅけん》〟の影《かげ》をさぐる

2020年3月10日・第1刷発行

定　価＝2600円＋税
著　者＝岡倉捷郎
発行者＝林 利幸
発行所＝梟　社
〒113-0033　東京都文京区本郷2-6-12-203
振替00140-1-413348番　電話03 (3812) 1654　FAX 042 (491) 6568

発　売＝株式会社 新泉社
〒113-0033　東京都文京区本郷2-5-12
振替00170-4-160936番　電話03 (3815) 1662　FAX 03 (3815) 1422

印刷・製本／萩原印刷
本文作成・酒井幸光
デザイン制作・久保田考

神と村

仲松弥秀

四六判上製・二八三頁・写真多数
二三三〇円＋税

神々とともに悠久の時間を生きてきた沖縄＝琉球弧の死生観、祖霊＝神の信仰と他界観のありようを明らかにする。方法的には、南島の村落における家の配置から、御嶽や神泉などの拝所、種々の祭祀場所にいたる綿密なフィールドワークによって、地理構造と信仰構造が一体化した古層の村落のいとなみと精神史の変遷の跡を確定して、わが民俗社会の祖型をリアルに描き出す。伊波普猷賞受賞の不朽の名著。

うるまの島の古層

琉球弧の村と民俗

仲松弥秀

四六判上製・三〇二頁・写真多数
二六〇〇円＋税

海の彼方から来訪するニライカナイの神、その神が立ち寄る聖霊地「**立神**」。浜下りや虫流しなどの**渚**をめぐる信仰。**国見の神事**の祖型。南島の各地につたわる**オナリ神**の諸相――こうした珊瑚《うるま》の島の民俗をつぶさにたずね、神の時間から人の時間へと変貌してきた琉球弧＝沖縄の、村と人の暮しと、その精神世界の古層のたたずまいを愛惜をこめて描く。

柳田国男の皇室観

山下紘一郎

四六判上製・二八八頁

二三三〇円＋税

柳田は、明治・大正・昭和の三代にわたって、ときには官制に身をおき、皇室との深い関わりを保持してきた。だが、柳田の学問と思想は、不可避に国家の中枢から彼を遠ざけ、その挫折と敗北の中から、日本常民の生活と信仰世界の究明へ、日本民俗学の創始へとむかわせる。従来、柳田研究の暗部とされてきた、柳田の生涯に見え隠れする皇室の影を浮き彫りにし、国家と皇室と常民をめぐる、柳田の思想と学問の歩みの一側面を精細に描く。各誌紙激賞。

神樹と巫女と天皇

初期柳田国男を読み解く

山下紘一郎

四六判上製・三四九頁

二六〇〇円＋税

大正四年の晩秋、貴族院書記官長であった柳田国男は、大正の大嘗祭に大礼使事務官として奉仕していた。一方、民俗学者として知見と独創を深めてきた彼は、聖なる樹木の下で御杖を手に託宣する巫女こそが、列島の最初の神聖王ではなかったかと考えていた——。フレーザー、折口信夫を媒介にして、我が国の固有信仰と天皇制発生の現場にりたち、封印された柳田の初期天皇制論を読み解く。

柳田国男　物語作者の肖像

永池健二

Ａ５判上製・三二二頁
三〇〇〇円＋税

柳田国男の民俗学は、「いま」「ここ」を生きる人びとの生の現場から、その生の具体的な姿を時間的空間的な拡がりにおいて考究していく学問として確立した。近代国家形成期のエリート官僚として、眼前の社会的事実を「国家」という枠組みでとらえる立場にありながら、柳田の眼差しが、現実を生きる人びと一人ひとりの生の現場を離れることはなかった。「国家」や「民族」という枠組みに内在する上からや外からの超越的な視点とも、「大衆」や「民族」といった、人びとの生を数の集合として統括してしまう不遜な視点とも無縁であった。そうした彼の眼差しの不動の強さと柔らかさは、そのまま確立期の彼の民俗学の方法的基底となって、その学問の強靱さと豊かさを支えてきたのである。——日本近代が生んだ異数の思想家、柳田国男の学問と思想の、初期から確立期へと至る形成過程を内在的に追究し、その現代的意義と可能性を探る。

逸脱の唱声　歌謡の精神史

永池健二

Ａ５判上製・三五六頁
三〇〇〇円＋税

歌とは何か？　人はなぜ歌をうたうのか？　思わず口ずさむ鼻歌。馬子歌、舟歌などの旅の歌。田植え、草刈り、石曳きなどの仕事歌。恋する男女、来臨した神と人、帰来した死者と生者が取り交わす掛け合いの歌。太初から今日のカラオケまで、歌のさまざまな形をつぶさに追い求め、境界を越えて響きわたり、人を逸脱へと誘い出す、歌の不思議な力を鮮やかに描き出す。

柳田国男と学校教育

教科書をめぐる諸問題

杉本 仁

A5判上製・四四五頁

三五〇〇円＋税

戦後日本の出発にあたって、次代をになう子どもたちの教育改革に情熱を燃やした柳田は、教科書編纂にも積極的に関与する。だが、判断力をそなえた公民の育成によって、人と人が支えあう共生社会を理想とした中学校社会科教科書は検定不合格となり、その他の社会科や国語教科書も数年のうちに撤退を余儀なくされる。戦後も高度成長期にさしかかって、教育界は受験重視の系統的な学習効率主義を優先し、柳田教科書は見捨てられていくのである。それから50年。私たちは豊かな経済社会を実現した。しかし、その一方で、冷酷な格差社会を出現させ、自由ではあるが、孤立し分断された無縁社会を生きることを強いられている。それは、共生社会の公民育成をめざした柳田教科書を見かぎった私たちの想定内のことだったのか？　本書は、柳田教科書をつぶさに検証し、柳田の思想と学問を通して、現代の学校教育に鋭く問題提起をするものである。

選挙の民俗誌

日本的政治風土の基層

杉本 仁

四六判上製・三一〇頁・写真多数

二二〇〇円＋税

選挙は、四年に一度、待ちに待ったムラ祭りの様相を呈する。たとえば、「カネと中傷が飛び交い、建設業者がフル稼働して票をたたき出すことで知られる甲州選挙」（朝日新聞07・1・29）。その選挙をささえる親分子分慣行、同族や無尽などの民俗組織、義理や贈与の習俗――それらは消えゆく遺制にすぎないのか。選挙に生命を吹き込み、利用されつつも、主張する、したたかで哀切な「民俗」の側に立って、わが政治風土の基層に光を当てる。

民俗選挙のゆくえ

津軽選挙 vs 甲州選挙

杉本 仁

四六判上製・三四八頁
二六〇〇円＋税

選管を制する者が、選挙を制する―。津軽の激烈な民俗選挙に翻弄され、大地主の父祖累代の富を蕩尽しつくした太宰治の長兄、津島文治。一方、義理と贈与と相互扶助の甲州選挙を身をもって生きた政界のドン、金丸信。カネと盲動、中傷と謀略が渦巻く、津軽と甲州の選挙祭りが行きついた対照的な悲喜劇。そのゆくてに、ありうべきポスト近代選挙を模索する。

宮本常一と土佐源氏の真実

井出幸男

四六判上製・三四四頁
二五〇〇円＋税

民俗学者宮本常一の、土佐に生きた博労の男の生と性の遍歴を描いた名品『土佐源氏』（岩波文庫『忘れられた日本人』所収）には、隠された原作が存在していた。秘密の地下出版物として、著者不詳のまま世に出た『土佐乞食のいろざんげ』である。土俗の性文学の傑作ともいうべきこの原作と、学的な装いをととのえて我々の前にある民俗誌の名作『土佐源氏』の間には、宮本の〝文学への夢〟と民俗にかかわる、どのような心の真実と闇が秘められていたのであろうか。

柳田国男研究❻

柳田国男 主題としての「日本」

柳田国男研究会編

Ａ５判上製・二九一頁
三〇〇〇円＋税

大正から昭和の時代に、柳田国男が新しい学問、「民俗学」を構想した時、彼をとらえた最も重い課題は、日本とは何かという命題だった。この列島に生きる人びとはどこから来たのか。我々の今につながる、生活文化の伝統や信仰の基層にあるものは？　そして何よりも、現在から未来へ、わが民の幸福はどう遠望しうるのか？　安易な洋学の借用や偏狭な日本主義を排して、柳田は日本人の暮らしと心意伝承のこしかたを、「民俗」の徹底した採集と鋭い直観、卓出した解読によって明らかにし、課題にこたえようとしたのである。本書は、本質的なるがゆえに、左右の誤読と誹謗にまとわれてきた柳田の「日本」という主題を検証し、真の「日本学」の現代的意義を問い直すものである。

柳田国男研究❼

柳田国男の学問は変革の思想たりうるか

柳田国男研究会編

Ａ５判上製・三八〇頁
三五〇〇円＋税

先住の山人や漂泊する民、定住する農耕民の文字に残されてこなかった伝承や伝説、生活に密着した心意や信仰の世界を掘り起こし、名もなき人々の生き生きした歴史と文化に光を当てた柳田国男。だが、氏が逝って50年。私たちの社会は高度に発達し、伝統的な制度や価値観は崩壊して、柳田の学問、民俗学を生み出した時代から遠い極北にまで歩みいたったかに見える。戦前から戦後の時代の曲り角で、柳田は幾度も見直されてきたが、私たちの時代は今、柳田国男とその学問を、過去のものとするのだろうか？その今日的課題を問う。

柳田国男研究❽

柳田国男以後・民俗学の再生に向けて

柳田国男研究会編

A5判上製・四九一頁
三五〇〇円＋税

日本民俗学の創始者にして、近代日本の学問と思想の世界に屹立する巨人・柳田国男。歴史と生活文化万般にわたるその知の遺産は、後学にどう受け継がれたのか？　戦後経済の発展とその後のグローバル化は、人・知・金の流動化によって地域社会を解体し、これまでの民俗学のフィールドを崩壊の瀬戸際に押しやってきた。この学的基盤の危機に対応する視点と方法を問われつつ、昭和から平成へと模索しつづけた柳田なきあとの民俗学。その現在を戦後の学史に照らして検証し、アカデミズムと野の学の緊張を通して未来を切り拓く課題を探る。

新版

キリシタン伝説百話

谷 真介

四六判上製・三五八頁
二二〇〇円＋税

キリシタン伝説の「奇蹟譚、殉教譚をはじめ、摩訶不思議、奇想天外、荒唐無稽な魔術、妖怪譚まで多種多彩」な様を実に丹念に掘りおこしたこの本は、伝説が「このような形で残っている」ことをまず紹介することで第一の目的を果たしており、詳細な注釈を付けて時代背景や文献と伝承との関連を補って「百話を集めた」意義を大きく超えている。著者は児童文学者の筆力で伝説を柔らかくかみくだき、土俗の空気のなかに立ちのぼった伝説を土着化した文化の一様態として、ゆったりと提示することに成功した。こういう蒐集も、早くからあってよかったはずなのに、近代化＝国際化を急いだ日本人は、異文化との接触のプロセスを丁寧に追っていく手間を平気で省いていた。『キリシタン物語』の権威である著者によってこの問題提起を含む蒐集の本が書かれたことを、私は密かに喜んでいる。

松永伍一氏（「週刊読書人」より）